KB238243

건강과 신앙

마음에 시작하는 질병예방

김의신 지음

솔트마인

_______________님

늘 건강히 더 강한 신앙으로
빛과 소금의 역할을 통해
행복하고 보람 있는 삶을
영위하시길 바랍니다.

김 의신
E. Edmund Kim

건강과 신앙: 마흔에 시작하는 질병예방

지은이 | 김의신
발행인 | 김하나
초판발행 | 2025. 12. 23.
등록번호 | 제2025-000078
발행처 | 도서출판 솔트마인
디자인 | 전혜원
주소 | 05307 서울시 강동구 양재대로 1585

ISBN 979-11-996243-0-6
값 24,000원

건강과 신앙

마흔에 시작하는 질병예방

김의신 지음

솔트마인

의학의 한계를 넘어선,
삶을 변화시키는 실제적 치료법

존경하는 김의신 박사님은 세계 최고의 암 센터 MD앤더슨에서 32년 간 근무하며 수많은 생명을 구한 거장입니다. 이 책은 그분의 방대한 의학 지식과 임상 경험이 고스란히 녹아있는 귀한 선물입니다. 단순히 병을 치료하는 방법을 넘어, 병이 생기지 않도록 예방하는 근본적인 지혜르 담고 이습니다. 특히 박사님께서 매일 실천하시는 아침 식단과 건강 습관은 우리가 일상에서 쉽게 놓치고 있던 건강의 핵심을 짚어줍니다.

저는 그동안 주변의 수많은 환자를 접하며 현대 의학의 한계를 느낄 때가 참 많았습니다. 하지만 이 책은 약물이나 수술보다 더 강력한 치유의 힘이 우리 스스로의 생활 습관에 있음을 깨닫게 합니다. 김 박사님의 진솔한 이야기는 독자들에게 깊은 울림을 주며, 건강한 삶을 향한 강력한 동기 부여가 될 것입니다. 건강한 삶을 염원하는 모든 분께 필독을 권합니다.

김장환 목사(극동방송 이사장)

육체의 건강을 넘어,
영혼의 평화까지 이끄는 믿음의 지침서

김의신 박사님은 뛰어난 의술뿐만 아니라, 깊은 신앙심으로도 널리 존경받는 분입니다. 이 책은 '건강과 신앙'이라는 두 축이 어떻게 우리의 삶을 온전히 지탱하는지를 보여줍니다. 박사님은 병을 고치는 것은 결국 하나님의 은혜이며, 우리는 그 도구로서 몸을 성전처럼 귀하게 관리해야 함을 강조합니다.

책에서 언급된 식단과 규칙적인 생활은 단순히 육체적 건강을 위한 것을 넘어, 자신을 절제하고 매일 하나님과 교제하는 경건한 루틴의 시작입니다. 이 책을 통해 독자들은 몸의 건강을 회복하는 실질적인 방법을 얻는 동시에, 삶의 목적과 영적인 충만함까지 발견하게 될 것입니다. 지친 몸과 마음에 위로와 희망이 필요한 분들께 이 책을 강력히 추천합니다.

김삼환 목사(C채널 · 아가페문화재단 이사장)

마음과 몸, 영혼의 회복
건강과 신앙을 함께 세워가는 축복의 통로

세월의 흐름 속에서도 흔들림 없이 믿음의 길을 걸어온 한 그리스도인의 삶이 이 책에 담겨 있습니다. 김의신 박사는 자신의 삶을 통해 "하나님께서 인도하시면 불가능한 일은 없다"는 진리를 몸소 증명했습니다. 가난과 전쟁, 언어와 문화의 장벽 속에서도 오직 믿음으로 나아간 그의 발자취는 현대를 사는 우리에게 깊은 울림을 줍니다. 특히 이 책은 단순한 의학서가 아니라, 인간의 영혼과 마음, 그리고 육체의 조화를 잃어버린 시대에 주는 영적 메시지입니다.

이 책을 읽는 독자마다 삶의 중심을 다시금 하나님께 두고, 마음과 몸, 영혼이 온전히 회복되는 은혜를 경험하길 소망합니다. 김 박사님의 진솔한 고백과 사랑의 권면이 우리 시대에 잃어버린 믿음의 가치들을 되살리고, 건강과 신앙을 함께 세워가는 축복의 통로가 되기를 바랍니다.

오정현 목사(숭실대학교 이사장)

여러분의 건강에 작은 길잡이가 되기를

세월은 참으로 화살처럼 빠르게 흘렀습니다. 미국에 와서 살아온 세월이 벌써 55년, 제가 여든을 넘겼다는 사실이 아직도 믿기지 않습니다.

지난 날들을 돌아보면, 제 삶을 인도하시고 지켜주신 하나님의 은혜에 감사할 따름입니다. 지금의 제가 있게 된 것은 전적으로 하나님의 은혜 덕분입니다. 전라북도 군산의 작은 시골 마을에서 태어난 저는 어린 시절에 큰 꿈을 품었습니다. 비행기를 타고 미국에 오는 꿈, 그리고 가정교사를 하며 중학교 1학년부터 대학원까지 공부를 이어가며 대학 교수가 되겠다는 꿈. 그 꿈들이 어느덧 모두 이루어졌습니다. 병을 치료하고 의학을 가르치며 다른 이들에게 도움이 될 수 있다는 사실은 더할 나위 없는 축복이었습니다.

6·25 전쟁이라는 힘든 역경 속에서도 다섯 남매를 희생으로 대학까지 보내주신 부모님이 계셨습니다. 두 분 모두 초등학교까지만 다니셨지만 독실한 기독교인으로서 귀한 믿음의 유산을 물려주셨습니다. 아버지는 "예수만 잘 믿으면 하나님께서 능력을 주셔서 무엇이든 할 수 있고, 또 어디에 있든지 지켜 주신다"는 말씀을 귀가 아프도록 들려주셨습니다. 또한 누구에게나 친질을 베풀어 '친사'라는 별명이 있었던 어머니의 끝없는 기도 덕분에 지금의 제가 있습니다.

지난 55년 동안 한국은 눈부신 경제 발전을 이루어냈습니다. 이제는 세계 어느 나라와 견주어도 뒤지지 않을 만큼 잘 살게 되었고 문화와 체육에서도 많은 나라들이 부러워할 정도가 되었습니다. 이 모든 배경에는 우리나라를 위해 희생한 수많은 선교사들의 도움이 있었습니다. 선교사들의 섬김은 사회 봉사와 교육의 새 길을 열었고, 그 영향은 오늘의 한국 사회를 형성하는 데 큰 역할을 했습니다.

옛날에는 가난한 나라에서 왔다고 무시당하며 기가 죽었던 교포들이 이제는 당당하게 살아가고 있습니다. 참으로 감사한 일입니다. 하지만 동시에 우려되는 부분도 있습니다. 최근 전문가들은 한국 사회가 국민 네 명 중 한 명이 우울증을 겪는 '병든 사회'라고 지적합니다. 세계에서 자살률이 가장 높고, 저출산 문제로 인해 머지않아 사라질지도 모른다는 뉴스도 있어 마음이 아픕니다.

우리의 몸은 육체와 정신마음, 그리고 영혼으로 이루어져 있습니다. 이 세 가지는 분리될 수 없는 관계 속에 있으며, 건강을 유지하기 위해서는 서로의 균형이 필요합니다. 육체는 마음의 종과 같고, 또 건강한 정신은 건강한 육체를 이끌어 줍니다. 그런데 최근 OECD 국가들 가운데 우리나라 젊은이들만이 가족보다 돈을 삶에서 가장 중요한 가치로 꼽았다는 사실은 깊이 생각하게 합니다. 그것은 극도의 개인주의적 가치관이 우리 사회에 뿌리내리고 있다는 증거이기도 합니다. 몇 해 전 서울대학교 학생들을 대상으로 한 설문에서 부모가 물려줄 재산을 더 일찍 쓸 수 있도록 부모가 62세쯤에 돌아가시기를 바란다는 충격적인 응답이 있었다는 통계도 있었습니다. 이는 우리 사회에서 도덕적 가치가 얼마나 퇴색했는지를 보여주는 안타까운 현실입니다.

우리는 평소에 "나는 무엇 때문에 살고 있는가, 무엇을 위해 살아가고 있는가, 또 앞으로 어떻게 살고 싶은가"라는 질문을 스스로에게 던져야 합니다. 그리고 인간은 누구나 120년 안에 반드시 죽도록 창조되었다는 사실을 기억하며, "나는 어떻게 죽음을 맞이할 것인가"를 심각하게 고민해야 합니다. 아무리 많은 돈을 벌고, 세상이 부러워하는 출세를 이룬다 해도 건강을 잃는다면 그것은 결국 아무 의미가 없습니다. 특히 치료가 어렵고 만성화되기 쉬운 질환들, 그중에서도 대사증후군과 같은 병은 대부분 40대 이후부터 시작됩니다. 그렇기에 질병의 예방은 40대부터 철저히 실천해야 하는 것입니다.

이 책은 지난 15년 동안 제가 방송과 신문, 그리고 여러 초청 강연에서 나누었던 내용을 되돌아보며 정리한 것입니다. 젊은 세대에게 예방의학 전문의로서 꼭 전하고 싶은 충언이자 조언이라 할 수 있습니다. 사실 저는 특별한 글재주가 있는 사람은 아니고, 오랜 미국 생활을 하다 보니 최근의 한국어 표현에는 서툴고 부족한 점도 있습니다.

그러나 대학 시절부터 새문안교회에서 철학자 김형석 교수님의 강의를 들으며 많은 가르침을 받았고, 그분의 수필집을 읽으며 존경과 감화를 받아 삶의 모델로 삼아 왔습니다. 저는 김 교수님처럼 건강하면서도 가치 있고 보람찬 삶, 그리고 행복한 삶을 우리 모두가 누리기를 바랍니다. 또한 통합의학적 접근을 강조하는 이 책이 독자 여러분의 건강에 작은 길잡이가 되어, 더욱 의미 있고 충만한 인생을 살아가는 데 도움이 되기를 간절히 원합니다.

2025년 12월

김의신 박사

제1장: 유전자, 생리, 건강

제2장:　만성질환

제3장:　암

제6장: 우울증 및 치매

제7장: 대사증후군과 당뇨병

제8장: 건강, 수명, 행복, 믿음과 죽음

제12장:　수면

제14장: **믿음의 능력**

제1장

유전자, 생리, 건강

제1장

유전자, 생리, 건강

설계도와 소프트웨어: 유전자와 후성유전학의 신비

우리 몸은 참으로 복잡하고도 신비로운 체계입니다. 마치 정교하게 설계된 하나의 시스템처럼 수많은 기능들이 조화를 이루며 살아갑니다. 일란성 쌍둥이는 같은 유전자를 공유하지만 그 모습과 질병 발생 양상은 조금씩 다릅니다.

사람은 어디에 있든 체온을 섭씨 36.5도로 유지합니다. 세포 안에서 벌어지는 다양한 활동을 들여다보면, 단순한 진화론적 가설만으로는 설명할 수 없는 경이로움이 숨어 있음을 알게 됩니다. 유전체genome는 하드웨어와 같고, 히스톤 단백질을 다루는 후성유전학epigenetics은 소프트웨어라 할 수 있습니다. 유전자는 설계도를 제공하지만, 생활환경이나 상황에 따라 유전정보의 발현은 억제되거나 달라질 수 있습니다.

같은 인간이 비슷한 유전자를 가지고도 80년 이상 사는 반면, 개는 15년, 쥐는 5년, 초파리는 고작 몇 시간밖에 살지 못하는 차이는 여전히 불가사의합니다. 그러나 그 차이를 이해하려는 노력 속에서 우리는 자신을 더 깊이 알게 됩니다. 예를 들어, APOE4라는 유전자는 알츠하이머병의 위험을 높인다고 알려져 있지만 이 유전자를 가진 모두가 같은 운명을 맞는 것은 아닙니다. 최근 연구는 지중해식단이 그 위험을 상쇄할 수 있음을 보여주었습니다. 매일 우리가 먹는 음식이 뇌를 지키는 방패가 될 수 있다는 뜻입니다. 과일, 채소, 생선, 올리브 오일, 통곡물, 견과류를 중심으로 한 지중해식단은 오래전부터 건강식으로 알려져 있었지만 이제는 특히

APOE4 유전자를 가진 이들에게 큰 효과를 보인다는 사실이 드러난 것입니다. 결국 유전자가 설계도를 제공한다면, 음식과 생활습관은 그 설계가 어떻게 작동할지를 결정하는 셈입니다.

유전자를 이기는 생활 습관: 맞춤형 식단의 중요성

연구진은 혈액 속의 대사체metabolite를 추적하며 어떤 물질은 치매 위험을 높이고, 어떤 것은 위험을 낮춘다는 사실을 밝혔습니다. 흥미로운 점은 같은 물질이라도 유전자에 따라 정반대의 의미를 가질 수 있다는 점입니다. 지방 성분인 글리세리드가 그 예입니다. 따라서 중요한 것은 결국 '나에게 맞는 식단'을 찾는 일입니다. 유전자가 운명을 정하는 듯 보이지만 균형 잡힌 생활습관은 그 운명을 바꿀 수 있는 힘을 갖고 있습니다.

우리 몸은 약 650개의 근육안면 근육만 해도 43개가 있어 만 가지 표정을 만들어낸다고 합니다과 206여 개의 뼈, 그리고 약 25개의 주요 장기로 이루어져 있습니다. 이 장기들을 구성하는 조직은 세포로 이루어져 있는데 몸 안에는 약 10조 개의 세포가 존재합니다. 세포핵 안에는 23쌍의 염색체가 있고, 그 안에 정보단위인 염색체에 유전물질인 데옥시리보스Deoxyribose와 설탕을 갖고 있는 핵산물질인 DNA가 약 30억 개의 염기쌍으로 연결된 이중나선 구조로 자리 잡고 있습니다. 아데닌Adenine, 티민Thymine, 시토신Cytosine, 구아닌Guanine이라는 염기의 배열은 사람마다 달라 세상에 같은 사람은 존재할 수 없습니다. 그렇기에 각자의 화학적 반응도 다르고, 생각과 느낌 또한 다르게 나타납니다. 바로 이런 이유로 세상에 "딱 맞는 사람"은 존재하지 않는지도 모릅니다.

요즘 맞벌이로 바쁘게 살아가다 보면 출산이 늦어지고 그 결과 자연 임신이 쉽지 않은 사례가 많습니다. 그래서 시험관 아기 시술이 흔한 일이 되었지만 그 과정은 결코 쉽지 않습니다. 특히 여성은 배란 유도 주사와 매일의 초음파 검사로 몸과 마음 모두 지쳐가곤 합니다.

미시 세계의 정교함: 세포와 맞춤형 생식의 시대

그런데 최근 스웨덴 룬드대학교 연구진의 연구는 이 시험관 시술에도 유전자가 중요한 역할을 한다고 말합니다. FSH 수용체의 N680S 유전자형에 따라 어떤 호르몬제를 써야 임신과 출산 성공률이 높아지는지가 달라진다는 것입니다. 이제는 평균적 처방이 아니라 각자의 유전자에 맞는 맞춤 처방이 가능해지는 시대가 열린 것입니다. 또 하나 흥미로운 사실은 출산 후 여성의 뇌가 체온 감각마저 달라진다는 점입니다. 따뜻함보다 시원함을 더 선호하게 되는 변화가 뇌 신경세포의 조율로 나타난다는 연구도 있습니다. 이처럼 작은 신호 하나하나에도 뇌의 섬세한 조율이 숨어 있다는 사실은 우리가 얼마나 경이로운 존재인지를 다시금 깨닫게 합니다.

DNA는 전사transcription를 거쳐 RNA가 되고, 다시 번역translation 과정을 통해 단백질, 효소, 호르몬 등을 만들어냅니다. 그러나 40세가 지나면 이 생산력이 점차 줄어듭니다. 그래서 나이가 들수록 소식을 해야 건강을 지킬 수 있다는 말이 나오는 것입니다. 중요한 것은 우리 몸이 늘 균형homeostasis을 이루려 한다는 사실입니다. 같은 몸 안에도 암을 일으키는 유전자oncogene와 암을 억제하는 유전자tumor suppressor gene, 식욕을 증가시키는 글레린ghrelin과 억제하는 렙틴leptin, 쾌감을 주는 엔돌핀endorphin과 불쾌감을 주는 디놀핀dynorphin이 함께 존재합니다. 이들의 균형이 깨질 때 질병이 시작됩니다. 그 균형을 가장 잘 지켜주는 것은 바로 운동입니다. 반대로 균형을 깨뜨리는 가장 큰 요인은 스트레스입니다. 요즘은 치실에 센서를 붙여 침 속 코르티솔을 측정해 스트레스를 파악하는 새로운 기술까지 개발되고 있습니다. 결국 건강이란 겉으로 멀쩡해 보일 때에도 몸속에서 벌어지는 작은 균형의 싸움을 얼마나 잘 지켜내느냐에 달려 있습니다.

우리 몸의 모든 기관을 통제하며 생각과 느낌, 즉 우리의 마음을 빚어내는 뇌는 불과 체중의 2%에 해당하는 약 1.5kg 무게를 지닌 작은 기관입니다. 그러나 이 작은 우주는 몸 전체에서 필요한 열량, 산소, 혈류의 20%에서 30%를 홀로 소모하는 엄청난 에너지 효율을 자랑합니다. 뇌 과학자들의 연구에 따르면, 우리는 300만 년을 사용할 수 있는 뇌 용량 중 약 7%만을 활용하고 있으며, 현재까지 뇌 기능 중 우리가 파악한 것은 10% 정도에 불과하다고 합니다. 이렇듯 알려지지 않은 부분이 더 많은 뇌는 1초 사이에 400조 개의 무의식적 활동과 2,000가지의 의식적 활동을 수행합니다.

건강의 본질: 생체 균형과 경이로운 뇌

뇌의 작동 방식은 경이롭습니다. 약 1,000억 개의 뇌세포로 이루어진 이 구조에서, 하나의 뇌세포에는 약 2만 개의 수상돌기dendrites가 뻗어 나와 만여 개의 다른 뇌세포와 연결synapse되어 소통합니다. 이러한 연결을 통해 뇌는 초당 100조 개의 작업을 처리하며, 하루에 3만 5,000건의 크고 작은 결정을 내립니다. 더욱 놀라운 점은 1조 개에 달하는 방대한 정보를 저장하는데 단 12와트watt의 전력만을 사용한다는 것입니다. 이는 초당 1조 개의 작업을 처리하는 DNA 컴퓨터가 1.25Tbyte의 정보를 저상하기 위해 75만 와트를 사용하는 것과 비교했을 때 뇌의 압도적인 효율성을 극명하게 보여줍니다. 신경세포의 기능은 1조 개 이상의 성상교세포와 소교세포와 같은 교세포glial cells들의 보조를 받습니다.

신경세포와 근육세포는 2살 이전에 만들어지면 교체가 쉽지 않아 평생을 사용하게 되지만 새로운 자극과 학습을 통해 지속적으로 증식될 수 있다는 것이 밝혀지고 있습니다.

우리 뇌는 85%를 차지하는 대뇌와 소뇌로 나뉘며, 대뇌는 다시 전두엽, 두정엽, 측두엽, 후두엽으로 구분됩니다. 생명 유지에 필수적인 뇌간, 중뇌, 시상하부 등은 대뇌와 소뇌 경계의 중심부에 자리 잡고 있어 외부 충격으로부터 보호받습니다. 뇌의 발육은 일반적으로 20세에서 25세에 완성되는데, 발달 순서에는 시간차가 존재합니다. 시각, 청각, 촉각, 후각, 미각과 같은 오감, 무의식적인 내부 장기 반응, 그리고 움직임 및 균형 감각에 관련된 뇌 영역은 비교적 일찍 생성됩니다. 반면 의식적 사고, 이성, 운동을 관장하는 대뇌 바깥층의 1층 신피질과 감성과 이성이 결합된 정서, 감정, 이성을 다루는 2층 대뇌변연계, 그리고 강한 감정과 느낌에 관여하는 3층 대뇌하부7%의 발달은 20세가 넘어서야 비로소 완성됩니다.

40세 무렵부터 시작되는 신체 장기의 퇴화 현상은 뇌의 발달 순서와 역순으로 진행됩니다. 대뇌피질부터 퇴화가 시작되지만 죽음에 이르기 직전까지도 청각 기능은 살아남아 혼수상태의 환자들 역시 소리를 들을 수 있습니다. 감정, 의욕, 느낌이 합쳐진 이성적 마음과 기억 활동의 감성은 쉽게 변하지 않지만 인격, 양심, 도덕, 사랑, 행복과 같은 이차 정서는 훈련과 단련을 통해 배울 수 있습니다. 안타깝게도 60세 이상이 되면 기억력은 젊은 시절보다 10%, 70세에는 20%, 80세에는 30% 가량 저하됩니다. 이로 인해 미래를 예측하고 중요한 결정을 내려야 하는 지도자들의 경우, 풍부한 경험에도 불구하고 인간만이 가진 상상력이 부족해져 중요한 결단을 내리는 데 어려움을 겪을 수 있습니다.

좌우 뇌는 6억 개의 섬유 다발로 연결되어 있으며 좌뇌가 우뇌보다 인지, 감성, 감정 측면에서 약간 더 관여하는 것으로 알려져 있습니다. 운동신경은 뇌간에서 교차하므로 좌뇌에 뇌졸중이 발생하면 신체의 오른쪽 팔다리에서 마비 증세가 나타납니다. 대뇌에는 52개의 신경 영역이 있으며 마음을 형성하고 기억을 저장하는 보이지 않는 감각의 뇌는 주로 두정엽, 측두엽 및 후두엽에 위치합니다. 양심, 인격을 다루고 지각을 만드는 감성과 정서의 뇌는 내측전전두엽과 전두엽 변연계에 있습니다. 기억은 시상thalamus에서 감각 정보를 편도체의 해마hippocampus에 단기적으로 저장하며 해마는 이 정보를 호닉스와 시상을 거쳐 대상 피질로 보내 장기 저장합니다. 이 해마의 퇴행성 변화나 손상으로 새로운 기억이 저장되지 못하는 것이 바로 알츠하이머 치매의 핵심 문제입니다.

우리 뇌에서는 밤마다 흥미로운 일이 벌어집니다. 우리가 눈을 감고 깊은 잠에 빠질 때, 뇌는 단순히 쉬는 것을 넘어 청소 작업을 시작합니다. 낮 동안 쌓인 각종 대사 찌꺼기와 독성 단백질을 씻어내는 '글림프 시스템'이라는 뇌 속 배관망이 가동되는 순간입니다. 뇌척수액을 이용하여 노폐물을 흘려보내는 이 시스템의 주역은 뇌척수액, 별아교세포, 그리고 아쿠아포린이라는 단백질입니다. 수면 중에는 뇌세포가 살짝 수축하면서 세포 사이의 공간이 넓어지고, 그 틈을 이용해 뇌척수액이 더 원활하게 흐르게 됩니다. 우리가 충분한 잠을 자고 나면 머리가 맑아지는 것은 단순한 피로 회복을 넘어 뇌가 깨끗해지기 때문입니다.

문제는 이 청소 시스템이 나이가 들거나 고혈압, 당뇨, 수면 장애 등 특정 질환에 의해 기능이 저하된다는 점입니다. 알츠하이머병에서 아밀로이드-베타 단백질이 쌓이거나 파킨슨병에서 알파-시누클레인이 축적되는 현상 역시 이 청소 시스템의 기능 저하와 깊은 여관이 있습니다. 결국 뇌 건강은 신경세포 자체의 문제뿐만 아니라, 이 중요한 청소부가 제 역할을 할 수 있도록 돕는 환경에 달려 있는 셈입니다.

심장의 박동, 호흡의 리듬, 혈관의 움직임 모두 이 청소 작업을 돕는 엔진이 되므로 규칙적인 운동과 혈관 건강 역시 매우 중요합니다. 숙면이 뇌의 쓰레기 처리를 돕는다는 사실은 분명하며 수면 부족이 지속되면 독성 단백질이 쌓여 치매 위험으로 이어질 수 있습니다. 결국 뇌 건강을 지키는 가장 간단하면서도 강력한 방법은 오늘 밤 푹 자는 것입니다. 이 작은 기관의 경이로운 작동 원리를 이해하는 것은 우리 자신을 이해하는 첫걸음이 될 것입니다.

기억과 집중의 원리: 뇌 활동의 메커니즘과 학습의 동력

마음은 인지, 정서, 감각, 그리고 신체 운동이라는 복합적인 기능을 통해 기억을 형성하고 저장하는 중추 역할을 수행합니다. 이는 끊임없는 에너지와 정보의 흐름 속에서 정교하게 조율되며 특히 기억을 공고히 하기 위해서는 반복적인 학습을 통해 해마와 전전두엽 간의 소통이 활성화되어야 합니다.

그러나 뇌 기억이 획득되고 고정되며 재생되는 전 과정에서 불충분하거나 부정확한 학습은 정보의 손상을 초래하기 마련입니다. 따라서 학습의 질을 높이고 기억력을 향상시키기 위해서는 복습은 필수이며 배우고자 하는 열의, 의욕, 집중과 같은 내적 동력이 중요하게 작용합니다.

흥미롭게도 인간은 예측의 확률이 반반일 때 쾌락 호르몬인 도파민 신경세포가 가장 활발하게 반응하는데 이는 곧 전전두엽 우측에서 생겨나는 고민이나 편도체에서 비롯되는 적절한 불안감이 학습과 집중을 위한 최대의 심리적 영양분이 될 수 있음을 시사합니다. 또한 생각을 언어로 표현하고 말을 많이 할수록 기억은 더욱 오래 지속되는 경향을 보입니다.

이처럼 말은 뇌의 인지 및 감성 기능을 통합하는 산물이며 뇌의 언어 중추를 거쳐 전미주 자율신경을 통해 만들어집니다. 궁극적으로 몸과 마음은 긴밀하게 연결된 하나의 시스템입니다. 신체를 움직여야만 뇌 활동이 활발하게 이루어지고 신체가 퇴화하면 뇌 또한 퇴화의 길을 걷게 됩니다. 반대로 뇌 기능에 문제가 생기면 신체 활동도 어려워집니다.

혁신 기술: 전자 문신을 이용한 뇌 피로의 실시간 추적

최근 자동차에 탑재된 졸음 감지 기능은 운전자의 눈 움직임이나 깜빡임을 분석하여 피로를 감지합니다. 갑작스러운 눈 깜빡임의 증가나 긴 시선이 머무른 시간을 포착하여 '운전자 피로도 상승'이라는 경고를 띄우지만 이러한 기술은 결국 '눈'이라는 외부 지표에만 의존한다는 근본적인 한계를 지닙니다. 즉 뇌가 실제로 느끼는 정신적 피로도를 실시간으로 정확하게 파악하지 못하는 것입니다.

이러한 문제점을 해결하기 위해 최근 연구에서는 뇌파 자체를 실시간으로 감지하여 정신적 피로를 객관적으로 추적할 수 있는 획기적인 기술이 개발되었습니다. 바로 얇은 전자 문신형태의 스티커형 감지 장치입니다. 이 장치는 얼굴에 부착되어 생각이 과열되는 순간을 포착해 사용자에게 알려주는 아주 똑똑한 감지기 역할을 합니다. 우리 뇌가 적절한 집중 상태에서 가장 효율적으로 작동함에도 불구하고 스스로 현재 몰입하고 있는지 아니면 이미 피로가 누적되고 있는 상태인지를 명확히 분별하기란 쉽지 않습니다. 특히 장시간 고도의 집중력이 요구되는 화물차 운전 기사 등에게 뇌가 버틸 수 있는 객관적인 한계점을 아는 것은 안전과 직결된 중요한 정보입니다. 연구진은 이 전자 문신을 사용하여 사람의 뇌파와 눈의 움직임을 동시에 분석했습니다. 그 결과 집중력이 저하되기 시작하는 특정 시점에 나타나는 고유한 뇌파 패턴을 확인했으며 이를 통해 뇌가 얼마나 부담스러운 상태인지 객관적으로 예측할 수 있음을 입증했습니다.

이 장치의 혁신성은 편의성과 경제성에서 더욱 두드러집니다. 기존의 뇌파 측정 장비가 복잡한 전선 연결과 모자 착용을 요구했던 것과 달리 이 전자 문신은 종이처럼 얇고 부드러운 센서를 이마에 부착하는 것만으로 충분합니다. 게다가 각자의 얼굴형에 맞춰 센서를 맞춤 제작하기 때문에 신호가 더욱 정확하게 잡히며 착용감이 거의 없다는 장점도 있습니다. 또한 수천만 원을 호가하는 기존 뇌파 측정 장비와 달리 배터리와 칩을 포함해도 약 20만 원, 센서 하나는 2만 원 정도로 비용 효율성이 매우 뛰어납니다. 현재는 털이 없는 피부에만 부착할 수 있지만 머리카락이 있는 부위까지 확장이 가능한 새로운 형태의 센서 역시 개발 중에 있습니다.

이 전자 문신 기술은 몸뿐 아니라 뇌의 피로를 실시간으로 추적할 수 있는 새로운 시대를 열고 있습니다. 이제 몸의 근육 회복처럼 뇌의 피로 회복까지 객관화할 수 있게 되면서 앞으로 우리가 일하고 집중하며, 휴식하는 방법 자체가 근본적으로 달라질지도 모릅니다.

치유의 타이밍: 생체 리듬과 근육 회복의 비밀

우리는 오랫동안 운동 후 '충분한 휴식'을 취하는 것이 근육 회복의 필수 조건이라고 믿어왔습니다. 그러나 최근 연구들은 단순한 휴식의 양을 넘어 언제 손상이 발생하고 언제 회복이 이루어지는지, 즉 우리 몸의 자연스러운 리듬인 생체 리듬이 치유 속도에 결정적인 영향을 미친다는 흥미로운 사실을 밝혀내고 있습니다.

노스웨스턴 의과대학 연구진은 근육 재생과 생체 리듬 간의 관계를 탐구한 결과 깨어 있는 동안 발생한 근육 손상이 수면 중 발생한 손상보다 훨씬 더 빠르게 회복된다는 점을 발견했습니다. 이는 근육 재생 과정에서 근육 줄기세포가 생체 리듬에 따라 다르게 작동함을 시사합니다. 특히 낮 시간, 즉 활발하게 활동하는 시점에 부상이 발생했을 때 염증 반응이 더욱 신속하게 일어나며 조직 회복을 돕는 세포 간 신호 전달이 훨씬 활발하게 이루어지는 것으로 확인되었습니다. 하지만 교대 근무, 불규칙한 수면 패턴, 비만, 대사 장애 등으로 인해 생체 리듬이 흐트러지면 이 섬세한 회복 메커니즘에 문제가 생깁니다. 생체 리듬이 교란되면 근육 줄기세포의 기능이 저하되고 이에 따라 회복 속도 또한 감소하는 현상이 관찰됩니다. 이러한 근육 재생을 위한 핵심 생리적 요소 중 하나는 NAD+라는 보조효소입니다. 이 분자는 세포 에너지 대사에 필수적일 뿐만 아니라, 면역 반응과 조직 회복에 깊이 관여합니다. 연구 결과, NAD+ 수치가 높을수록 근육 회복 속도가 증가하며, 생체 리듬이 정상적으로 작동할 때 NAD+ 생성이 원활하게 이루어진다는 점이 밝혀졌습니다.

이에 따라 연구진은 NAD+ 수치를 증가시키는 유전적 조작을 통해 근육 손상 회복을 촉진할 수 있음을 입증했습니다. 이는 근육 손상이 잦은 운동선수뿐만 아니라, 노화로 인해 근육 회복 능력이 저하된 이들에게 새로운 치료법이 될 가능성을 제시합니다. 결국, 우리 몸이 스스로 치유하는 과정에서는 타이밍이 중요합니다. 단순히 충분히 잠을 자는 것만이 아니라, 우리 몸의 자연스러운 생체 리듬을 존중하는 것이야말로 치유를 더욱 빠르고 효과적으로 만드는 핵심입니다. 생체 리듬에 맞춰 운동 계획을 세우고, 회복 시간을 고려하며, NAD+ 생성과 같은 생리적 요소를 이해한다면 더욱 건강하고 균형 잡힌 삶을 유지하는 데 도움이 될 것입니다.

뇌의 총지휘 능력: 혈당 조절, 당독소, 위-뇌 축의 재조정

밤새 아무것도 섭취하지 않는 공복 상태에서도 아침에 눈을 떴을 때 혈당이 거의 정상 수준을 유지한다는 사실은 참 신기합니다. 우리 몸의 정교한 생존 메커니즘 때문인데 잠자는 동안 에너지를 공급받지 못하는데도 저혈당으로 쓰러지지 않는 이유는 간단합니다. 바로 우리 몸이 스스로 완벽하게 준비하기 때문이며, 최근 연구는 이 복잡한 과정을 뇌가 총지휘하고 있음을 밝혀냈습니다.

뇌의 시상하부에 위치한 특정 신경세포는 혈당을 수호하는 '야간 경비원' 역할을 수행합니다. 이 세포는 단순히 간에 저장된 당을 꺼내 쓰는 것 외에 더욱 중요한 해결책으로 지방을 활용합니다. 지방 조직을 미세하게 분해하여 글리세롤이라는 재료를 생성하고 이 글리세롤이 간에서 포도당으로 전환됨으로써 안정적인 혈당을 유지하는 것입니다. 즉 지방은 단순히 축적되는 것이 아니라, 생명이 위협받는 공복 상황에서 우리 몸의 '비상 식량 창고'로 사용되는 것입니다.

이러한 과정은 뇌의 정교한 신호 전달을 통해 이루어집니다. 뇌는 교감신경이라는 통신망을 이용해 지방세포에 직접 신호를 보내고, 이에 따라 지방세포는 $\beta3$ 수용체의 스위치를 눌러 글리세롤을 혈류로 방출합니다. 실제로 쥐를 대상으로 한 연구에서 이 기능을 담당하는 뇌의 경로를 차단했을 때 아침 혈당이 급격히 떨어졌으며, 글리세롤을 다시 투여하자 혈당이 정상으로 회복되는 것이 확인되었습니다.

이러한 발견은 혈당 조절이 단순히 인슐린과 글루카곤이라는 호르몬 간의 싸움이 아니라, 뇌가 총지휘하는 복잡한 '팀플레이'라는 걸 알 수 있습니다. 뇌가 지방을 능동적으로 활용하는 이 경로를 이해하고 조절할 수 있다면, 향후 당뇨병 치료에 새로운 가능성을 열어줄 수 있습니다. 궁극적으로 잠자는 동안에도 뇌는 쉬지 않고 우리 몸의 균형과 안전을 지키고 있는 것입니다. 우리 몸은 혈당을 철저히 통제하지만, 그 통제를 벗어난 순간부터는 손상이 발생하기 시작합니다. 정상인의 몸에서는 자연 방어, 해독, 수선 과정의 일환으로 당이 콜라겐collagen이나 엘라스틴elastin 같은 단백질에 붙는 생리적 당화glycation 작용이 서서히 일어납니다(예: HbA1c). 하지만 스트레스나 당뇨병과 같은 병적인 상황에서 당화 작용이 빨라지거나 양이 많아지면, 당독소Advanced Glycation End-products, AGEs가 생성됩니다.

이 당독소는 노화 현상을 가속화하고 비만, 근육 및 혈관의 경직을 유발하며, 염증과 산화 스트레스Oxidative Stress를 일으켜 활성산소를 증가시키고 DNA를 파괴합니다. 다행히도 이러한 당독소의 피해를 줄이거나 막을 수 있는 방법이 있습니다. 흰쌀밥이나 빵 같은 정제된 탄수화물, 또는 튀김과 구이처럼 고온 조리된 음식에 당독소가 많으므로, 전기밥솥에 저온으로 조리하거나 올리브 오일olive oil을 사용하는 것이 도움이 됩니다. 또한, 태국 전통의 파비플로라 흑생강Kaempferia Parviflora 성분은 갈색 지방을 활성화시켜 열을 발산함으로써 열에 약한 당독소를 줄이는 데 기여할 수 있습니다.

뇌는 혈당뿐만 아니라 우리 몸 내부의 다른 장기들과도 끊임없이 소통하며 정신 건강에까지 영향을 미칩니다. 긴장하면 속이 울렁거리거나 스트레스를 받으면 위가 쓰리다는 흔한 경험은 단순한 심리적 비유가 아니라 과학적 근거를 가지고 있습니다. 최근 연구팀은 위가 만들어내는 전기적 리듬과 뇌의 활동이 얼마나 동기화되어 있는지를 측정했습니다. 위는 약 20초마다 일정한 전기 신호를 내보내는데, 흥미롭게도 이 '위-뇌 연결'이 강할수록 불안, 우울, 스트레스 수치가 높고 삶의 만족도는 낮았습니다. 이는 위가 건강한지 여부보다, 위와 뇌가 서로 얼마나 강하게 얽혀 있는가가 정신 건강의 핵심 열쇠임을 보여줍니다. 뇌가 몸속 신호에 과도하게 집중하면서 사소한 불편함조차 크게 확대 해석하면 불안과 피로가 심화될 수 있기 때문입니다. 마치 시끄러운 공사장 소음 속에서 집중하기 힘들 듯 위에서 올라오는 신호가 너무 강하면 뇌가 집중력을 잃고 쉽게 지치게 되는 것입니다. 이러한 발견은 미주신경을 자극하는 비침습적 기술이나 위-뇌 축을 조절하는 약물 등 새로운 불안 및 스트레스 치료의 가능성을 열어줍니다.

야간 혈당 수호자, 반응하는 뇌의 재훈련

궁극적으로 잠자는 동안에도 뇌는 쉬지 않고 우리 몸의 균형과 안전을 지키고 있으며 이러한 신경 회로를 이해하고 조절하는 것은 당뇨병 치료부터 정신 건강 개선에 이르기까지 새로운 의학적 가능성을 제시하고 있습니다.

뇌가 신체 신호에 과도하게 반응하는 현상은 일상생활에서도 흔히 관찰됩니다. 예를 들어, 지하철에서 내려 집까지 걸어오는 길은 괜찮다가도 아파트 공동 현관문 앞에만 서면 갑자기 화장실이 급해지는 '현관문 증후군'은 방광의 문제가 아닌 뇌가 일으키는 자동적인 반응입니다. 반복된 행동이 조건처럼 뇌에 각인되어 특정 장소나 장면을 보는 순간 요의가 자동으로 유발되는 것입니다. 이러한 조건반사적 반응을 되돌릴 수 있을지에 대한 질문에서 출발한 미국 피츠버그대 연구팀의 실험은 주목할 만합니다. 연구진은 급성 요실금을 겪는 여성들에게 마음챙김 명상과 전전두엽에 약한 전류를 흘리는 비침습적 뇌 자극tDCS이라는 두 가지 개입을 시도했습니다. 4일간의 반복 훈련 결과 참가자 대부분이 급작스러운 요의나 요실금의 빈도가 줄어들었습니다. 특히 명상과 전류를 병행한 그룹에서는 '화장실'이라는 자극에 대한 뇌의 감정 반응이 현저히 약해졌습니다. 자극은 그대로임에도 불구하고 뇌가 이를 다르게 해석하고 받아들이기 시작했음을 의미합니다. 고장 난 경보기를 강제로 껐다기보다는 경보가 울릴 만한 상황이 아님을 뇌 스스로가 학습하고 재훈련한 것입니다.

이처럼 '반응하는 뇌'가 아니라 '배우는 뇌'로서, 반사적으로 움직이던 신경 회로도 훈련을 통해 새롭게 조정될 수 있습니다. 약물 없이도 단순한 명상과 미세한 전류만으로 뇌는 그 방식과 흐름을 새롭게 조정할 수 있는 능력을 가지고 있으며 이는 같은 자극도 다르게 받아들이는 능력을 통해 삶의 질을 바꿀 수 있는 열쇠가 됩니다. 우리 뇌는 상황에 끌려가는 존재가 아니라 상황을 다시 해석하고 선택할 수 있는 가능성을 품고 있다는 것입니다.

비침습적 뇌 조절의 혁명: 초음파 뇌자극 시스템

뇌를 수술하지 않고 직접 조절할 수 있다면 어떨까요? 이 상상을 현실로 만드는 획기적인 기술, 바로 초음파 뇌자극 시스템이 개발되었습니다. 기존의 뇌심부자극술은 전극을 뇌에 심어 전기 자극을 주는 방식이라 수술이 필수적이었습니다. 반면, 자기 자극TMS이나 직류 자극tDCS은 머리 바깥에서 가능했지만 뇌 표면에만 닿을 뿐 깊은 영역에는 미치지 못했습니다.

이처럼 정밀성과 비침습성을 동시에 만족시키는 방법은 오랫동안 미해결 과제로 남아 있었습니다. 본래 초음파는 몸속을 진단하는 용도로 널리 쓰였으나 두개골 통과가 어려워 뇌 연구에는 부적합하다고 여겨졌습니다. 하지만 이 새로운 시스템은 256개의 초음파 소자를 활용하여 이 난제를 극복했습니다. 각 소자의 위상을 미세하게 조절함으로써 두개골을 지난 초음파를 한 점에 모을 수 있게 된 것입니다.

그 결과 초점 부피가 겨우 몇 mm^2에 불과한 놀라운 정밀도를 실현했습니다. 이는 기존 유사 시스템보다 약 30배, 일반 초음파 시스템보다는 무려 1,000배나 작은 수준입니다. 이처럼 작은 초점 덕분에 뇌 깊은 곳에 있는 아주 작은 구조물 하나만 정확하게 자극하는 일이 가능해졌습니다. 기존 뇌 자극 기술들은 뇌의 넓은 영역을 한꺼번에 건드렸기 때문에 정확히 어느 부위의 자극이 효과를 유발했는지 인과관계를 밝히기 어려웠습니다. 연구팀은 시상 속 외측슬상핵LGN을 정확히 겨냥해 자극했습니다. 그 결과 LGN을 자극했을 때만 시각 피질의 활동이 변했고 23㎜ 떨어진 다른 부위를 자극했을 때는 아무런 변화도 없었습니다. 이번 연구는 "뇌의 특정 지점을 정밀하게 자극하면 연결된 다른 지점의 활동이 달라진다"는 사실을 사람에게서 명확히 확인해 주었습니다.

또 한 가지 주목할 만한 점은 초음파가 뇌 활동을 높이거나 낮출 수 있다는 사실입니다. 3초마다 짧게 자극을 주었을 때는 뇌 활동이 증가했습니다. 하지만 '세타 버스트'라는 특정 패턴으로 80초간 자극했을 때는 반대로 뇌 활동이 약 40분 동안 줄어들었습니다. 즉 자극 방식에 따라 정반대의 효과를 유도할 수 있음을 보여준 것입니다.

앞으로 이 기술은 수술 없이도 파킨슨병이나 근육긴장이상처럼 약물 치료에 잘 반응하지 않는 신경 질환을 치료할 가능성을 열어줍니다. 초음파는 이제 단순히 몸을 들여다보는 진단 도구를 넘어 복잡한 신경 회로를 정밀하게 조절하고 난치병 치료의 새로운 장을 열어 줄 핵심 열쇠가 될지도 모릅니다.

'아는 만큼 보인다': 시각 인식의 언어적 기반

"아는 만큼 보인다"는 말은 단순히 많이 알아야 더 많이 볼 수 있다는 뜻을 넘어 뇌과학적 관점에서 매우 심오한 진실을 담고 있습니다. 우리의 뇌는 눈을 통해 들어오는 방대한 시각 정보를 수동적으로 받아들이지 않습니다. 오히려 과거 경험, 지식, 그리고 현재의 기대치를 바탕으로 끊임없이 정보를 해석하고 예측하여 '보이는 것'을 능동적으로 만들어냅니다. 즉 어떤 대상을 보았을 때 그것을 무엇으로 인식하고 어떤 의미를 부여하는지는 이미 우리가 가지고 있는 '지식'에 의해 강력하게 좌우됩니다.

이러한 맥락에서 최근 PLOS Biology 저널에 실린 한 연구는 "아는 만큼 보인다"는 개념을 뇌과학적으로 명확하게 뒷받침합니다. 이 연구는 인간의 시각 피질이 대상을 인식하고 그 지식을 표상하는 과정에서 언어 시스템과의 연결이 필수적이라는 점을 밝혀냈습니다. 어떤 사물을 보았을 때 그것이 무엇인지, 용도가 무엇인지 등의 '의미'를 파악하는 작업은 단순히 시각 정보 처리만으로는 불가능하다는 것입니다. 연구팀은 뇌 손상 환자들을 통해 이 사실을 입증했습니다. 시각 정보를 처리하는 뇌 부위 자체에 문제가 없더라도 언어 시스템이나 시각과 언어를 연결하는 뇌의 '백색질' 경로에 손상이 있다면 사물을 인식하거나 그 이름을 떠올리는 데 심각한 어려움을 겪는다는 것을 확인했습니다.

이는 우리가 사물을 인식할 때 형태나 색깔 같은 순수한 시각 정보만으로 대상을 파악하는 것이 아니라는 것을 보여줍니다. 그 대신 뇌는 즉각적으로 그 사물에 대한 언어적 정보를 활용합니다. 사물의 이름, 기능, 속성 등 언어를 통해 쌓아온 개념적 지식을 활용하여 시각 정보를 '해석'하는 것입니다. 다시 말해 우리가 '사과'를 보았을 때 단순히 빨갛고 둥근 물체를 보는 것에 그치지 않습니다. '먹을 수 있는 과일', '새콤달콤한 맛', '사과라는 이름'과 같은 언어적 개념들이 동시에 활성화되어 그 대상을 온전히 인식하고 이해하게 됩니다. 언어가 시각 정보를 의미 있는 지식으로 엮어주는 핵심적인 역할을 수행하는 것입니다.

결론적으로 세상을 '보는' 행위는 시각 기관의 물리적 작동을 넘어 언어적 지식과 개념 체계가 깊이 관여하는 복합적인 뇌 활동임을 증명합니다. "아는 만큼 보인다"는 말은 언어를 통해 쌓아온 지식의 깊이가 시각 피질이 세상을 해석하고 의미를 부여하는 방식에 직접적인 영향을 미친다는 뇌 과학적 원리를 담고 있는 것입니다. 따라서 더 많은 것을 배우고 언어를 통해 개념을 확장할수록 세상을 보는 우리의 시야와 이해는 더욱 넓어지고 풍부해질 것입니다.

신경 공명 이론: 음악과 뇌의 생물학적 공명

음악 반응의 과학

우리는 왜 음악을 들으면 턱을 끄덕이고, 어깨를 들썩이며, 때로는 눈물이 핑 도는 것일까요? 이는 단순한 소리에 대한 감각적 반응을 넘어, 우리의 뇌가 음악에 '공명共鳴'하고 있기 때문입니다. 마치 바이올린 현이 진동하듯 뇌와 몸이 리듬과 멜로디에 맞춰 함께 떨리는 것입니다.

최근 Nature Reviews Neuroscience에 발표된 국세 공동연구는

이러한 공명의 과학적 근거를 제시하며 우리가 왜, 그리고 어떻게 음악에 반응하는지를 새롭게 설명합니다. 이 이론의 핵심은 '신경 공명 이론Neural Resonance Theory, NRT'입니다. 신경 공명 이론은 뇌가 음악을 단지 해석하는 데 그치지 않고, 물리적으로 '공명'하며 음악 구조를 구현해낸다는 개념입니다. 뇌 속의 여러 신경회로가 외부 자극과 동조하면서 특정 주파수 비율에 맞춰 흔들릴 때 우리는 그것을 박자, 멜로디, 화음으로 인식하게 됩니다. 단순한 소리의 나열이 '음악'으로 들리는 것은 뇌가 물리적으로 음악을 만들어내고 있기 때문이라는 뜻입니다.

특히 이 공명은 '비선형적nonlinear'이라는 점이 중요합니다. 이는 뇌가 주어진 소리의 주파수만을 따라가는 것이 아니라 자체적으로 새로운 주파수를 생성해내며 소리의 패턴을 만든다는 의미입니다. 예를 들어 실제로 존재하지 않는 박자pulse를 뇌가 만들어내는 능력이야말로 '그루브groove', 즉 몸이 저절로 움직이게 되는 그 감각을 과학적으로 설명해줍니다. 가장 큰 몰입감은 적절한 복잡함, 즉 적당한 '싱코페이션syncopation'이 만들어질 때 발생합니다. 뇌는 이 균형점에서 가장 강하게 공명하며, 바로 그때 우리는 음악을 통해 깊은 감정을 느끼게 됩니다.

NRT는 또 하나의 핵심 개념으로 '조율attunement'을 제시합니다. 이는 문화와 경험을 통해 뇌의 리듬을 조율해간다는 개념입니다. 어린아이가 엄마의 자장가를 통해 박자감을 익히고 자라면서 특정 문화의 리듬에 익숙해지는 과정은 단순한 청각적 경험이 아닙니다. 신경회로의 구조 자체가 그 리듬에 맞춰 '길들여지는' 과정인 것입니다. 이처럼 문화마다 음악의 리듬과 조율이 다르지만 바로 이 조율 능력 덕분에 우리는 전혀 낯선 음악에서도 즐거움을 느낄 수 있습니다. 흥미롭게도 이 이론은 단순히 감상 이론에 그치지 않습니다.

뇌졸중, 파킨슨병, 우울증 등의 치료: '듣는' 존재가 아닌 '반응하는' 신체

연구진은 뇌의 공명 원리를 활용하면 뇌졸중이나 파킨슨병, 우울증 등의 치료에 적용할 수 있을 것으로 기대합니다. 또한 음악 생성 인공지능 기술, 효과적인 음악 교육 학습 도구, 나아가 서로 다른 문화권의 음악을 이해하는 데까지 활용될 수 있습니다. 결론적으로 음악은 단지 예술을 넘어 신경계의 깊은 진동과 연결된 생물학적 활동입니다. 우리는 음악을 '듣는' 존재이기 이전에 음악에 '반응하는' 신체입니다. 음악이 우리를 울리는 것이 아니라 우리 속의 뇌와 몸이 먼저 울리는 것입니다. 그 떨림 속에서 우리는 인간으로서 연결되고 움직이며 때로는 치유됩니다. 특정 멜로디나 악기의 울림, 혹은 가사를 들을 때 몸에 소름이 돋고 쾌감을 느끼는 순간 우리의 뇌는 실제로 보상을 주고받고 있었다는 사실이 밝혀졌습니다. 이 보상은 우리가 통증을 잊을 때 분비되는 것과 같은 화학 물질로 이루어져 있습니다. 이로써 음악이 '마약 같다'는 표현은 더 이상 단순한 비유가 아닌 과학적으로 입증된 현상임을 알 수 있습니다.

핀란드 연구진은 PET과 fMRI를 결합한 실험을 통해 음악이 뇌의 μ-오피오이드 수용체MOR 시스템를 활성화시킨다는 사실을 밝혀냈습니다. 이 수용체는 음식, 성, 사회적 유대 등 생존에 필수적인 보상에 관여하는 핵심적인 신경 회로입니다. 실험 참가지들은 자신이 가장 좋아하는 노래를 들으며 뇌 촬영을 진행했고 '소름'이 돋는 쾌감의 순간마다 버튼을 눌러 표시했습니다. 놀랍게도 이 쾌락의 순간들은 뇌의 핵심 보상 영역인 복측 선조체, 편도체, 전두엽에서 MOR 수용체 활성의 증가와 정확히 일치했습니다. 이는 추상적인 감정이 구체적인 신경화학 반응으로 나타난 것이었습니다.

더 흥미로운 사실은 음악에서 느끼는 쾌감의 강도에 개인차가 있었으며 그 차이는 MOR 시스템의 기본 활성 상태와 깊이 관련되어 있다는 점입니다. 같은 음악을 듣고도 더 깊은 감동을 느낀 사람들의 뇌에서는 MOR 수용체가 원래부터 더 풍부하게 준비되어 있었습니다. 이 수용체의 농도는 음악뿐 아니라 맛있는 음식, 따뜻한 접촉, 즐거운 웃음에도 영향을 주는 것으로 알려져 있어 이 연구는 단순히 음악 연구를 넘어 인간의 감정과 보상 체계 전체에 대한 중요한 단서를 제공합니다. 결국 음악은 단지 귀로만 듣는 것이 아니라 뇌가 반응하고 보상하며 기억하는 총체적인 체험입니다.

음악의 생물학적 힘: 뇌 보상 시스템과 세포 반응

음악이 통증을 줄이고, 사람을 연결하며, 기분을 치유한다는 말은 과장이 아닙니다. 이번 연구는 음악이 뇌의 보상 시스템을 실제로 자극하며 오피오이드 시스템과 도파민 시스템이 협력하여 깊은 쾌락을 만들어낸다는 사실을 명확히 했습니다.

우리는 왜 음악을 듣고 왜 같은 곡에 반복해서 이끌리는 걸까요? 음악을 들을 때 느끼는 그 벅찬 순간은 단지 기분 탓이 아니었습니다. 뇌는 그때 실제로 우리에게 보상을 주고 있었으며 우리는 그 안에서 조용히 행복을 느끼고 있었던 것입니다. 음악을 들으면 기분이 달라집니다. 어떤 멜로디는 눈물을 자아내고 어떤 리듬은 어깨를 들썩이게 합니다. 그런데 우리가 느끼기도 전에 우리 몸속 세포들은 이미 그 소리에 반응하고 있었을지도 모릅니다.

교토대학교 연구진은 '소리'라는 물리적 자극이 귀나 뇌가 아닌 세포 그 자체를 변화시킬 수 있다는 놀라운 사실을 밝혀냈습니다. 그 진동은 공기만 울린 것이 아니라 세포막을 두드리고 유전자의 스위치를 바꾸고 있었습니다. 연구팀은 세포에 직접 음파를 쏘는 장치를 만들고 낮은 440Hz와 높은 14kHz, 그리고 백색소음을 들려주었습니다. 단 2시간 만

      건강과 신앙_마흔에 시작하는 질병예방

에 세포의 유전자 발현이 달라졌습니다. 지방세포로 분화되는 과정이 억제되었고, 세포의 접착 능력은 향상되었습니다.

이 모든 변화의 시작은 세포가 '들었다'는 단순한 사실에서 비롯되었습니다. 고막도 없고 신경도 없지만 세포는 소리에 귀 기울이고 있었던 것입니다. 더 흥미로운 점은 소리의 주파수, 강도, 파형에 따라 반응이 달라진다는 사실입니다. 삼각파, 사각파, 사인파는 각각 다른 방식으로 세포를 자극했고 소리의 높낮이에 따라 반응하는 유전자도 달랐습니다. 소리에 반응하는 방식은 세포의 밀도나 종류에 따라서도 달랐는데 특히 섬유모세포, 뼈세포, 근육세포, 지방세포처럼 스스로 잘 움직이고 바닥에 잘 달라붙는 세포일수록 반응이 강했습니다.

연구팀은 이 반응의 핵심에 'FAK'라는 단백질이 있으며 이 단백질이 활성화되면서 세포는 모양을 바꾸고 유전자 회로를 다시 설계한다고 설명했습니다. 이 연구는 소리를 '처방'할 수 있는 가능성을 열어줍니다. 예를 들어 지방세포 분화를 억제하여 비만을 예방하거나, 조직 재생을 유도하거나, 세포가 원하는 방향으로 분화되도록 유도하는 새로운 의학적 방법이 될 수 있습니다. 결론적으로 몸은 소리를 듣고 그 소리는 다시 몸을 변화시킵니다. 음악이 마음을 울릴 때 우리 세포도 함께 떨고 있었던 것입니다.

사회적 친절의 뇌과학: '사회적 할인율'과 감정 회로

가까운 사람에게는 후하고 낯선 사람에게는 인색한 태도를 심리학에서는 '사회적 할인율'이라 부릅니다. 이는 뇌가 정서적인 거리를 계산하여 결정하는 행동으로, 가까울수록 더 많이 베풀고 멀리 느껴질수록 덜 베푸는 경향을 의미합니다.

2025년에 발표된 뇌과학 연구에서는 이 사회적 할인율이 뇌 속의 작은 부분인 '기저측편도BLA'와 관련 있다는 사실이 밝혀졌습니다. 연구팀은 BLA가 손상된 희귀 질환자들을 관찰했는데, 이 환자들은 친구에게는 비교적 후했지만 모르는 사람에게는 거의 아무것도 나누지 않았습니다. 연구자들은 뇌가 상황에 따라 '어떻게 행동할지'를 유연하게 판단하고 조절하는 기능이 약해졌기 때문이라고 설명합니다.

이 연구는 MBTI의 T사고형와 F감정형 성향과도 연결됩니다. T 성향은 논리와 원칙을 중심으로 판단하기 때문에 누구에게 얼마나 베풀지를 따져 보는 경향이 있습니다. 반면 F 성향은 감정과 공감을 더 중요하게 여겨 가까운 사람은 물론 낯선 사람에게도 따뜻하게 행동할 가능성이 높습니다. 성격 유형에 따라 사회적 할인율에 차이가 있을 수 있지만 F 성향의 사람이라면 자신의 친절이 혹시 과한 것은 아닌지 때로는 한 걸음 물러서서 돌아볼 필요가 있습니다. 결국 누군가에게 베푸는 행동은 단순한 성격이나 도덕심의 문제가 아니라 뇌 속의 정교한 회로가 작동한 결과입니다. 친절은 감정만으로 움직이는 것이 아니라 뇌 속 계산기에서 나온 숫자의 결과일 수 있습니다. 뇌과학을 더 깊이 이해할수록 우리는 서로를 조금 더 너그럽게 이해하고 받아들일 수 있을 것입니다.

전자약의 원리와 주요 기술 분류

전자약은 전기 및 자기 신호를 이용해 질병을 치료하는 기술을 의미하며 기존 약물과 달리 신체의 생리적 기능을 직접 조절하는 것이 특징입니다. 주로 신경 및 면역 조절에 활용되는 이 개념은 다소 생소하게 느껴질 수 있습니다.

전자약의 주요 기술은 크게 세 가지로 나뉘며, 각각의 간단한 내용은 다음 〈표1〉과 같습니다.

                     건강과 신앙_마흔에 시작하는 질병예방

1. 신경자극Nerve Stimulation: 신경에 전기적 또는 자기적 신호를 가해
   뇌 활동이나 신경 기능을 조절하는 방법

① 경두개 직류 자극법tDCS	약한 전류를 이용해 뇌 활동을 조절하여 우울증, 치매, 만성 통증 등 치료
② 경두개 자기 자극법TMS	자기장을 이용해 신경세포를 자극하여 우울증을 치료하고 뇌졸중 재활에 사용
③ 척수 자극법SCS	척수에 전극을 삽입하여 만성 통증 완화

2. 생체 신호 조작Bioelectronic Signal Modulation:
   신체 내의 전기적 신호를 직접 조절하여 생리적 기능을 정상화하는 방법

① 심박 조율기Pacemakers	심장의 전기적 신호를 조절하여 정상적인 심장 박동 유지
② 이식형 전기 자극기 Implantable Stimulators	특정 신경을 자극하여 운동 기능을 회복시키거나 통증 조절

3. 전자기 치료Electromagnetic Therapy:
   외부에서 전자기장을 이용하여 조직 재생 및 염증 완화 등을 유도하는 방법

① 펄스 자기장 치료PEMF	저주파 자기장을 이용해 조직 재생을 촉진하고 혈류 개선
② 정적 자기장 치료 Static Magnetic Therapy	특정 부위에 자기장을 적용하여 염증과 통증 완화

〈표1〉

뇌 자극과 GABA 변화: 수학 능력 향상의 비밀

수학적 능력은 타고나는 것일까요, 아니면 훈련으로 키울 수 있는 걸까요? 최근 연구는 뇌에 약한 전기 자극을 주어 계산 능력을 높일 수 있다는 놀라운 결과를 제시합니다.

연구팀은 사람들이 계산 문제를 푸는 동안 이마 근처와 머리 위쪽에 전기 자극을 가하는 실험을 진행했습니다. 그 결과, 자극을 받은 그룹은 그렇지 않은 그룹보다 계산 능력이 눈에 띄게 향상되었습니다. 특히 평

소 수학에 어려움을 느끼던 사람일수록 그 효과는 더욱 뚜렷했습니다. 왜 이런 일이 일어났을까요? 이러한 변화는 뇌 속 신경 전달 물질인 GABA의 변화와 관련이 있습니다. GABA는 뇌의 과도한 흥분을 조절하는 억제 신호 역할을 하는데 이 물질이 줄어들면 뇌가 정보를 더 활발하게 주고받게 됩니다. 실제로 전기 자극을 받은 사람들에게서 GABA가 감소했으며 이는 마치 잠자던 뇌의 일부가 잠깐의 자극으로 깨어난 셈입니다.

따라서 아이가 수학을 못한다고 다그치기보다는 아이의 뇌가 어떻게 작동하는지 이해하는 것이 더 중요합니다. 비록 이 방법이 당장 교육 현장에 적용되기는 어렵겠지만 미래에는 공부법보다 뇌 사용법이 더 중요해지는 시대가 올지도 모릅니다.

기억력 저하의 원인: 뇌-혈관 장벽의 붕괴

나이가 들면서 기억력이 떨어지는 현상은 뇌혈관에 존재하는 '뇌-혈관 장벽'의 틈이 벌어지기 때문입니다. 이 장벽은 뇌 모세혈관 세포들이 촘촘하게 붙어 있어 단백질이나 독성 물질이 뇌 속으로 함부로 침투하는 것을 막는 보호 구조물입니다.

그러나 이 장벽을 유지하는 데 핵심적인 단백질인 'N-카드헤린'이 중년부터 감소하기 시작하면서 장벽이 헐거워진다는 사실이 밝혀졌습니다. 장벽이 약해지면 혈액 속 불필요한 물질이 뇌로 스며들어 학습과 기억을 방해할 수 있습니다.

연구팀이 젊은 그룹과 중년 그룹의 뇌 조직을 비교한 결과 중년 그룹에서는 N-카드헤린과 또 다른 장벽 단백질인 '오클루딘'이 부족했습니다. 실험쥐에서 N-카드헤린을 제거하자 실제로 뇌혈관 장벽이 손상되었고, 기억력 저하까지 나타났습니다.

이 두 단백질은 단순히 물리적으로 붙어 있는 것이 아니라 세포 내에서 신호를 주고받으며 장벽을 튼튼하게 유지합니다. 그 신호 경로의 핵심에는 PI3K와 Akt3라는 효소가 있는데 특히 Akt3는 오클루딘을 인산화시켜 장벽 단백질이 쉽게 떨어져 나가지 않도록 붙잡아 주는 역할을 합니다. 나이가 들면 이 효소의 활성이 줄어들어 장벽이 더욱 헐거워지는 것입니다. 이를 비유하자면 뇌혈관 장벽은 벽돌오클루딘과 벽돌 사이를 붙잡는 시멘트N-카드헤린, 그리고 시멘트를 굳게 해주는 화학 반응Akt3 신호으로 구성되어 있는데, 노화로 인해 시멘트가 줄고 굳히는 힘도 약해지는 셈입니다.

현재 N-카드헤린-Akt3 신호를 직접 강화하는 약물은 없지만 앞으로 이 경로를 표적으로 하는 치료제가 개발된다면 기억력 저하를 막는 데 큰 도움이 될 것으로 기대됩니다. 지금까지 동물 실험 결과를 종합해 보면 염증과 산화 스트레스를 줄이는 것이 N-카드헤린을 유지하는 데 도움이 되며 반대로 고혈당, 만성 염증, 흡연, 고지방식 등은 N-카드헤린 발현을 억제합니다. 또한 유산소 운동, 오메가-3, 플라보노이드 등은 PI3K/Akt 경로를 자극하는 것으로 알려져 있습니다.

결론적으로 기억력을 지키는 첫걸음은 이 뇌-혈관 장벽이 무너지지 않도록 건강한 생활 습관을 유지하는 것입니다. 뇌 건강을 지키는 데 필수적인 6가지 핵심 요소pillars는 다음과 같습니다.

1. 사회적 연결: 가족 및 친구들과의 적극적인 교류
2. 뇌 자극으로 흥미로운 활동과 취미 탐색
3. 결혼 생활 등 주요 스트레스 요인의 관리
4. 일주일에 2.5시간 이상의 육체적 운동 실천
5. 하루 6~7시간의 깊은 수면 확보
6. 생선, 채소, 과일 위주의 균형 잡힌 식단 등

장내 미생물의 복잡한 협력: 제2의 뇌와 균형의 오케스트라

장은 예부터 '제2의 뇌'라고 불려왔습니다. 최근에는 뇌-장축Gut-Brain Axis 의 중요성이 알려지면서 인지 능력에 핵심적인 뇌 전달 물질인 세로토닌의 약 90%가 장에서 만들어진다는 사실이 밝혀졌습니다.

이 때문에 장이 튼튼하지 못하면 뇌 건강 역시 나빠질 수밖에 없습니다. 장에는 약 25가지 종류의 세균 약 20조 개가 살고 있으며 유산균을 포함한 유익균과 클렙시엘라Klebsiella와 같은 유해균들이 서로 견제하며 균형을 이루고 있습니다. 스트레스나 과음으로 인해 위산이 과도하게 분비되어 장으로 내려가거나 항생제 남용으로 인해 유익한 장내 세균이 죽게 되면 문제가 발생합니다. 장내 유해균들이 변형을 일으켜 슈퍼박테리아 superbacteria가 되어 장을 빠져나가 간이나 폐 등에서 염증을 유발할 수 있습니다. 이는 특히 입원 환자나 면역력이 떨어진 암 환자에게 주요 사망 원인이 되기도 합니다.

장속에 사는 수많은 세균은 단순히 음식물을 소화시키는 것을 넘어 면역 체계를 조절하고 다양한 질병에 영향을 미친다는 사실이 알려지면서 큰 주목을 받고 있습니다. 하지만 이 세균들이 어떻게 서로 조화를 이루며 건강한 장 환경을 유지하는지는 여전히 미지의 영역이었습니다. 최근 발표된 연구 결과는 장내 세균들이 마치 거대한 오케스트라처럼 각자의 역할을 하며 균형을 잡는 비밀스러운 메커니즘을 밝혀냈습니다. 이 연구는 유해균과 유익균이 단순히 경쟁하는 관계가 아니라, 서로를 돕고 견제하며 균형을 유지한다는 흥미로운 사실을 보여줍니다.

일본 연구팀은 장내 세균 중 염증 및 대장암과 관련이 있는 것으로 알려진 유해균 '후소박테리움 바리움Fusobacterium varium'과 건강에 이로운 물질을 만들어내는 유익균 '훼칼리박테리움 프라우즈니치Faecalibacterium prausnitzii'에 주목했습니다. 연구팀이 일본인 236명의 대변 샘플을 분석하여 이 두 세균의 상호작용을 파악했습니다. 유익균인 훼칼리박테리움은 'β-하이드록시부티르산β-Hydroxybutyric acid'을 생산하여 장내 환경을 산성으로 만들고, 이를 통해 유해균인 후소박테리움의 성장을 억제하는 것으로 밝혀졌습니다. 반대로 놀랍게도 유해균인 후소박테리움은 역설적으로 유익균인 훼칼리박테리움의 성장을 돕는 것으로 나타났습니다.

이번 연구 결과는 장내 세균의 상호작용이 생각했던 것보다 훨씬 복잡하고 정교하다는 것을 시사합니다. 유익균이 유해균의 성장을 억제하는 동시에 유해균은 유익균의 성장을 돕는 이러한 상호작용은 마치 팽팽한 줄다리기처럼 장내 미생물 생태계의 균형을 유지하는 핵심적인 역할을 합니다. 한쪽이 너무 강해지면 다른 한쪽이 약해지고 다시 그 약해진 쪽이 성장을 도와주는 방식으로 미생물 군집의 안정성을 지키는 것입니다. 이 연구는 장 건강을 지키는 데 있어 유익균을 키우는 것이 얼마나 중요한지를 명확히 보여줍니다.

건강한 식단과 환경은 유익균이 잘 자랄 수 있는 토양이 되며 이는 결국 해로운 균의 성장을 억제하는 데 도움을 줍니다. 장 건강은 전신 건강의 중요한 열쇠입니다. 앞으로는 단순히 유산균 하나를 더 챙겨 먹는 것 대신 복잡한 미생물 세계의 균형을 회복하는 것이 건강을 지키는 핵심 전략이 될 것입니다.

노화의 숨겨진 주범: 장내 세균의 대사 물질

노화는 단순히 시간이 흘러 생기는 현상이 아닙니다. 우리 염색체 끝에 위치한 텔로미어의 길이가 짧아져 DNA 기능 보호 능력을 잃으면서 발생하는 생리적 과정입니다. 생존을 위해 발버둥 치는 노화 세포들은 과도하게 활동하며 주변 세포에 염증을 유발하기도 합니다.

여기에 더해 우리가 어떤 음식을 먹었는지, 장 속에 어떤 세균이 살고 있는지도 노화에 결정적인 영향을 미칩니다. 최근 세계적인 과학 저널 《네이처 에이징Nature Aging》에 발표된 연구는 장내 세균이 만든 특정 대사 물질이 혈관 노화를 유도한다는 사실을 밝혀냈습니다. 아주 작지만 결코 무시할 수 없는 이 분자 하나가 혈관의 시간을 앞당기고 있었던 것입니다.

문제의 물질은 페닐초산phenylacetic acid, PAA입니다. 이 물질은 단백질을 구성하는 페닐알라닌phenylalanine이라는 아미노산에서 유래합니다. 페닐알라닌은 붉은 고기, 치즈, 우유, 달걀, 견과류, 그리고 일부 인공 감미료예: 아스파탐에 풍부하게 들어 있습니다. 우리 몸은 페닐초산을 거의 만들지 않지만 장내에 서식하는 'Clostridium sp. ASF356'이라는 특정 균주는 페닐알라닌을 분해하여 이 물질을 생성합니다.

연구진은 노년층과 늙은 생쥐 모두에게서 페닐초산이 증가한다는 사실을 확인했으며, 이 물질이 혈관 내피세포의 노화를 촉진한다는 것을 입증했습니다. 실제로 이 균주를 젊은 생쥐의 장에 주입하자 혈액 내 페닐초산 농도가 상승했고, 혈관이 딱딱해지면서 기능이 떨어졌습니다. 혈관 안쪽을 감싸고 있는 내피세포는 분열을 멈추고 염증성 신호를 지속적으로 내보내는, 노화된 세포처럼 행동했습니다.

흥미롭게도 항생제로 해당 균을 제거하거나 노화된 세포를 선택적으로 없애는 '세놀리틱Senolytic' 약물을 투여했을 때 혈관 노화를 멈출 수 있었습니다. 이는 장내 세균 하나가 혈관의 생물학적 나이를 앞당길 수 있다는 강력한 증거입니다. 반면 장 속에는 혈관 건강에 이로운 물질도 존재합니다. 식이섬유가 풍부한 음식을 섭취하면 장내 세균이 이를 발효시켜 아세트산acetate과 같은 단쇄지방산을 만들어냅니다. 아세트산은 SIRT1 이라는 단백질을 통해 혈관 내피세포의 염증 반응을 조절하고 산화 스트레스를 줄여 노화된 세포를 다시 젊게 만듭니다. 문제는 나이가 들수록 이러한 유익균이 줄어들고 해로운 물질을 만드는 세균이 늘어난다는 점입니다. 결국 우리가 어떤 음식을 먹고 어떤 장내 환경을 만들었는지가 혈관 노화 속도를 결정합니다. 노안처럼 어느 날 갑자기 찾아오는 줄 알았던 늙음은 알고 보면 매일의 식탁 위에서 조용히 다가오고 있었던 셈입니다.

알레르기와 면역 관용: 장내 미생물의 조율 역할

알레르기는 면역 반응의 한 형태입니다. 우리 몸에 이물질이 들어왔을 때 발생하는 면역 반응이 과민하게 나타나면 알레르기로 이어집니다. 반대로 일정 수준의 이물질에도 면역 반응이 일어나지 않는 상태를 면역 관용Immune Tolerance이라고 합니다. 특정 음식을 먹었을 때 알레르기 반응이 나타날지, 혹은 면역 관용이 형성될지는 장벽의 온전함과 장내 세균에 의해 결정됩니다. 장내 세균은 조절 T세포Tregs의 분화를 촉진하여 면역 관용을 유도합니다. 또한, 장내 세균이 분비하는 단쇄지방산SCFA과 IL-22는 장벽의 무결성을 유지하는 역할을 합니다.

따라서 예전에는 즐겼지만 알레르기 때문에 포기해야 했던 음식도 장내 세균총을 건강하게 관리하면 다시 먹을 수 있는 가능성이 열리게 됩니다.

외로움과 사회적 연결: 신체 건강의 숨겨진 기둥

신장은 단순한 노폐물 배설 기관을 넘어 우리 몸의 항상성을 유지하는 데 핵심적인 역할을 수행합니다. 신장은 혈액 속의 요소Urea, 크레아티닌Creatinine 등의 독소를 제거하고 물과 전해질 균형을 조절합니다. 또한 레닌Renin 호르몬을 생성하여 혈압을 조정하고 에리트로포이에틴Erythropoietin 호르몬을 만들어 적혈구 생산을 자극하며 비타민 D를 활성화시키는 등 내분비 기능도 담당합니다.

급성 신장 손상Acute Kidney Injury은 심장 질환이나 쇼크로 인한 혈류 저하, 세균 및 바이러스 감염, 일부 항생제나 소염진통제의 부작용, 또는 신장 자체의 급성 염증으로 발생할 수 있습니다. 만성 신장병Chronic Kidney Disease은 당뇨병, 고혈압, 신사구체 염증, 신결석 등으로 인한 요로 폐쇄, 루푸스나 류마티스 관절염 같은 자가면역 질환 등이 주요 원인입니다.

신장 질환을 예방하기 위해서는 건강한 체중 유지, 규칙적인 운동, 금연, 절주, 저염식, 균형 잡힌 식단이 중요하며 당뇨병, 고혈압, 고지혈증과 같은 기저 질환을 철저히 치료해야 합니다. 소변을 볼 때 비누 거품이 관찰된다면 단백뇨를 의심하고 검사를 받는 것이 좋습니다. 알부민은 영양소 운반과 체액 균형에 중요한 단백질인데 혈중 알부민이 부족하면 피로감과 부종이 발생할 수 있습니다. 수박 껍질을 공복에 갈아 두 컵씩 먹으면 도움이 되고 과민한 방광에는 크랜베리의 프로안토시아닌pro-anthocyanin 성분이 염증을 줄이는 데 도움을 줄 수 있다는 연구 결과가 있습니다.

방광은 300~500mL 이상을 저장할 수 있는 기관이므로 소변을 참는 훈련을 통해 방광 근육을 학습시키는 것이 도움이 됩니다. 또한 취침 2시간 전부터 음료 섭취를 피하고 취침 시 무릎 사이에 베개를 끼고 옆으로 자면 방광에 가해지는 압력을 줄여 야간뇨 완화에 도움이 될 수 있습니다.

새로운 건강 프레임워크: 내재적 건강 (Intrinsic Health)

진료실에서 혈압 측정이나 생활 습관 확인은 자연스러운 절차이지만, "요즘 사람들과 잘 지내나요?"와 같은 사회적 연결성외로움, 고립감, 지지에 대한 질문을 하는 의사는 드뭅니다. 최근 연구에 따르면 이러한 사회적 연결이 신체 건강에 미치는 영향은 여전히 의료 현장에서 간과되고 있습니다. 대다수 의료인은 사회적 연결이 정신 건강에 중요하다고 인식하지만 심혈관 질환, 당뇨병, 건강 수명 등 신체 건강에까지 영향을 미친다는 점에 대해

  건강과 신앙_마흔에 시작하는 질병예방

서는 회의적이었습니다. 그러나 과학적 연구는 외로움이 조기 사망률을 29%나 높인다는 사실을 입증하고 있습니다. 이는 외로움이 흡연, 운동, 체중과 어깨를 나란히 하는 주요 건강 변수임을 의미합니다.

미국 의료인 681명을 대상으로 한 조사에서 절반 이상이 환자가 외로움을 호소할 때 어떻게 반응해야 할지 모르겠다고 답했습니다. 이는 관련 교육 및 훈련 부족, 병원 내 자원 부재, 부족한 진료 시간 등 현실적인 문제에서 비롯됩니다. 연구팀은 외로운 환자에게 약물 대신 지역 커뮤니티 활동이나 자원봉사를 연결해주는 '사회 처방' 개념을 제시합니다. 혈압을 재는 것처럼 외로움을 진료의 일부로 포함시켜야 하며 이는 건강을 단순히 질병의 부재로 보는 것이 아니라 사람이 사람답게 살 수 있는 환경을 지켜주는 일로 확장하는 것을 의미합니다.

우리는 흔히 아프지 않으면 건강하다고 생각하지만, 콜롬비아 대학교 연구진은 단순히 질병이 없는 상태를 넘어선 '내재적 건강Intrinsic Health' 개념을 제시합니다. 이는 질병 치료에만 초점을 맞추던 기존 의학의 한계를 지적하며 건강 그 자체를 이해하고 증진하기 위한 새로운 과학적 프레임워크입니다. 내재적 건강은 외부 환경의 변화나 내부 스트레스에도 불구하고 몸이 스스로 균형을 유지하고, 회복하며, 최적의 기능을 오랫동안 지속할 수 있도록 돕는 역동적인 힘입니다.

내재적 건강의 세 가지 기둥

이 힘은 세 가지 핵심 요소의 조화로운 상호작용을 통해 유지됩니다. 첫째는 에너지입니다. 이 에너지는 생명을 유지하고 모든 신체 활동을 가능하게 하는 근본적인 연료와 같습니다. 둘째는 소통입니다. 우리 몸의 수많은 세포와 장기들은 정보를 주고받으며 유기적으로 협력하는 연결망입니다. 셋째는 구조입니다. 에너지와 소통이 원활하게 이루어질 수 있도록 하는 물리적인 틀이자 바탕입니다. 이 세 가지 요소가 조화롭게 상호작용할 때 우리 몸은 단순히 질병이 없는 상태를 넘어 진정한 의미의 '내재적 건강'을 발현하게 됩니다.

이러한 내재적 건강의 개념은 우리의 일상적인 건강 관리 방식에 근본적인 변화를 가져올 수 있습니다. 기존 의학이 질병 발생 후 치료와 증상 완화에 주력했다면, 이 새로운 관점은 질병이 생기기 전에 내재적 건강을 강화하여 몸이 스스로 질병에 저항하고 회복하는 자생력을 키우는 데 집중해야 함을 강조합니다. 이 연구는 내재적 건강을 측정할 수 있는 방법을 제시함으로써 개인이 자신의 건강 상태를 더욱 정확하게 파악하고 이에 맞춰 생활 습관 개선이나 필요한 조치를 취할 수 있도록 돕습니다. 궁극적으로 공중 보건과 의료 시스템은 질병 예방과 치료를 넘어 전 생애에 걸쳐 건강을 구축하고 유지하며 회복하는 데 초점을 맞추도록 이끌 것입니다.

내재적 건강을 측정하고 증진하는 연구는 이제 시작입니다. 이 개념이 정립되고 측정 방법이 정교해진다면 우리는 앞으로 의학과 공중 보건 분야에서 더욱 혁신적인 발전을 기대할 수 있습니다. 개인에게는 맞춤형 건강 관리가 가능해지고 사회 전체적으로는 질병으로 인한 부담을 줄이며 건강 수명을 늘리는 데 기여할 것입니다. 단순히 '어디가 아픈지'가 아니라 '내 몸의 생명력이 얼마나 충만한지'를 알 수 있게 된다는 것입니다. 건강을 질병의 부재가 아닌 끊임없이 변화하는 환경 속에서 균형을 유지하며 삶의 잠재력을 최대한 발휘하는 역동적인 상태로 이해하는 이 새로운 관점은 분명 우리의 삶의 질을 한 단계 더 높여줄 것입니다.

건강의 약 80%는 우리의 마음가짐에 달려 있다는 말이 있습니다. 병을 이겨내고자 하는 강한 의지나 긍정적이고 적극적인 마음은 면역 체계에 긍정적인 영향을 미칩니다. 구체적으로 이러한 긍정적인 마음은 면역세포 중 하나인 T-림프구가 우리 몸에 이롭게 반응하도록 돕습니다. 반면, 부정적이고 소극적인 마음은 면역 반응을 해롭게 유도하여 만성 염증이나 자가면역 질환을 일으키는 요인이 될 수 있습니다. 즉 심리적인 상태는 우리 몸의 면역 체계와 염증 반응에 직접적인 영향을 미치는 핵심적인 요소입니다.

1부
…

제2장

만성질환

제2장

만성질환

건강의 정의와 질병 이해: 상관관계와 인과관계의 구분

건강은 단순히 질병이 없는 상태를 넘어, 육체적, 정신적, 영혼적, 사회적 안녕이 모두 확보된 상태를 의미합니다. 또한 건강은 우리의 마음가짐과 깊은 관련이 있습니다. 양자 물리학에서는 육체를 입자로 마음을 파동으로 간주하며 측정이 가능하다고 봅니다. 데일 카네기는 우리의 생각이 곧 우리 인생을 바꾼다고 강조했습니다. 나아가, 진정한 건강은 우리의 다섯 가지 감각五情, 즉 감각, 감정, 이해, 영감, 그리고 사고가 모두 충족될 때 이루어질 수 있다고 합니다. 질병은 우리 장기의 일부 또는 전체가 구조적 혹은 기능적으로 비정상 상태에 있으며, 특정한 증상이나 징후를 동반하는 건강 상태를 말합니다.

만성 질환Chronic Disease은 질병이 3개월에서 1년 이상 지속되어 지속적인 의학적 치료가 필요하거나 일상생활에 제한을 주는 상태입니다. 만성 질환은 시간이 갈수록 악화되며, 대개 완전히 고칠 수는 없지만 조절관리이 가능한 경우가 많습니다. 고대 의학자인 히포크라테스는 질병의 원인을 자연 환경공기, 물, 음식, 지형과 연관 지었으나, 오늘날에도 많은 질병의 특이적이고 기능적인 원인은 여전히 명확히 밝혀지지 않고 있습니다. 의학 연구 결과를 읽을 때 가장 주의해야 할 것은 상관관계와 인과관계를 혼동하지 않는 것입니다. 상관관계Correlation는 두 가지 사건이 우연히 혹은 자주 함께 관찰되는 관계를 말합니다예: "까마귀 날자 배 떨어진다". 인과관계 Causation는 한 사건(A)이 다른 사건(B)의 직접적인 원인이 되는 관계입니다

예: 흡연이 폐암을 유발한다, 백신 접종이 질병 예방에 효과적이다. 그런데 두 사건이 상관관계를 가질 때 인과관계 외에 공통적인 제3의 원인이 작용하는 경우가 있습니다. 이를 혼란 변수Confounder라고 합니다.예:A와 B가 공통 원인 C의 영향을 받는다. 질병 악화(C) → 병원 방문 증가(A) 및 사망률 증가(B)

의학 연구에서 인과관계를 증명하려면 무작위 대조군 연구RCT와 같은 엄격한 연구 설계가 필요합니다. 그러나 현실적으로는 모든 변수를 완벽하게 통제하기 어려워 대부분의 연구가 상관관계를 밝히는 수준에 머뭅니다. 따라서 의학 연구 기사를 접할 때는 다음과 같은 비판적인 시각이 필요합니다. 단순 상관관계를 인과관계로 오해하지 않도록 주의해야 합니다. 연구에서 "A를 많이 한 사람은 B를 경험할 가능성이 높다"는 표현을 A가 B의 원인이라고 단정할 근거로 삼아서는 안 됩니다. 또한 연구 방식관찰 연구, 무작위 대조군 연구 등을 확인하고, 연구 규모가 충분했는지, 혼란 변수가 적절히 통제되었는지 검토해야 합니다. 특히 연구 결과를 과장하는 기사 제목이나 특정 기업, 단체의 이해관계가 개입된 연구는 비판적인 시각으로 볼 필요가 있습니다.

마이크로바이옴의 다면적 기능과 염증성 장 질환

질병은 세균, 바이러스, 기생충 등의 병원체와 스트레스, 사고, 손상, 부적절한 식습관, 운동 부족 등 다양한 요인들이 복합적으로 작용하여 발생합니다. 현재 해부학적 계통피부, 뼈, 근육, 생식기, 면역계 등을 기준으로 26,000가지 이상의 질병이 있으며, 이들은 크게 18가지 범주로 분류됩니다.

2006년 이후 활발히 연구되고 있는 장내 미생물은 단순히 소화에만 영향을 미치는 것이 아니라 전신 건강, 질병 예방 및 치료에 매우 중요한 역할을 합니다. 장내 세균은 소화 효소를 분비히여 식이섬유와 단수화물을 분해하고 에너지를 생성합니다. 식이섬유 발효를 통해 짧은 사슬 지방산SCFA(부티르산, 아세트산, 프로피온산 등)을 생성하여 장벽 강화 및 염증 억제를 돕습니다. 또한 비타민 B와 및 K군을 합성하고 미네랄 흡수를 돕습니다. 선천 및 적응 면역을 조절하여 병원성 미생물 침입을 방어하고, 장벽의 밀착 연결을 강화하여 유해 물질이 혈류로 침투하는 장 누수 증후군Leaky Gut Syndrome을 방지합니다. 특정 유익균은 염증을 억제하여 크론병, 대장염 등의 자가면역 질환 발생 위험을 줄입니다.

염증성 장질환IBD은 장에 만성적인 염증이 발생하는 질환으로, 대표적으로 크론병과 궤양성 대장염이 있습니다. 이 질환은 면역계가 장을 과민하게 공격하면서 염증을 유발하는 것이 특징이며, 지속적인 복통, 설사, 피로, 체중 감소 등의 증상을 동반합니다. 정확한 원인은 밝혀지지 않았지만, 유전적 요인과 환경적 요인이 복합적으로 작용하는 것으로 추정됩니다. 특히, 가공식품과 고지방, 고당 식단의 증가로 인해 IBD 환자가 점점 늘어나고 있습니다. 현재까지 완치법은 없지만, 약물 치료와 생활 습관 조절을 통해 증상을 관리할 수 있습니다.

마이크로바이옴이 전신 건강에 미치는 영향

한국에서 염증성 장 질환IBD 환자가 꾸준히 증가하는 추세입니다. 2015년 기준으로 크론병은 인구 10만 명당 2.42명, 궤양성 대장염은 6.58명으로 보고되었습니다. 특히 20~49세의 젊은 층에서 발병률이 높고, 크론병의 경우 남성이 여성보다 약 2배 더 많이 발생하는 것으로 나타납니다. 이러한 증가는 서구화된 식습관과 환경적 변화가 주된 원인으로 지목됩니다. 따라서 평소 식습관을 조절하고 스트레스를 관리하는 것이 IBD 예방 및 증상 완화에 도움이 될 수 있습니다.

IBD 치료에는 면역억제제가 널리 사용되지만, 장기적인 면역억제 치료는 감염 및 악성 종양 발생 위험을 높일 수 있습니다. 최근 연구에서는 생강의 주요 성분 중 하나인 푸라노디에논furanodienone이 장 염증 완화에 효과적임이 밝혀졌습니다. 실험용 쥐에게 푸라노디에논을 경구 투여한 결과 대장에서 강력한 항염증 효과가 확인되었으며, 장 점막 손상을 완화하고 면역 반응을 조절하는 유전자의 발현을 증가시켰습니다. 특히 푸라노디에논은 간에서의 부작용 없이 대장에서만 선택적으로 작용하는 특징을 보여 장기적인 안전성 측면에서도 유망한 치료제 후보로 평가됩니다.

한의학과 동의보감에서는 생강이 몸을 따뜻하게 하고 소화 기능을 도우며, 면역력을 높이는 중요한 약재로 기록되어 있습니다. 생강은 위장을 보호하고 소화를 촉진하며 구토와 멀미를 완화하는 효능이 있어 식욕 증진 및 배탈 치료에 활용됩니다. 또한 감기 예방과 기침 완화에 효과적이며, 혈액순환을 촉진해 손발이 찬 사람에게 도움이 됩니다. 생강은 항염 및 항산화 작용을 통해 면역력을 강화하고, 해독 작용이 있어 생선이나 해산물의 독성을 중화하는 데도 사용됩니다. 아울러 신경 안정 효과가 있어 스트레스 완화와 숙면을 돕고, 생리통 완화에도 긍정적인 영향을 미칠 수 있습니다. 앞으로 음식을 만들 때 생강을 더 자주 활용하는 것이 좋습니다.

마이크로바이옴은 행복 호르몬세로토닌과 같은 신경전달 물질을 생성하여 정신 건강에 기여합니다. 이는 장과 뇌를 연결하는 신경 경로주로 미주신경를 통해 스트레스, 불안, 우울증 등에 영향을 미칩니다. 또한, 장내 유익균은 뇌 염증을 줄이고 알츠하이머, 파킨슨병과 같은 신경 퇴행성 질환의 진행을 억제할 가능성이 있습니다. 특정 장내 미생물 군집은 에너지 대사와 지방 저장을 조절하여 비만 및 대사증후군 발병과 연관되며, 인슐린 민감성을 높여 혈당 조절에 도움을 줍니다. 장벽 기능이 손상되는 장 누수 증후군Leaky Gut Syndrome 환자는 류마티스, 관절염, 제1형 당뇨병 등 자가면역 질환의 위험이 큽니다. 장내 미생물 불균형은 염증성 장 질환IBD과 밀접하게 관련되어 있으며, 장내 세균 다양성 부족은 알레르기, 천식, 아토피와 같은 질환과도 연관됩니다. 장내 유익균은 병원성균과 경쟁하여 장내에서 병원균이 자라지 못하도록 방해하며, 특정 유익균은 박테리오신과 같은 항균 물질을 생성하기도 합니다. 나아가 항암 성분을 생성하거나 면역 반응을 촉진하여 암세포 성장을 억제할 수 있습니다.

마이크로바이옴Microbiome은 PD-1 억제제와 같은 면역 항암제의 효과를 증진시킬 수 있습니다. 특정 장내 세균은 콜레스테롤 및 혈압 조절에 기여하여 심혈관 질환의 위험을 줄이며, 미생물 불균형은 여드름, 습진, 건선과 같은 피부 질환과 연관될 수 있습니다. 마이크로바이옴의 조화는 염증성 노화를 줄이고 건강한 노화를 촉진합니다.

건강 증진을 위한 마이크로바이옴 관리 전략

장내 세균은 단순히 소화에만 영향을 미치는 것이 아니라 전신 건강과 질병 예방 및 치료에 중요한 역할을 합니다. 따라서 장내 미생물 균형을 유지하기 위해 균형 잡힌 식단, 발효 식품 섭취, 스트레스 관리, 그리고 필요시 프리바이오틱스 및 프로바이오틱스 보충제를 활용하는 것이 도움이 됩니다. 장내 세균 하면 흔히 유산균과 비피더스균을 떠올리지만, 장내에는 이 외에도 다양한 유익균이 존재합니다. 그렇다면 왜 대부분의 프로바이오틱스 제품은 유산균 위주로 구성될까요? 유산균과 비피더스균은 배양이 용이하고, 위산과 담즙을 견디며 장까지 도달할 가능성이 높기 때문입니다. 또한 이 연구와 임상적 근거가 가장 잘 확립된 균주이기도 합니다.

반면 다른 장내 유익균들은 배양이 어렵거나 생존력이 낮아 보충제 형태로 장까지 살아남기 어렵습니다. 일부 균주는 특정 장내 환경에서만 자라기 때문에 인위적으로 투여하더라도 정착하기 어렵습니다. 현재는 Akermansia muciniphila,Faecalibacterium prausnitzii, Clostridium butyricum 등의 유익균이 보충제로 개발 중입니다.

프로바이오틱스의 오해와 장내 미생물 정착의 진실

그렇다면 프로바이오틱스로 유산균이나 비피더스균을 섭취하면 장내에 정착할 수 있을까요? 연구에 따르면, 대부분의 경우 그렇지 않습니다. 인간의 장내 미생물 생태계는 생후 6~9개월 사이에 형성되는 면역 관용immune tolerance 과정에서 결정됩니다. 이 시기를 지난 후 성인이 되어 새로운 균이 유입되면, 면역계는 이를 낯선 존재로 인식하고 배제하는 경향이 있습니다. 즉, 보충제로 섭취한 유산균을 일종의 "침입자"로 간주하여 면역 반응을 통해 제거하는 것입니다. 또한, 장내 기존 상재균과의 경쟁, 점막 부착 공간 부족, 면역 반응 등의 요인으로 인해, 외부에서 섭취한 유산균은 대부분 일시적으로 장을 통과한 후 배출됩니다

그렇다면 장내에 영구적으로 정착하지 못하는 유산균이 효과를 내는 이유는 무엇일까요? 유산균은 장에 영구적으로 머물지 않더라도, 장을 통과하는 동안 장 환경을 일시적으로 조절하고 우리 몸에 이로운 대사산물을 분비하는 등 긍정적인 역할을 수행하기 때문입니다. 하지만 유산균을 섭취하는 것이 항상 긍정적인 효과만을 가져오는 것은 아닙니다.

외부에서 들어온 유산균이나 비피더스균이 장내 기존 상재균과 한정된 영양소식이섬유, 폴리페놀 등를 두고 경쟁하면 오히려 기존 유익균의 생존을 위협할 수 있습니다. 특히 비피더스균은 프락토올리고당FOS, 갈락토올리고당GOS, 이눌린 등의 프리바이오틱스를 주요 에너지원으로 사용하는데, 보충제로 섭취한 비피더스균이 이를 과도하게 소비하면 기존 유익균의 성장이 저해될 수 있습니다. 2018년 《사이언스Science》에 발표된 연구에서는 특정 프로바이오틱스를 장기간 섭취하면 장내 미생물 다양성이 감소할 수도 있다고 보고되었습니다. 따라서 유산균은 장기적으로 복용하기보다 필요할 때 단기적으로 섭취하는 것이 더 바람직합니다. 특정 균을 직접 보충하는 것보다 섬유질 섭취를 통해 기존 장내 유익균을 증식시키는

전략이 더욱 효과적일 수 있습니다. 발효식품을 꾸준히 섭취하면 다양한 균을 통해 장내 미생물 균형을 자연스럽게 유지할 수 있으며, 이는 특정 프로바이오틱스 보충제보다 더 장기적인 건강 효과를 가져올 가능성이 큽니다.

건강한 장내 세균 환경을 가진 사람이라면 유산균 보충제를 매일 섭취할 필요는 없습니다. 항생제 복용 후 장내 미생물 회복을 돕거나, 장 건강이 불안정할 때 짧은 기간 동안 섭취하는 것이 적절합니다. 이미 장내에 존재하는 유익균이 잘 자랄 수 있도록 섬유질과 폴리페놀이 풍부한 식품을 섭취하는 것이 특정 균을 보충하는 것보다 훨씬 좋은 전략입니다. 또한, 다양한 균이 포함된 발효식품을 섭취하면 특정 균주가 과도하게 증식할 위험을 줄일 수 있습니다.

오늘부터 유산균 보충제 섭취를 조절하고 섬유질을 꾸준히 섭취해 보세요. 유산균을 먹지 않아도 매일 원활하게 배변할 수 있다면, 비로소 건강한 장내 세균 환경을 회복한 것입니다.

염증성 장 질환(IBD)의 글로벌 확산과 경고

염증성 장 질환IBD은 현대인의 건강을 위협하는 그림자 같은 존재입니다. 소리 없이 다가와 일상에 큰 불편함을 안겨주는 이 질병은, 전 세계적으로 발병률이 꾸준히 증가하고 있어 우려를 낳고 있습니다. 과거 서구 국가에서 높은 유병률을 보이던 것과 달리, 최근에는 아시아를 포함한 개발도상국에서도 빠르게 확산되고 있습니다. 이는 마치 과거의 역병이 현대에 새로운 얼굴로 찾아온 것과 같습니다.

염증성 장 질환IBD의 전 세계적인 확산 배경에는 여러 복합적인 요인이 얽혀 있습니다. 주요 원인으로는 식습관의 서구화가 지목됩니다. 많은 국가가 경제 발전을 겪으면서 가공식품, 붉은 육류, 설탕 섭취가 늘어나고, 이는 장내 미생물 환경에 부정적인 영향을 미쳐 염증 반응을 유발하거나 악화시킵니다.

또한, 위생 환경이 개선되면서 어릴 때부터 다양한 미생물에 노출될 기회가 줄어들어 면역 체계가 과민하게 반응하는 '위생 가설' 또한 중요한 요인으로 작용합니다. 여기에 좌식 생활 증가, 신체 활동 부족, 스트레스 증가와 같은 생활 방식의 변화도 장 건강에 악영향을 미치며, 이러한 환경적 요인들이 유전적 소인과 복합적으로 작용하여 질병의 '글로벌 진화'를 이끌고 있는 것입니다.

최근 발표된 대규모 연구는 염증성 장 질환의 전 세계적 확산 과정을 네 단계로 구분했습니다. 1단계는 '출현', 2단계는 '발병 가속화', 3단계는 '유병률 누적', 마지막 4단계는 '평형 상태'입니다. 처음에는 드문 병이었던 염증성 장 질환은 산업화와 도시화가 진행된 나라들에서 폭발적으로 증가했습니다. 이제는 발병률은 안정되지만 유병률은 계속해서 올라가는 3단계유병률 누적에 접어든 곳이 많습니다. 특히 캐나다, 덴마크, 스코틀랜드와 같은 선진국들은 이미 인구의 1% 이상이 IBD 환자가 될 것으로 예상되는 3단계에 진입했습니다. 이는 고령화와 함께 환자 수가 더욱 늘어날 것이라는 심각한 예측을 동반합니다.

그렇다면 우리나라는 지금 어디쯤에 서 있을까요? 안타깝게도 우리나라를 포함한 아시아권은 현재 2단계, 즉 '발병 가속화' 단계에 해당합니다. 한국과 일본은 빠르게 산업화되면서 유병률이 눈에 띄게 상승했고, 중국과 말레이시아도 뒤를 따르고 있습니다. 특히 주목할 점은 젊은 층에서 발병률이 높아지고 있다는 사실입니다. 장이 아픈 젊은이들이 늘어난다는 것은 단순한 의료 문제를 넘어, 미래 세대의 생산성과 사회 전반의 경제적 부담으로 확장되는 심각한 문제입니다. 만성 질환은 한 사람의 일상만이 아니라 사회 전체의 리듬을 바꾸는 강력한 파급 효과를 가져오기 때문입니다. 그러므로 염증성 장 질환은 더 이상 먼 나라의 이야기가 아닙니다. 우리 사회의 변화가 질병의 확산을 부추기고 있다는 경각심을 가지고 적극적인 예방과 조기 진단에 힘써야 할 때입니다. 건강한 식습관을 유지하고 규칙적인 운동을 하며, 스트레스를 관리하는 것은 물론, 이상 증상이 나타났을 때 주저 없이 의료 전문가와 상담하는 것이 중요합니다. 우리가 각자의 건강을 지키는 작은 노력이 모여 이 그림자 같은 질병의 확산을 막아내고 건강한 사회를 만들어 나갈 수 있을 것입니다.

만성 질환의 위험 요소와 예방 전략

만성 질환은 주로 고령층에서 발생하는 경향이 있으며, 가장 흔한 만성병으로는 암, 심장병, 당뇨병, 관절염 등이 있습니다. 이러한 질환들은 대개 오랫동안 지속된 건강치 못한 생활 습관으로 인해 발생합니다.

만성 질환을 유발하거나 악화시키는 것으로 알려진 위험 요소들은 흡연, 지나친 음주, 운동 부족, 비만, 건강치 못한 식사, 고혈압, 고콜레스테롤혈증, 당뇨병 등입니다. 다른 요인들로는 나이, 가족력, 태도와 믿음입니다. 이 외에도 개인의 유전자 또는 후성유전자가 화학 물질이나 인류 발생적 요인anthropogens 등으로 인해 변형되어 만성병이 생길 수 있습니다. 또한, 만성병으로 인한 고통과 심리적 어려움은 일반적으로 부정, 탄원, 흥정, 절망, 분노, 걱정, 우울증, 자신 상실, 혼동, 수락의 7단계를 거치며 나타납니다.

대부분의 만성 질환은 생활 습관을 개선함으로써 예방하거나 발생을 지연시킬 수 있습니다. 생선, 채소, 과일을 위주로 하는 건강한 식사를 하고, 걷기, 수영, 자전거 타기 등의 신체 활동을 규칙적으로 해야 합니다. 또한, 적절하고 좋은 수면을 취하고, 금연 및 절주를 실천해야 합니다. 정기적인 건강검사는 필수입니다. 특히 특정 질병에 가족력이 있는 경우, 해

　　　　　　　　　　　건강과 신앙_마흔에 시작하는 질병예방

당 질병에 관한 정보를 얻어 전문의와 상의하고 집중적인 정기 검사를 받는 것이 조기 발견을 위해 매우 중요합니다. 질병을 조기에 발견하면 유전자 변이가 비교적 단순하고 병변의 크기가 크지 않아 치료가 상대적으로 쉽고 예후가 좋습니다.

1부

제3장

암

제3장

암

암의 본질, 통계적 특성 및 전문직의 위험

요즘에는 세 명 또는 네 명 중 한 명이 암에 걸릴 정도로 암은 흔한 질병이 되었으며, 한국에서는 사망 원인 1위를 차지하는 유전성 전신 질환입니다. 암은 여러 요인으로 인해 유전인자에 변이가 생겨 세포가 통제 없이 계속 증식하는 현상입니다. 암은 우리 몸 세포핵 속의 유전 물질인 핵산DNA이 여러 원인으로 손상되어 세포 분열 조절이 안 되는 증식으로, 마치 낫지 않는 상처와 같습니다. 치료하지 않으면 여러 장기에 전이되어 장기가 파열되거나 기능이 저하되어 사망에 이르게 됩니다.

큰 장기별로는 약 15가지 암이 있지만, 각 장기 암을 세포 형태나 성질에 따라 구분하면 약 500가지에 이릅니다. 부모로부터 물려받는 나쁜 유전자가 원인인 암은 약 15~20% 정도이며, 나머지 대부분은 지나친 스트레스, 절제되지 못한 생활 습관, 음식 및 환경에서 오는 독소, 만성 염증 등이 복합적으로 작용하여 발생합니다. 우리 몸속에 암을 일으키는 물질이 많아지거나 암을 억제하는 물질이 적어지면 암이 발생합니다. 반대로 이들이 적절한 균형을 유지하면 암은 활동하지 않고 정지 상태에 머무를 수 있습니다.

최근 미국 암 학회 보고서에 따르면, 1991년부터 2022년까지 미국의 암 사망률은 34% 감소했지만, 여성의 암 발생률은 오히려 증가했습니다. 특히 유방암, 자궁내막암, 간암의 증가가 두드러졌습니다. 여성암 증가의 주요 원인으로는 생활 습관 변화알코올 소비 증가, 신체 활동 부족, 가공식품 위주의 식단, **비만**폐경 후 체중 증가 **및 호르몬 요인**낮은 초경 연령과 높은 출산 연령으로 인한 호르몬 노출 기간 증가 및 폐경 전후의 호르몬 변화 등이 지목되었습니다.

바쁜 현대인들에게 의사는 건강의 대명사로 여겨지며, 특히 수술실에서 생명을 다루는 외과 의사는 자신의 건강을 철저히 챙길 것 같은 이미지가 강합니다. 그러나 최근 연구에 따르면, 외과 의사가 다른 의사보다 암으로 인한 사망률이 두 배 이상 높다는 충격적인 결과가 나왔습니다. 하버드 의대 연구팀은 2023년 미국에서 사망한 108만여 명의 데이터를 분석하여 외과 의사 224명과 비외과 의사 2,740명을 비교했습니다. 연구 결과, 외과 의사의 전체 사망률은 일반 직장인보다 낮았지만, 암 사망률은 일반 직업군보다 20% 높았고, 다른 과의 의사들보다 무려 2배가 넘었습니다.

사망 원인 중 자동차 사고 등은 큰 차이가 없었으나, 유독 암에서만 외과 의사 쪽이 두드러지게 높았습니다. 외과 의사는 병원 안에서 생활하고 의료 지식도 풍부하여 오히려 병을 잘 피할 것 같지만, 현실은 달랐습니다. 연구팀은 그 원인으로 외과 의사 특유의 작업 환경 때문일 수 있다고 추정합니다. 수술 중 흡입하는 약물이나 장시간 서 있는 근무 환경, 교대 근무로 인한 수면 부족 등이 몸속 세포에 영향을 줄 수 있다는 것입니다.

아직 왜 외과 의사가 암으로 더 많이 사망하는지 완전히 설명되지는 않았지만, 이 통계는 우리에게 중요한 시사점을 던집니다. 병을 진단하고 치료하는 사람 역시 결국 인간이며, 그들 역시 직업적인 위험을 안고 살아간다는 사실입니다. 과로, 수면 부족, 스트레스는 단순한 피곤함을 넘어 건강에 실질적인 영향을 줍니다. 의료진의 건강이 무너지면 환자도 안전하지 않다는 점, 그리고 누군가를 살리기 위해 헌신하는 사람들에게도 보호가 필요함을 생각하게 합니다.

인체는 매우 복잡하고 정교하게 설계되어 있으며, 잠재적으로 120

세 정도까지 생명을 유지할 수 있습니다. 그러나 40세 이후부터는 생명 유지에 필수적인 효소나 호르몬 등의 분비가 점차 감소합니다. 따라서 이 시기부터는 적절한 식단과 규칙적인 전신 운동을 병행하지 않으면 각종 질병에 취약해집니다.

우리 몸의 세포 중 뇌와 근육 세포는 사용할수록 활동성이 증가하지만, 다른 조직 세포들은 노화 및 퇴행성 변화를 겪게 됩니다. 또한, 스트레스를 이기지 못하면 체내에 활성 산소가 과도하게 발생합니다. 이 활성 산소는 담배의 니코틴이 DNA를 손상시키듯, 암, 혈관 질환, 노화를 유발하는 주요 원인이 됩니다. 알코올 역시 화학 물질이므로 과음할 경우 간과 뇌 세포를 손상하고 장내 유익균을 감소시켜 건강에 심각한 장애를 초래할 수 있습니다.

암 치료의 현황, 예후 요인 및 환자 태도의 중요성

암은 조기 진단될 경우 유전자 변이가 비교적 단조롭고 전이가 없는 경우가 많아, 수술이나 방사선 치료와 같은 국소적 치료에 더 좋은 효과를 보입니다. 암 진단은 일반 및 암표지와 세포DNA 피검사 외 해부학적인 정보를 보여주는 초음파, CT 또는 MRI 그리고 조직이나 암의 기능을 보여주는 PET 사진을 찍은 다음 조직검사로 확진합니다. 그 다음 각 암에 흔한 유전자 검사를 하여 작은 암이라도 분해가 잘 안 된 나쁜 암은 국소치료 전이나 후에 전신치료인 항암, 표적 그리고 면역치료를 단독이나 병합하여 치료합니다. 작은 암이라도 악성도가 높거나 분해가 잘 안 되는 경우, 국소 치료 전후에 항암제, 표적 치료제, 면역 치료제 등 전신 치료를 단독 또는 병합하여 시행해야 합니다.

암 조직의 분자 생물학적 조사를 통해 악성 암으로 판단되면 초기부터 항암 치료를 시작하여 눈에 보이는 종양만 제거한 뒤 다시 항암 치료를 이어가는 전략을 사용할 수 있습니다. 하지만 암의 병리적 소견, 유전자 변이, 기능, 대사 등은 같은 암종이라도 개인마다, 그리고 시간의 경과에 따라 변화무쌍하게 달라집니다. 이처럼 암의 특성상 치료 반응이 달라 예측하기 어렵고 완치에 한계가 따르는 것이 현실입니다. 그러나 지속적인 연구를 통해 암의 조기 진단 기술이 발전하고 신약이 개발되면서, 환자가 체력을 유지하는 한 거의 수명대로 살 수 있는 시대가 되었습니다.

여러 계통의 다양한 약물을 병합하여 치료 효과를 높일 수 있지만, 부작용 또한 증가하여 일반적으로 5가지 이상의 약물을 함께 사용하는 것은 제한됩니다. 1㎜ 크기의 암에는 약 1,000개의 활성 암세포가, 1㎝ 크기의 암에는 1조 개의 암세포가 존재하며, 이 세포들은 임파선이나 혈관을 통해 전신을 순환하다가 다시 원래 위치로 돌아와 증식할 수 있으므로, 눈에 보이지 않는 암세포의 존재를 항상 염두에 두어야 합니다.

일반적으로 암 치료제의 효과는 1차 치료 50%, 2차 치료 30%, 3차 치료 10%이며, 임상시험 중인 실험 약물은 약 1% 정도의 효과를 보입니다. 서양 환자들은 1%의 효과에도 크게 기뻐하는 반면, 한국 환자들은 30%의 효과에도 만족하지 못하는 경향이 있는 것은 아쉬운 부분입니다.

텍사스 대학교 MD 앤더슨 암센터에서 33년간 근무하면서 한국계 환자들의 치료 경과가 비교적 좋지 않았던 사례를 관찰했습니다. 그 이유는 여러 가지가 있겠으나, 주요 원인은 다음과 같습니다. 첫째, 의료진에 대한 신뢰가 부족하여 의료진의 권고를 따르지 않고 본인의 감정이나 판단대로 행동하는 경향이 있었습니다. 둘째, 권장되는 영양식을 잘 섭취하지 않고 물을 충분히 마시지 않아 체력 유지가 어렵고 빈혈이 발생하며 부작용이 심해져 치료가 중단되는 경우가 많았습니다. 이처럼 식욕이 떨어지는 주된 이유는 과도한 근심과 걱정으로 인한 식욕 부진 및 수면 장애입니다. 종교적으로 근심하지 말라는 가르침이 있음에도, 기독교인 환자들에게서도 크게 다르지 않은 양상을 보이는 것은 믿음의 문제와 연결될 수 있다고 생각됩니다. 비교적 치료가 잘 되지 않는 환자 집단은 의사, 간호사, 약사, 변호사, 교수 등 전문직이나 서울에서 온 환자들이었습니다. 반면, 비교적 치료가 잘 되는 환자 집단은 시골 출신, 교육 수준이 높지 않은 분, 죽음을 두려워하지 않는 강인한 분, 그리고 모든 것을 신께 맡기는 믿음이 깊은 분들이었습니다.

과학적 상식으로 설명되지 않는 자발적인 암의 퇴행이나 기적적인 치유 사례가 발생하기도 합니다. 이는 암에 대해 아직 모르는 부분이 많음을 시사하며, 인체가 육체적 부분 외에 정신마음과 영혼이 결합되어 작용함을 암시합니다. 마음이 편치 못하면 어떤 치료에도 효과가 미미한 경우가 많다는 점이 이를 뒷받침합니다. 궁극적으로 죽고 사는 것은 이미 정해져 있는 일로 받아들이고, 암 치료는 암 전문가에게 맡겨 권고에 따르는 것이 환자로서 할 수 있는 최선을 다하는 길입니다.

오늘날 한국의 대학병원 및 종합병원은 암 진단 및 치료에 필요한 시설과 전문 인력을 충분히 갖추고 있습니다. 치료 방법 역시 표준화된 프로토콜이 전문 문헌이나 인터넷을 통해 상세히 공개되어 있어, 글로벌 기준과 비교해도 부족함이 없습니다. 이러한 환경은 한국 암 환자들에게 큰 이점이라고 평가됩니다. 나아가, 암은 치매보다 치료 및 관리가 훨씬 용이합니다.

암 치료 중 감염 발생 시 항생제 사용에 긍정적이지만 최근 연구들은 의외로 이 부분에 경고를 던집니다. 항생제는 해로운 세균뿐만 아니라, 장내 유익균마이크로바이옴까지 광범위하게 제거합니다. 이 유익균들은 단순한 소화 기능을 넘어 항암 면역 반응을 돕고, 일부 항암제의 효과를 뒷받침하는 핵심적인 역할을 수행합니다. 항생제 사용으로 장내세균총이 교란되면 면역세포의 반응이 저하되어 항암제의 효능이 약화될 수 있습니다. 이는 암세포만을 겨냥한 치료 전략이 때로는 질병을 악화시킬 수 있었던 것임을 시사합니다. 미생물은 종양 조직 내부까지 침투하여 암세포의 대사 및 면역 반응을 직접 조율합니다. 이들이 생성하는 대사 물질은 DNA 손상을 유발하거나, 면역세포를 돕거나 무력화시키는 도구로 작용합니다.

암 치료의 새로운 중심: 종양 미생물 생태계 (Tumor Microbiome)

대장균의 대사산물인 콜리박틴colibactin은 DNA 이중 가닥을 끊어 대장암을 유발하는 것으로 알려져 있습니다. 반면, 짧은 사슬 지방산SCFA은 암세포에 대한 면역 반응을 조절하고 암세포의 증식을 억제하는 이중적인 역할을 수행합니다. 일부 균은 키트루다와 같은 면역 항암제의 치료 성적을 높이는 데 기여하지만, 또 다른 균은 항암제를 분해하여 치료 효과를 저하시키기도 합니다. 장내세균의 영향력이 상상을 초월함에 따라, 이제는 암세포만을 표적으로 삼는 치료에서 벗어나 종양 미생물 생태계Tumor Microbiome를 함께 조율하는 전략이 요구됩니다.

유익균을 인위적으로 주입해 면역 반응을 자극하거나, 해로운 세균의 대사 기능을 차단하여 항암 치료 효과를 높이는 시도들이 활발히 연구되고 있습니다. 나아가 과학자들은 특정 세균을 유전자 조작하여 암 조직에 특화된 치료 물질을 생산하게 하거나, 나노입자를 활용해 미생물 생태계를 조절하는 기술을 개발 중입니다.

혁신적인 진단 기술: 나노 바늘을 이용한 실시간 분자 분석

최근에는 살아있는 조직에 큰 무리를 주지 않으면서 세포 내의 분자 정보를 실시간으로 분석하는 기술이 암 진단 및 치료 평가 방식에 혁명적인 변화를 예고하고 있습니다. 국제 학술지 '네이처 나노테크놀로지'에 발표된 연구는 다공성 실리콘 나노 바늘을 활용하여 살아있는 조직에서 생체 분자를 반복적으로 채취하는 방법을 소개했습니다.

이 나노 바늘은 머리카락보다 훨씬 가늘어 조직에 큰 손상 없이 원하는 분자를 정확하게 채취할 수 있습니다. 특히 뇌 지질지방 대사는 다양한 신경 질환 및 뇌종양과 밀접하게 연관되어 있는데, 이 기술은 뇌 지질의 종류와 분포 변화를 실시간으로 관찰할 수 있게 합니다. 이는 마치 기존 조직 검사가 '정지된 사진'이라면, 나노 기술은 '생체 지질 변화의 동영상'을 보는 것과 같습니다. 쥐의 신경교종뇌종양 분석을 통해 종양 부위와 정상 부위의 지질 지도가 나노 바늘을 통해 얻은 정보와 놀랍도록 일치함을 확인했습니다.

더 나아가 인간 신경교종 샘플 23개를 분석한 결과, 나노 바늘로 얻은 지질 정보만으로 종양의 악성도를 정확히 분류할 수 있었습니다. 이는 침습적인 조직 검사 없이 질병을 진단할 수 있는 가능성을 열어줍니다. 항암제 치료를 받는 쥐의 뇌에서 시간 경과에 따른 지질 변화를 추적하여 치료 효과를 실시간으로 모니터링하는 데 성공했습니다. 이 나노 바늘 기술은 조직 손상 없이 분자 정보를 얻어 질병을 진단하고 치료 과정을 실시간으로 관찰하는 새로운 길을 열었습니다. 정밀 의학 시대를 향한 중요한 발걸음입니다. 궁극적으로 암과의 싸움은 단순히 세포 간의 전쟁이 아니라, 미생물, 인간 면역 체계, 대사산물 간의 다층적인 '외교전'이며, 미생물이라는 '보이지 않는 이웃'이 정밀 의학의 중심 변수로 떠오르고 있습니다.

아스피린의 항전이 메커니즘: T세포 활성화

최근 《네이처Nature》지에 발표된 연구를 통해, 흔히 알려진 진통 및 심혈관 질환 예방약인 아스피린이 특정 메커니즘을 통해 암 전이를 억제할 가능성이 있음이 밝혀졌습니다. 이 연구는 아스피린을 복용하는 암 환자들에게서 유방암, 대장암, 전립선암 등의 전이 위험이 낮게 보고되었던 임상적 관찰의 생물학적 근거를 제시합니다.

케임브리지 대학교 연구팀은 암이 전이되는 초기 단계에서 면역 시스템이 어떻게 작용하는지에 집중했습니다. 처음 발생한 부위의 암세포는 면역 감시를 회피하지만, 새로운 부위로 전이된 직후의 암세포는 면역 공격에 취약하다는 점에 착안했습니다.

연구 결과, 전이에 영향을 미치는 특정 유전자인 ARHGEF1이 핵심 역할을 한다는 사실이 발견되었습니다. 이 유전자는 면역세포인 T 세포의 활동을 억제하는 기능을 합니다. T 세포는 전이된 암세포를 공격하고 파괴하는 면역 세포입니다. 연구진은 혈소판에서 생성되며 혈액 응고를 돕는 물질인 트롬복산 A2$_{TXA2}$가 ARHGEF1을 활성화시킨다는 것을 발견했습니다. 즉, TXA2는 ARHGEF1을 통해 T 세포의 공격을 약화시키는 것입니다. 아스피린은 체내에서 TXA2 생성을 억제하는 역할을 합니다. 이로 인해 ARHGEF1의 활성화가 차단되고, 결과적으로 T 세포가 억제에서 벗어나 활성화되어 전이된 암세포를 더 효과적으로 공격하게 됩니다.

실험용 쥐에게 아스피린을 투여한 결과, 전이된 암세포의 수가 감소했으며 이는 T 세포 활성화에 의한 것임이 입증되었습니다. 이 연구는 아스피린의 작용 경로를 명확히 밝혀내어, 전이를 막기 위한 새로운 맞춤형 치료법 개발의 기초를 마련했습니다. 현재 아스피린이 조기 암 환자에게 실질적인 도움을 줄 수 있는지에 대한 추가 임상 연구가 진행 중입니다. 그러나 아스피린은 위장 출혈이나 기타 출혈성 질환을 유발할 수 있는 부작용이 있으므로, 암 전이 예방 목적으로 복용하기 위해서는 반드시 전문 의료진과 상의해야 합니다.

암 신경과학과 미토콘드리아의 약탈 전략

암은 단순히 암세포만의 문제가 아니라, 암의 생존, 면역 회피, 치료 저항성을 유발하는 주변 환경인 종양미세환경Tumor Microenvironment, TME과 끊임없이 상호작용하는 복잡한 질병입니다. 최근 암 치료는 TME를 표적으로 하는 면역치료제, 항섬유화 치료제, 대사 조절 약물 등으로 새로운 방향을 모색하고 있습니다.

종양미세환경에서 중요한 역할을 하는 세포로 면역 세포, 섬유아세포, 혈관내피세포 등이 주목받아 왔으나, 최근에는 신경 세포 또한 암의 진행에 결정적인 영향을 미친다는 사실이 밝혀졌습니다. 이 상호작용을 연구하는 분야를 '암 신경과학Cancer Neuroscience'이라고 합니다. 특정 암종 예: 위암, 췌장암, 담도암, 전립선암, 두경부암, 악성 흑색종을 절제한 조직을 관찰하면 신경을 따라 암세포가 침윤하는 신경 침윤 현상이 두드러지는데, 이러한 암들은 예후가 나쁜 경우가 많습니다. 최근 연구는 암세포가 신경을 따라 전이하는 것 외에도, 암세포와 신경 세포 간의 상호작용 자체가 종양 성장과 치료 저항성을 강화한다는 것을 밝혀냈습니다. 암세포는 신호를 보내 신경을 유인하고, 신경은 암세포 성장의 '가이드' 역할을 합니다. 또한, 신경 말단에서 방출되는 신경 펩타이드는 통증 유발, 면역 반응 억제, 암세포의 성장 및 전이를 촉진합니다. 이 과정에서 중요한 역할을 하는 물질은 CGRPCalcitonin Gene-Related Peptide입니다. CGRP는 말초 신경에서 방출되어 통증 신호를 전달하는 신경전달물질로, 주로 편두통 치료제 분야에서 연구되어 왔습니다.

최근 연구에서 CGRP 억제제가 종양과 신경 간의 연결을 차단하여 암 치료에 효과를 보인 사례가 보고되었습니다. 이는 화학 요법이나 면역 요법 외에 신경계를 표적으로 하는 치료법이 암 치료의 새로운 축이 될 가능성을 제시합니다. 암 환자의 심한 통증은 CGRP 수치를 증가시키며, 이는 종양 성장과 면역 억제를 강화하여 예후에 악영향을 미칩니다.

현재 중추신경계를 표적으로 하는 진통제_{마약성 진통제 등} 위주의 통증 관리에서 벗어나, 말초 신경을 조절하는 CGRP 억제제가 새로운 통증 관리 및 치료 전략으로 활용될 가능성이 큽니다. 현재 암 환자의 통증 관리는 주로 중추신경계를 표적으로 하는 진통제_{예: 마약성 진통제, 신경안정제 등}를 통해 이루어지지만, 앞으로는 말초신경을 조절하는 CGRP 억제제가 새로운 치료 전략으로 활용될 가능성이 큽니다. 세포 속에는 아주 특별한 존재가 있습니다. 바로 '미토콘드리아'입니다. 세포의 '에너지 발전소'인 미토콘드리아가 암세포의 생존 전략에 적극적으로 활용되는 것으로 밝혀졌습니다. 암세포는 주변 환경에 민감하게 반응하여 에너지 대사를 조절하는 '대사 유연성'을 가지고 있습니다.

최근 연구는 암세포가 단순히 자신의 대사를 바꾸는 것을 넘어, 인접한 신경 세포로부터 미토콘드리아를 '빼앗는' 방식으로 에너지를 보충하고 전이 능력을 강화한다는 놀라운 사실을 밝혀냈습니다. 연구진은 유방암 세포와 신경 세포 공동 배양 실험을 통해, 암세포가 세포막을 가늘고 길게 뻗어 신경 세포의 미토콘드리아를 하나씩 당겨오는 '약탈' 과정을 영상으로 포착했습니다. 신경 세포로부터 미토콘드리아를 충전한 암세포는 에너지 생산 능력이 향상되고, 증식력과 생존율이 높아졌습니다. 동물 실험 결과, 미토콘드리아를 받은 암세포는 폐와 뇌 같은 장기에서 더 많이 발견되었으며, 산화 스트레스나 혈류의 물리적 자극에도 강한 저항성을 보였습니다.

이 발견은 미토콘드리아가 단순한 에너지원을 넘어 암세포의 전이 능력을 직접적으로 높이는 핵심 요소임을 시사합니다. 이번 연구는 암세포와 신경 세포 간의 새로운 형태의 물질적 상호작용을 규명했다는 점에서 중요합니다. 암세포가 신경계로부터 미토콘드리아를 전달받는 과정을 차단하는 방법은 난치암의 전이를 억제하는 새로운 치료 접근법을 열어줄 것으로 기대됩니다.

암 사망률 1위인 폐암, 그중 85%를 차지하는 비소세포폐암 치료에 혁신적인 가능성을 제시하는 연구 결과가 나왔습니다. 기존의 표준 치료인 항암제 '시스플라틴'은 암세포뿐 아니라 면역세포까지 지치게 만들어 치료 효과에 한계가 있었고, 면역항암제 역시 모든 환자에게 효과적이진 않았습니다. 게다가 암세포는 면역세포의 미토콘드리아를 훔쳐 에너지를 빼앗는 교묘한 전략을 사용해왔습니다.

연구팀은 기존 항암 치료의 한계를 극복하기 위해 미토콘드리아 이식이라는 새로운 접근법을 시도했습니다. 심장 세포에서 추출한 건강한 미토콘드리아를 폐암 조직에 이식했습니다. 미토콘드리아 이식 단독으로는 암세포에 큰 영향을 미치지 않았지만, 시스플라틴 항암제와 함께 사용하자 놀라운 시너지 효과가 나타났습니다. 항암제의 효과가 배로 증가하며 암세포 성장이 억제되었습니다. 면역세포는 다시 활력을 찾았습니다. 암세포는 생존을 위해 의존하던 '무산소 호흡' 대신, 정상 세포처럼 '산소 호흡'을 하도록 유도되었습니다. 무엇보다 흥미로운 점은 이식된 미토콘드리아가 면역세포의 기능을 획기적으로 끌어올렸다는 것입니다.

에너지를 되찾은 T세포와 NK세포자연 살해 세포는 다시 활발하게 암세포와 싸우기 시작했으며, 종양 내부로 더 깊숙이 침투했습니다. 이식된 미토콘드리아는 단순히 에너지를 공급하는 '발전소' 역할에 그치지 않고, 암세포의 전략을 무장해제시키고 면역세포를 재무장시키는 '치료의 핵심 파트너' 역할을 수행했습니다. 이 연구는 암의 '에너지 전략'을 근본적으로 변화시키는 접근법으로, 기존 항암제 치료를 보완하고 면역치료의 한계를 극복할 새로운 가능성을 열어줍니다. 현재는 동물실험 단계이지만, 이 기술은 향후 다양한 암 치료로 확장될 전망입니다. 미토콘드리아가 세포 소기관을 넘어 암 치료의 핵심 열쇠가 될지도 모르겠습니다.

뇌암

뇌암의 통계 및 주요 유형

미국에서 뇌와 신경계통 암 발생률은 인구 10만 명당 약 30명이며, 전체 위험도는 여성에게서 약간 더 높지만, 악성 암 발생은 남성에게서 더 높게 나타나고 나이가 많아질수록 흔해집니다. 2023년 기준으로 약 24,000명이 악성 뇌암 진단을 받았고, 18,990명이 사망했으며, 5년 생존율은 33.8%입니다. 1차 뇌암은 건강한 뇌세포의 유전적 변이로 비정상적인 성장을 하면서 발생하며, 나이, 방사선 노출, 비만, 알레르기 감수성 또는 면역력 저하 등이 위험 요인으로 알려져 있습니다. 약 120가지 다른 형태의 뇌암 중 3분의 1이 악성 암입니다.

신경교종Glioma은 악성 뇌암의 78%, 전체 뇌암의 33%를 차지합니다. 이 암은 세포 분열 상태에 따라 등급 1양성부터 4악성까지로 나뉘며, 등급 4인 교모세포종Glioblastoma이 가장 흔한 악성 뇌암이고 전체 뇌암의 47.7%를 차지합니다. 교모세포종은 뇌의 여러 곳에서 발생하여 가장 예후가 나쁜 암 중 하나로, 환자의 평균 연령은 64세이고 남성에게서 더 많이 발생합니다. 1년 생존율은 40%이며 평균 생존 기간은 12~18개월이고, 25%의 환자만이 1년 이상 생존합니다.

뇌수막종Meningioma은 가장 흔한 1차 뇌암>30%이지만, 85%는 천천히 자라는 양성 암입니다. 두개골 밑의 3겹 조직막 중 바깥 뇌수막에서 생기며 여성에게서 훨씬 더 흔합니다. 생식세포 종양Germ Cell Tumor은 드물게 뇌송과선이나 상층부suprasellar에서 생기며 청소년 여성보다 남성에게 더 많이 나타납니다. 소아 뇌암 중 어린아이5~9세에게 가장 흔한 것은 수모세포종Medulloblastoma인데, 소뇌에서 생기며 매년 미국에서 약 500명 정도 진단받고 5년 생존율은 72.1%입니다.

뇌 전이암2차 뇌암은 1차 뇌암보다 약 10배 더 많습니다. 남성에서는 폐암, 여성에서는 유방암이 가장 흔한 원인이며, 피부암흑색종, 장암, 콩팥암 및 갑상선암 등도 혈관이나 림프 조직을 통해 뇌로 전이됩니다. 뇌암의 경고 징후로는 두통특히 아침에 심해지거나 점점 악화됨, 평행 또는 조정의 어려움, 언어 장애, 인격 변화, 시력 손실, 발작, 몸이나 안면 마비 또는 허약함 등이 있습니다.

뇌암의 진단 및 표준 치료

진단은 신경학적 검사, 해부학적 영상CT, MRI, 기능적 영상PET/CT, MRI 등 여러 영상 소견과 시야 및 척추액 검사를 거쳐 신경내시경을 통한 조직검사로 이루어집니다. 치료는 암의 종류, 위치, 크기 및 환자의 건강 상태와 선호에 따라 여러 방법이 고려됩니다. 수술은 암을 제거하여 뇌압을 낮추고 두통을 완화시킵니다. 방사선 치료는 남은 암세포들을 사멸시키며, 항암치료는 암세포의 증식을 막는데 먹는 테모졸로마이드Temozolomide를 흔히 사용합니다. 표적 치료는 특정 유전자 변이가 있을 때 효과적입니다. 상피형 교모세포종의 2~6%와 뇌에 전이된 흑색종 피부암에서 BRAF 유전자 변이가 보이면 다브라페닙Dabrafenib 또는 엔코라페닙Encorafenib이, IDH 유전자 변이가 있는 신경교종 뇌암에는 보라시데닙Vorasidenib 표적 치료가 효과적입니다.

전이 뇌암에는 수술, 방사선 및 시스플라틴Cisplatin 항암치료를 합니다. 몸 안에 있는 면역세포는 본능적으로 적을 알아보고 싸우는 법을 알고 있지만 뇌는 면역 반응이 너무 격해지면 오히려 위험해질 수 있습니다. 뇌는 면역 반응이 지나치게 격렬해지는 것을 막기 위해 면역 세포의 활동을 조절합니다. 이 때문에 키트루다나 옵디보 같은 면역항암제가 뇌종양에서는 힘을 잘 쓰지 못하곤 합니다.

면역 치료의 장벽과 마이크로바이옴 연구

최근 KAIST 연구팀은 장내 미생물이 뇌종양 면역 치료의 실마리를 쥐고 있다는 사실을 밝혀냈습니다. 쥐에게 뇌종양을 심자, 뇌와 관련이 없어 보이는 장내 세균들이 크게 흔들리며 특정 유익균이 사라지고 면역세포가 제대로 작동하지 못했습니다. 이때 트립토판이라는 아미노산을 보충해주자, 미생물이 회복되고 면역세포도 다시 활발해지면서 생존율이 높아졌습니다.

특히 '던카니엘라 두보시'라는 균이 회복되었을 때, 면역세포가 다시 암세포를 잘 찾아갔습니다. 이는 이 균 하나가 혼란에 빠진 면역계를 질서 있게 정렬시킨 셈입니다. 이 연구 결과는 몸 전체가 하나의 생태계처럼 연결되어 있음을 시사하며, 장내 환경이 무너지면 뇌종양과 싸우기 어렵고, 장을 바로잡으면 면역세포가 뇌종양을 물리칠 수 있다는 것을 보여줍니다. 장내 미생물이 면역세포에게 일종의 '전투 지휘관' 역할을 하는 셈입니다.

현재 뇌종양은 면역 치료 효과가 낮은 종양으로 분류되지만, 이번 연구는 장내 미생물, 특히 던카니엘라 두보시를 조절함으로써 T 세포의 순환을 개선하고 면역 치료 효과를 높일 수 있다는 희망을 제시합니다. 이는 면역 치료를 단순히 약으로 볼 것이 아니라 몸 전체 시스템으로 바라보아야 한다는 메시지를 던져주며, 머지않아 장내 생물을 이용한 뇌종양 치료가 실제 환자들에게도 적용될 날이 오기를 기대하게 합니다.

갑상선암

갑상선의 기능 및 결절의 높은 유병률

갑상선은 아래 목 중앙부에 위치한 나비 모양의 작은 내분비 기관으로, 좌우 두 개의 엽을 가지고 있습니다. 무게는 15~18g, 크기는 약 4×2-2.5×1-1.5㎝ 정도이며, 여러 장기의 기능과 성장에 중요한 역할을 하는 갑상선 호르몬T3,T4을 생성합니다. 이 호르몬이 과다하거나 부족하면 몸의 기력이 손실될 수 있습니다.

갑상선에 생기는 결절은 보통 1~4개가 발견될 수 있으나, 명확한 발생 원인은 아직 불분명합니다. 일반적으로 염증, 방사선 노출, 비정상적인 기능, 부적절한 요오드 섭취 또는 퇴행성 변화 등이 발병 요인으로 알려져 있습니다. 갑상선 결절은 매우 흔한 질환으로, 미국 인구의 14~48%, 한국인의 22%에서 발견됩니다. 부검 시에는 65~67%, 초음파 검진 시에는 33-35%에서 발견되며, 촉진만져서 확인으로는 1㎝ 이상의 큰 결절이 6-7%에서 발견됩니다. 이러한 높은 발견율 때문에 갑상선 결절은 과잉 진단64% 및 과잉 치료40%가 흔한 대표적인 질환으로 꼽힙니다.

갑상선 문제와 결절은 내분비내과, 외과 또는 이비인후과 전문의가 다루어야 합니다. 초음파 검사에서 다음과 같은 악성 의심 소견이 관찰될 경우 즉, 저에코어둡게 보이는 덩어리가 1㎝보다 큰 경우, 미세 석회화나 불규칙적인 경계가 있는 경우, 키높이가 폭넓이보다 큰 모양인 경우, 덩어리가 갑상선 밖으로 연장된 경우, 주변 림프절이 1㎝보다 커져 있는 경우는 가는 바늘로 찔러 조직 검사를 해야 합니다. 그리고 이와 같은 악성 의심 소견이 보이지 않는 1.5㎝ 미만의 작은 덩어리는 6개월마다 초음파 검사를 통해 변동 사항을 관찰하며 지켜보아야 합니다. 결절이 단독으로 하나 있을 경우, 72%는 양성 질환콜로이드 결절 46%, 여포선종 25%, 염증 1%이며, 28%가 악성 암입니다.

진단 기준 및 악성 결절의 특징

지난 4세기 동안 초음파의 과도한 사용으로 갑상선암 진단율은 313% 증가했습니다. 이로 인해 갑상선암은 젊은 층에서 가장 흔한 암이 되었으며, 미국인에서는 전체 암 중 9번째미국 여성에서는 7번째로 흔한 암입니다. 다행히 갑상선암의 80%는 분화가 잘된 좋은 암으로, 예후가 매우 좋습니다. 10년, 20년 생존율이 각각 97%와 90%에 달합니다. 그러나 분화가 잘 안되고 역형성 변화가 생긴 암의 생존율은 평균 6년 6개월 정도이므로, 이러한 고위험 암의 경우에는 진단 초기부터 철저한 치료와 후속 조치가 필수적입니다.

여성은 남성보다 면역 반응이 더 강하고 임신 등으로 인한 호르몬 변화가 심하기 때문에 자가면역 질환 발병률이 높으며, 이로 인해 갑상선 질환 발병률 역시 남성보다 높습니다. 갑상선암 치료에 앞서, 단순히 초음파 사진 외에도 혈액 검사를 통해 호르몬, 칼슘, PTH부갑상선 호르몬, 메타네프린metanephrine 등의 수치를 확인해야 합니다. 또한, CT 또는 MRI 검사를 통해 주변 림프절 전이 여부를 면밀히 확인해야 합니다.

수술 및 보조 요법

수술적 치료 기준을 살펴보면 부분 절제일엽 절제로 분화가 잘된 암이 4㎝보다 작고 한쪽 엽에만 국한된 경우, 해당 엽만 절제하여 남은 갑상선이 기능을 유지하도록 합니다. 하지만 암의 크기가 4㎝보다 크거나 양쪽 엽에 모두 생긴 경우, 갑상선 전체를 절제하고 주변 림프절 검사를 시행합니다. 수술 후 보조 요법 및 추적 관찰이 필요한데, 수술 후 2~3주가 지난 시점에 소량의 방사선 요오드 동위원소를 투여하여 잔여 갑상선 조직 여부를 영상으로 확인합니다.

수술 부위에 잔여 조직이 남아있는 경우, TSH갑상선 자극 호르몬 수치를 낮춘 후 고용량의 요오드 동위원소를 투여하여 암의 재발을 예방합니다. 또한 재발을 조기에 진단하고 치료하기 위해 매년 초음파 검사와 혈액 검사를 통해 티로글로불린Thyroglobulin 및 TSH 수치를 확인해야 합니다. 유전자 검사를 하여 RAS 유전자 변이가 확인되면 방사선 요오드 동위원소 치료가 재발 방지에 도움이 될 수 있습니다. 하지만 BRAF 유전자 변이가 있는 경우, 다브라페닙Dabrafenib과 같은 약물을 사용한 표적 치료를 시행해야 합니다. 또한 Tyrosine kinase 유전자를 억제하는 라로트렉티닙Larotrectinib과 같은 약물은 미분화된 암세포를 다시 분화시켜 동위원소를 다시 잘 받아들이도록 유도할 수 있습니다.

갑상선암이 치료에 잘 반응하지 않으면 폐, 뼈 또는 간으로 전이될 수 있으며, 이 경우 5년 생존율은 각각 폐 전이 77%, 뼈 전이 25%, 간 전이 21%입니다.

환자의 역할과 생활 습관 관리

갑상선 질환 치료는 전문의사에게 전적으로 맡기고 지시에 따르는 것이 가장 중요합니다. 환자는 치료를 잘 받기 위해 심리적인 평안을 얻겠다는 결단과 함께 체력 유지에 힘써야 합니다. 이를 위해 적절한 단백질 위주 영양 식사, 충분한 음료 섭취, 걷기 위주의 적절한 운동 및 수면이 필수적입니다. 또한, 취미 활동 등을 통해 즐겁고 감사하는 생활을 습관화하는 것이 치료 과정에서 큰 도움이 됩니다.

폐암

폐암의 발생과 위험 요소

폐는 흉곽 내에 위치한 좌우 두 개의 해면질 기관으로 호흡을 담당하며, 주로 흡연으로 인한 여러 유전자DNA 변이를 통해 폐 세포의 비정상적인 증식으로 암이 발생합니다. 흡연력이 없는 사람이나 간접흡연secondhand smoke에 노출된 사람에게서도 폐암은 발생할 수 있으며, 폐암은 전 세계적으로 암 사망 원인 1위를 차지하고 있습니다.

폐암의 위험 요소로는 방사선 노출, 라돈 가스radon gas, 석면asbestos, 비소, 크롬, 니켈 노출 등이 알려져 있으며, 가족력 또한 중요합니다. 따라서 이러한 위험 요소를 피하는 것이 예방의 첫걸음이며 생선, 과일, 채소 위주의 건강한 식습관과 규칙적이고 적당한 운동이 필수적입니다. 흡연자는 폐암 조기 검진을 위해 저선량 흉부 CT를 이용한 스크리닝 검사를 전문의와 상의하는 것이 좋습니다.

폐암의 조직학적 분류 및 유전자

폐암은 현미경 관찰을 통해 소세포형SCLC과 비소세포형NSCLC의 크게 두 가지 형태로 나뉩니다. 소세포 폐암SCLC, Small Cell Lung Cancer은 드물며, 골수 등으로 전이가 빨라 예후가 좋지 않습니다. 주요 관련 유전자는 Myc, Bcl2, p53 등입니다. 비소세포 폐암NSCLC, Non-Small Cell Lung Cancer은 가장 흔한 형태로, 다시 선종Adenocarcinoma, 편평세포암Squamous Cell Carcinoma 및 대형세포암Large Cell Carcinoma 군으로 분류됩니다. 주요 관련 유전자는 EGFR, KRAS, p16 등입니다.

폐암은 크기와 전이 여부에 따라 다음과 같이 분류됩니다. 1기는 암 크기가 3cm보다 작은 경우, 2기는 암 크기가 3cm~7cm인 경우, 3기는 암 크기가 7cm보다 크거나 심장외막에 붙어 있는 경우, 4기는 횡격막 전이나 흉막삼출Pleural Effusion이 있는 경우입니다. 임파절 전이는 위치에 따라 1번 상부종격동 최상위부터 2번 상부기관지주의 3번 혈관전의 4번

하부기관지주위, 5번 대동맥_{대동맥-폐 또는 대동맥하}, 6번 대동맥주위, 7번 하부 종격동_{subcarina 하위}, 8번 식도주변, 9번 폐인대, 10번 hilar node, 11번 엽 간마디 node, 12번 엽절절 node까지 번호를 부여하여 구분합니다. 혈관을 통한 전이는 뇌, 뼈, 부신 등으로 일찍 발생하며, 임파선 전이는 시간이 더 오래 걸립니다. 원격 전이암은 폐에서 시작한 1차 암과는 전혀 다른 암이며, 거의 모든 악성암이 폐로 전이될 수 있습니다.

증상 및 진단 방법과 치료

초기 폐암은 증상을 거의 일으키지 않으며, 진행된 후에야 기침, 가슴 통증, 각혈, 쉰 목소리, 숨 가쁨 및 천명음_{쌕쌕거리는 소리} 등이 나타납니다. 암이 다른 기관에 전이되면 두통, 골격통, 안면이나 목의 부종, 체중 감소 및 식욕 부진 등의 증상을 보입니다. 진단은 흉부 X-ray, CT, MRI 또는 PET/CT 영상 소견과 가래 검사, 그리고 바늘이나 내시경을 이용한 조직검사를 통해 이루어집니다. 폐암 치료는 암의 형태 및 병기, 환자의 나이, 약물 내성도 및 선호도에 따라 수술, 항암 화학 요법, 표적 치료, 면역 치료, 방사선 치료, 레이저 치료 등을 단독 또는 복합적으로 시행할 수 있습니다.

폐종양 외과 전문의와 상의하여 쐐기 절제술_{Wedge resection} 또는 분절 절제술_{Segmental resection}, 폐엽 절제술_{Lobectomy}, 전폐 절제술_{Pneumonectomy} 등 다양한 수술 방법 중 결정합니다. 방사선 치료도 방사선 종양 전문의와 상의하여 적절한 종류를 선택합니다. 국소 치료인 방사선 치료도 면역세포를 활성화_{abscopal effect}시켜 전신적인 치료 효과를 보여줄 수 있습니다.

항암 치료로, 비소세포암에는 주로 카보플라틴_{Carboplatin}과 파클리탁셀_{Paclitaxel}을, 소세포 폐암에는 더발루맙_{Durvalumab}과 시스플라틴_{Cisplatin} 등을 사용합니다. 그리고 표적 치료에는 EGFR 억제제로 이레사_{Iressa}, 타쎄바Tarceva, 타그리소Tagrisso 등을, ALK나 ROS1 억제제로 크리조티닙Crizotinib, 브리가티닙Brigatinib 등을, KRAS 억제제로 소토라십Sotorasib 등을, RET 억제제로 셀퍼카티닙Selpercatinib 등을 사용하며 면역제인 키트루다Keytruda나 옵디보Opdivo 등의 면역관문 억제제를 단독 또는 다른 치료와 병합하여 사용하기도 합니다.

유방암

유방암의 종류 및 위험 요인

유방암은 유방 조직의 세포가 통제 불가능하게 자라면서 발생하는 질병입니다. 암세포가 주변 조직으로 퍼지지 않고 제자리에 머물러 있는 경우를 상피내암in situ이라고 하며, 가까운 조직, 림프절, 혈관 또는 림프 조직을 통해 몸의 다른 부위로 퍼지는 경우를 침윤성 암invasive이라고 합니다. 유방암은 흑색종 피부암 다음으로 여성에게 흔한 암이지만, 드물게 남성에게도 발생합니다. 유방암은 유방 세포의 형태에 따라 여러 종류로 나뉩니다.

유방의 유관젖이 나오는 통로에서 생기는 유방관암Ductal Carcinoma, 흔히 좌우 양쪽 유방의 소엽젖을 만드는 샘에서 생기는 소엽암Lobular Carcinoma, 드물지만, 유방을 붓고 뜨겁게, 빨갛게 만드는 특징이 있는 염증성 유방암Inflammatory Breast Cancer, 드물게 젖꼭지 피부에 생겨 검게 만드는 파제트병Paget's Disease 등이 있습니다.

유방암은 BRCA1과 BRCA2 유전자 변이와 관련하여 발생할 수 있습니다. 그 외에도 다음과 같은 요인들이 위험을 증가시킵니다. 나이가 많아짐, 조기 생리, 늦은 폐경 등으로 인한 여성 호르몬 에스트로겐estrogen의 과다 노출, 밀집된dense 유방 조직을 가진 경우, 방사선 노출, 비만, 과음 등의 생활 습관들입니다. 따라서 유방암 예방을 위해서는 건강한 생활 습관을 유지하는 것이 중요합니다. 적당한 몸무게 유지, 충분한 운동, 음주 제한이 필수적입니다. 또한, 에스트로겐 노출을 줄이기 위해 어린아이에게 젖을 먹이고 폐경 후에는 호르몬 약물 사용을 최소량으로 제한해야 합니다. 유방암의 증상은 다음과 같습니다. 새로운 덩어리의 형성, 유방 모양이나 크기의 변화, 유방 피부의 보조개 또는 주름 현상, 혈액이 섞인 유두 분비, 젖꼭지 주위 피부의 부종 및 홍반, 그리고 유방 통증 등입니다.

유방암의 진단 및 병기 결정

유방암 가족력이 있는 여성은 자주 자가 검진을 통해 덩어리나 이상 변화를 확인해야 합니다. 의심스러운 조직은 유방 조영술이나 초음파 검사 후 바늘로 찔러 조직 검사를 시행하여 최종 진단이 내려집니다. 진단 후에는 암의 특성을 파악하기 위해 BRCA, TP53, Her2/neu 등의 유전자 검사를 시행합니다.

세포 증식에 관여하는 Her2/neu 단백질이 과발현되면 암이 다른 부위로 퍼질 위험이 높아집니다. 또한 암 조직에서 에스트로겐estrogen과 프로게스테론progesterone 수용체 검사를 시행하며, 이 수용체들이 많으면 암이 호르몬에 의존하여 더 빨리 자랍니다. 암의 병기는 임상적, 병리학적, 해부학적 평가를 통해 결정되어 예후 예측에 사용됩니다. 암 크기가 2㎝보다 작으면 1기, 5㎝보다 크면 3기로 분류될 수 있습니다. 흉부 벽이나 피부에 전이가 있으면 4기로 분류됩니다.

암이 퍼지는 첫 림프절인 감시 림프절sentinel lymph node에 대한 조직 검사를 수술 전에 시행합니다. 겨드랑이 Level 1 림프절에 3개 이하로 전이되면 병리 조직상 N1로, 10개 이상 전이되었거나 Level 3 겨드랑이 또는 내유방 림프절internal mammary node 침범이 있으면 N3로 분류됩니다. 암세포의 분화 정도를 조사하여 등급grading이 높을수록 암이 빨리 자라고 퍼지는 경향이 있음을 알 수 있습니다.

암 수치인 CA 15-3와 CA 27-29를 측정하여 수치가 증가하면 암세포가 활성화되어 있음을 시사합니다. 수술 전에 전이 여부를 조사하기 위해 흉부 및 복부 CT, MRI, 뼈 스캔bone scan 및 FDG PET/CT 등의 영상 검사를 시행합니다.

유방암의 치료 방법

유방암 치료는 여러 방법이 있으므로, 유방암 전문가와 상의하여 개인에게 가장 적합한 맞춤 치료를 받아야 합니다. 초기 1기나 2기 유방암은 일반적으로 수술과 방사선 치료를 중심으로 합니다. 어떤 경우에는 수술 전에 암 크기를 줄여 수술을 용이하게 하거나 전이 위험을 낮추기 위해 표적 항암치료 등을 먼저 사용합니다. 여기에는 BRCA를 억제하는 탈제나Talzenna, Tyrosine kinase 억제제인 라파티닙Lapatinib, PI3 억제제인 타셀리십Taselisib과 풀베스트란트Fulvestrant, Her2 억제제인 허셉틴Herceptin, CDK4/6 억제제인 트릴라시클립Trilaciclib, 그리고 신생 혈관 억제제인 아바스틴Avastin 등이 있습니다.

수술은 암 덩어리를 제거하는 핵심 단계입니다. 작은 암 덩어리만 제거하는 종괴 절제술Lumpectomy과, 큰 암 덩어리나 유방 여러 군데에 있는 암을 제거하는 유방 절제술Mastectomy이 있으며, 유방 절제술 시에는 젖꼭지나 피부 보존 수술을 시행할 수도 있습니다. 수술 시 겨드랑이 림프절을 조직검사하거나 제거할 수 있는데, 림프절 제거 시 부작용으로 림프종 위험이 있습니다. 자기 조직을 사용한 유방 재건 수술도 성형외과 도움으로 같이 할 수 있습니다. 암의 병기별 특성에 따라 방사선, 항암, 표적 및 면역 치료를 시행합니다. 국소 재발을 방지하기 위해 수술 후 남은 암세포를 죽이는 방사선 치료를 합니다. 그러나 1기 내강형Luminal A type 유방암은 국소 재발이 적어 방사선 치료가 필요하지 않을 수도 있습니다.

　　방사선 치료의 후유증은 치료한 곳에 햇볕을 쐰 것처럼 발진이 생기고 붓고 몸이 피곤하다는 것이며, 드물게 폐 손상이나 2차 암이 생길 수 있습니다. 항암치료에는 FAC5-FU, Adriamycin, Cytoxan 요법을 사용하며, 그 후 유지 치료로 폐경 전 환자는 타목시펜Tamoxifen을, 폐경 후 환자는 레트로졸Letrozole을 사용합니다. 삼중 음성 유방암TNBC, ER,PR,Her2 음성은 유방암의 10~15% 정도를 차지하는데, 다른 형태의 암보다 더 빨리 자라고 퍼지는 경향이 있습니다. 이 암에는 PARP 억제제인 올라파립Olaparib과 카페시타빈Capecitabine 항암치료를 하거나, CDK4/6 억제제인 트릴라시클립Trilaciclib 또는 면역 치료제인 아테졸리주맙Atezolizumab을 겸하여 사용합니다. 뇌로 전이된 유방암에는 Her2 표적 치료제인 트라스투주맙Trastuzumab과 카페시타빈Capecitabine을 겸하여 투카티닙Tucatinib을 사용합니다. 전 병기를 통틀어 유방암의 5년 생존율은 91%, 10년 생존율은 84%, 15년 생존율은 80%입니다.

자궁암(자궁내막암)

자궁은 태아 발달에 필수적인 복숭아 모양의 속이 빈 기관입니다. 자궁 내 세포에서 PTEN, TP53, Rb, mTOR 등 유전자 변이가 발생하면 세포가 비정상적으로 증식하며 암이 생깁니다. 대부분은 자궁내막암95%이며, 드물게 자궁육종이 발생합니다. 자궁암의 위험 요소로는 프로게스테론이 아닌 에스트로겐 수치를 증가시키는 호르몬 약물 사용, 유방암 치료제인 타목시펜tamoxifen 복용, 불규칙한 배란, 조기 생리 또는 폐경 등이 있습니다. 또한, 비만, 당뇨, 다낭성 난소 증후군, 그리고 대장암과 관련되는 린치 증후군Lynch syndrome도 주요 위험 요소입니다.

자궁내막암은 크게 두 가지 유형으로 나뉩니다. 제1형은 에스트로겐 과다와 관련되며 가장 흔합니다. 대부분 선종암으로 천천히 자라는 특징이 있습니다. 제2형은 에스트로겐과 관련이 없으며, 장액성serous 또는 투명세포clear cell 암종 등이 있습니다. 이 유형은 암이 빨리 자라고 퍼지는 경향이 있습니다. 자궁내막암은 생리 기간 사이나 폐경 후 질 출혈 그리고 골반 통증 등의 징후를 통해 비교적 일찍 진단되는 경우가 많습니다. 진단은 골반 초음파나 MRI로 확인한 후 조직검사를 거쳐 확진됩니다.

주요 치료법은 자궁 제거 수술입니다. 암이 진행된 경우에는 수술 외에 약물 치료를 병행합니다. 항암화학요법으로는 카보플라틴Carboplatin과 파클리탁셀Paclitaxel이 주로 사용됩니다. 여기에 표적 치료제인 VEGF 억제제 베바시주맙Bevacizumab, mTOR 억제제 에베로리무스Everolimus 또는 면역항암제인 펨브롤리주맙Pembrolizumab 등을 추가하여 치료 효과를 높입니다.

자궁경부암

자궁경부암은 전 세계적으로 네 번째로 흔한 여성암으로, 주로 인유두종 바이러스HPV, Human Papillary Virus에 의해 발생합니다. HPV의 40여 가지 유형 중 특히 16번과 18번 바이러스가 암 전 단계인 이형성승dysplasia을 거쳐 암으로 진행되는 경우의 약 70%를 차지하며, 이 과정은 비교적 천천히 진행됩니다. 팝 스미어Pap smear 검사를 통해 조기 진단이 가능합니다.

자궁경부암의 초기 증상으로는 정상보다 길거나 양이 많은 생리, 비정상적인 질 출혈, 골반 통증, 특히 성관계 후 통증 등이 있습니다. 자궁경부암의 병기 분류는 국제 부인과 연합FIGO, International Federation of Gynecology and Obstetrics에서 정한 0기부터 4기로 정한 것을 사용하며, 이는 치료 선택에 매우 중요합니다. 자궁경부암의 전 병기를 통틀어 5년 생존

⟨FIGO 병기 분류⟩

IA1기	현미경상 깊이가 3mm보다 깊지 않은 암
IA2기	깊이가 3mm에서 5mm 사이인 암
IB1기	깊이가 5mm보다 깊고 크기가 2cm보다 작은 암
IB2기	크기가 2cm에서 4 cm 사이인 암
IB3기	크기가 4cm보다 큰 암
IIA1기	암이 경부 밖으로 나갔으나 골반벽까지는 가지 않았으며, 크기가 4cm보다 작은 암
IIA2기	암이 경부 밖으로 나갔으나 골반벽까지는 가지 않았으며, 크기가 4cm보다 큰 암
IIB기	암이 주변 조직인 자궁주위 조직(parametria)까지 퍼진 경우
IIIA기	암이 아래 질로 퍼진 경우
IIIB기	암이 골반벽까지 퍼진 경우
IIIC1기	암이 골반 림프절에 전이된 경우
IIIIC2기	암이 대동맥 주위 림프절에 전이된 경우
IVA기	암이 방광, 직장 등의 인접 장기로 전이된 경우
IVB기	암이 간, 폐, 뼈 등 원격 장기로 전이된 경우

율은 약 60%이며, 4기 암의 5년 생존율은 약 15% 정도입니다. 암 치료 후 아이를 갖기를 원하는 여성의 경우, 치료 전 원뿔 생검cone biopsy을 통해 암의 침범 정도를 정밀하게 조사합니다.

치료 방법

IA1기 암은 암이 작을 경우 냉도자 원뿔절제술cold knife conization을 시행하고, 재발 위험이 있을 경우 전자궁 절제술total hysterectomy과 양측 난소난관 절제술bilateral salpingo-oophorectomy을 시행합니다. IA2기 암은 변형 광범위 자궁 절제술modified radical hysterectomy과 림프절 제거를 시행하며, 수술이 불가능할 경우에는 내부 방사선 치료를 합니다. IB 및 IIA기 암은 방사선 치료와 항암치료를 동시에 하거나, 자궁 및 림프절 절제 후 항암치료cisplatin 또는 carboplatin를 시행합니다. 때로는 가임력 보존 수술fertility-sparing surgery이나 방사선 단독 치료를 선택하기도 합니다.

IIB, III 또는 IVA기 암은 방사선과 항암치료를 동시에 하거나, 방사선 치료 후 림프절 제거 수술을 시행합니다. IVB기 암은 방사선 치료를 완화제로 사용하거나, 항암화학요법Cisplatin과 Paclitaxel에 VEGF 억제제 베바시주맙Bevacizumab, mTOR 억제제 라파마이신Rapamycin, 또는 면역 치료제 펨브롤리주맙Pembrolizumab 등을 병용하여 사용합니다. 자궁경부암 예방을 위해 HPV 16L1 백신이 사용되고 있습니다.

난소암

여성의 생식기에는 자궁 양쪽에 아몬드 모양의 난소 두 개가 있으며, 이곳에서 에스트로겐estrogen과 프로게스테론progesterone과 같은 호르몬을 생산합니다. 난소암은 난소 세포의 DNA 변화로 인해 세포가 빠르게 증식하고 퍼지는 질환입니다.

난소암은 전 세계적으로 여덟 번째로 흔한 여성암이며, 2020년 전체 암 진단의 3.7%를 차지했습니다. 평생 난소암에 걸릴 위험은 87명 중 1명 꼴입니다. 난소암의 위험 요소로는 나이, BRCA1과 BRCA2 유전자 상속, 비만, 조기 생리, 늦은 폐경, 임신 경험이 없는 경우, 폐경 후 호르몬 치료, 그리고 자궁내막증 등이 있습니다. 난소암은 주로 점액성 또는 장액성 상피암종이 가장 흔하며, 이외에 기질의 암종과 생식 세포 종양 등이 있습니다. 난소암은 초기에 아무런 증상이 없어 진단이 늦어질 수 있습니다. 복부가 부어오름, 고창증bloating, 빠른 포만감, 피로, 변비, 잦은 배뇨, 체중 감소, 골반 또는 등의 불편감이나 통증과 같은 증상이 지속될 경우 부인과 암 전문의를 찾아가야 합니다. 난소암이 의심되면 골반 검사와 초음파, CT, MRI, 또는 FDG PET/CT 등의 영상 검사를 시행하고, 암 수치인 CA-125 혈액 검사를 통해 진단에 활용합니다.

진단 및 병기 분류

난소암의 병기 시스템은 복잡하며, 암이 퍼진 정도에 따라 IA부터 IVB까지 분류됩니다. 모든 난소암의 10년 생존율은 약 30~40%입니다. 병기

〈난소암 병기 분류〉

IA기	암이 한쪽 난소나 나팔관에만 국한된 경우
IB기	암이 양쪽 난소나 나팔관에 국한된 경우
IC1기	수술 중 암세포가 떨어져 나온 경우
IC2기	수술 전 암 캡슐이 터졌거나 나팔관 표면에 암이 있는 경우
IC3기	악성 복수 또는 복막암이 동반된 경우
IIA기	암이 자궁이나 나팔관으로 확대된 경우
IIB기	암이 다른 골반 조직으로 확대된 경우
IIIA1기	현미경상 후복막 림프절 전이가 있는 경우
IIIA2기	골반 밖 복막 전이가 있는 경우
IIIB기	골반암이 2cm보다 작으면서 복막 전이가 있는 경우
IIIC기	골반암이 2cm보다 크고 복막 전이가 있는 경우
IVA기	암이 방광, 직장 등의 인접 장기로 전이된 경우
IVB기	암이 간, 폐, 뼈 등 원격 장기로 전이된 경우

III 또는 IV기의 2, 5, 그리고 10년 무재발 생존율은 각각 72%, 44%, 그리고 40%입니다. 특히 악성 상피 난소암은 몇 주 내지 몇 달 내로 빠르게 퍼져 1년 안에 초기 암이 말기 암으로 진행될 수 있습니다.

치료 방법

난소암 치료는 난소암의 종류, 병기, 그리고 환자의 특수한 상황에 따라 달라지기 때문에 종양 부인과, 방사선 종양학과, 그리고 내과 전문의들과의 다학제적 협의가 필요합니다. 대부분의 환자는 암 덩어리를 제거하는 수술을 받게 됩니다. 수술은 크게 두 가지 목적을 가지고 있습니다.

첫 번째 목적은 암의 정확한 병기를 파악하기 위한 것으로 자궁, 양측 난관, 대망omentum 절제 외에도 골반 및 후복막 림프절을 떼어내고 복수를 검사합니다. 수술의 또 다른 중요한 목적은 암의 부피를 최대한 줄이는 것입니다. 이를 위해 장, 방광, 비장의 일부를 절제할 수도 있습니다. 수술 중에는 형광 물질인 파폴라시아닌pafolacianine, Cytalux을 이용한 특수 광학 영상을 촬영하여 미세한 병변 부위까지 정확하게 제거하는 데 활용합니다.

수술 후에는 재발 위험을 낮추기 위해 카보플라틴Carboplatin과 탁솔Taxol을 사용한 항암 화학 요법을 시행하는 것이 일반적입니다. 암이 재발했을 경우에는 VEGF 억제제인 아바스틴Avastin, PARP 억제제인 올라파립Olaparib, 또는 면역항암제인 아벨루맙Avelumab 등을 사용하여 치료합니다.

난소암의 진단, 치료 효과 검사, 그리고 예방에 도움이 되는 여러 암 수치종양 표지자들이 있습니다. CA-125는 가장 널리 알려진 종양 표지자이지만, 초기 암의 10% 이내에서만 나타나기 때문에 50% 정도의 낮은 민감도sensitivity를 보입니다. 따라서 CA-125 수치만으로 초기 난소암을 진단하기는 어렵습니다. 이외에도 칼리크레인Kallikreins, Serine Proteases, ERCC1

Excision Repair Cross Complementation, lncRNA 그리고 mRNA 등의 유전자 및 단백질 수준의 지표들이 진단 및 치료 반응 예측에 활용되고 있습니다.

식도암

식도는 입에서 위까지 연결되는 관 모양의 기관입니다. 식도암은 주로 50세가 넘는 남성에게서 발생합니다. 미국에서는 전체 암의 약 1%를 차지하며 인구 10만 명당 4명꼴로 드물지만, 한국에서는 10만 명당 4.8명_{남성 8.8명, 여성 1.0명}에서 발생하며 1999년까지는 증가했으나 2017년에는 감소되었습니다. 한국 환자의 90% 이상은 편평 세포 암종입니다.

주요 위험 요소

식도암은 식도 세포의 증식으로 덩어리를 형성하며, 주요 위험 요소로는 음주와 흡연, 비만, 흉부 또는 복부 방사선 치료, 담즙 역류, 위식도 역류병_{GERD}, 위산 역류로 인한 식도 하부의 비정상 세포 조직인 바렛 식도_{Barrett's Esophagus}, 그리고 과일과 채소 섭취 부족 등이 있습니다.

식도암 예방을 위해서는 금연과 절주, 충분한 과일과 채소 섭취, 규칙적인 적당한 운동이 필수적입니다. 가족력이 있거나 위험 요소가 있는 사람은 정기적인 검사와 전문의의 조언을 받아야 합니다. 미국에서의 식도암은 백인의 식도 하부에서 발생하는 선종암_{80%를 차지}과 흑인의 식도 상부 및 중부에서 발생하는 편평 세포 암종이 가장 흔합니다. 드물게 소세포암, 림프종, 육종암, 흑색종, 융모암 등도 발생합니다. 식도암의 증상으로는 삼키는 어려움_{연하 곤란}, 흉부 압력 또는 통증, 기침, 체중 감소, 소화 불량, 쉰 목소리 등이 있습니다. 식도암 진단은 가족력 조사, 신체 검사, 흉부 X-ray 외에 내시경 검사를 통한 조직검사로 확진됩니다. 불행히도 식도암은 진단될 때 이미 진행된 경우가 많습니다.

진단 후에는 내시경 초음파, CT, MRI, 또는 PET/CT 영상, 그리고 흉강경 및 복강경 검사를 통해 암의 전이 여부를 조사합니다. 식도암은 근처 조직으로 직접 자라거나 림프절이나 혈관을 통해 전이됩니다. 현미경 검사에서 세포 분화의 등급grading이 높을수록 암이 더 빨리 자라고 퍼지는 것으로 알려져 있습니다. 식도암의 병기 분류TNM 기반는 다음과 같습니다.

증상, 진단 및 병기 분류

〈식도암 병기 분류〉

IA기	암이 식도벽의 점막 내에만 국한된 경우
IB기	암이 점막하층까지 침범한 경우.
IIA기	암이 근육층까지 침범한 경우.
IIB기	암이 결합 조직층까지 침범한 경우
IIIA기	근육층 내의 암과 주위 림프절에 전이된 경우
IIIB기	결합 조직층 내의 암과 주위 림프절에 전이된 경우
IVA기	횡격막, 심낭, 복막, azygos 정맥, 동맥, 기관지, 척추 등으로 침범이 전이된 경우
IVB기	간 또는 폐와 같은 원격 장기로 전이된 경우

치료 방법 및 생존율

식도암 치료는 수술, 방사선 치료, 항암 화학 요법, 표적 치료, 화학 방사선 병행 요법, 레이저, 전기응고술, 면역 치료 등 여러 방법을 전문의와 상의하여 환자에게 가장 알맞은 치료를 선택해야 합니다.

수술은 식도를 부분적으로 제거하고 남은 식노를 끌어 올려 연결합니다. 수술 후에는 빈혈, 피로함, 구역질, 통증 등의 부작용이 있을 수 있으므로 전문 영양사의 도움이 필요합니다. 방사선 치료로는 외부 방사선 치료와 동위원소를 이용한 내부 방사선 치료가 있습니다. 항암 화학 요법으로는 Capecitabine, Cisplatin, 5-FU 또는 Taxol 등을 병합하여 사용합니다. 표적치료에는 Her2를 억제하는 트라스투주맙Trastuzumab, FGFR2를 억제하는 베마리투주맙Bemarituzumab, EGFR 억제제에는 ABT-806, MAPK/PIK3CA 억제에는 라무시루맙Ramucirumab 등을 사용합니다.

면역 치료에는 니볼루맙Nivolumab 또는 티슬리주맙Tislelizumab 등을 항암제와 병합하여 사용하기도 합니다. 식도암의 5년 생존율은 5%-47%로 편차가 크며, 초기 국소암은 생존율이 높은 반면 전이된 암은 생존율이 낮습니다.

위암

위는 상복부 왼쪽에 위치하며 식도와 십이지장을 연결하는 소화기계통의 일부 기관입니다. 위는 위벽 근육으로 음식을 부수고 소화액과 함께 소장으로 보냅니다. 위암은 위세포가 CDH1 등의 유전자 변이로 증식하며 주로 위 내막에서 자라 내시경으로 덩어리가 관찰되지만, 때로는 위벽 장막으로 자라거나 미만성 침투linitis plastica, 7-10%의 위 선종암되어 CT에서 두껍거나 딱딱한 장벽으로 보일 수 있습니다.

위암은 한국인에게는 10만 명당 27명이 발생하여 매우 흔하며, 70세가 넘은 한국인의 33.2%에서 발생합니다. 특히 이들에게서 나쁜 선종암이 발생하는 것은 아마도 알코올 해독 능력이 약하기 때문일 수 있습니다. 반면, 미국인에게는 10만 명당 4.1명으로 비교적 드뭅니다. 위암의 가장 중요한 위험 요소는 헬리코박터 파일로리Helicobacter pylori와 연관된 위염입니다. 비위생적인 음식이나 물로 위염이 생기거나 스트레스로 인한 위산

과다로 CagA 독소와 연관된 H. pylori 감염이 생기면 암 발생률이 8배 높아지며, 이는 미국 위암의 90%와 연관되어 있습니다. H. pylori는 모든 위암의 3%와 연관되며, 비호지킨 림프종 non-Hodgkin's lymphoma도 일으킵니다. 내시경 조사로 감염이 확진되면 항생제 Amoxicillin과 프로톤 펌프 억제제proton pump inhibitor인 플루오로퀴놀론fluoroquinolone을 7-10일 복용하여 치료해야 합니다.

위험요소

다른 위험 요소로는 나이, 짠 훈제 음식, 부족한 과일 및 채소 섭취, 흡연, 식단, 위 수술 이력, 그리고 용종증 가족력 등이 있습니다. 따라서 예방을 위해서는 충분한 과일 및 채소 섭취, 짠 훈제 음식 제한, 금연, 적당한 운동이 필수적입니다. 용종증 가족력이 있는 경우 위장 전문의와 상의하여 정기 검진을 받아야 합니다. 용종polyp의 5-10%는 악성이 될 수 있으며, 1cm보다 큰 과형성 용종 hyperplastic polyp, 선종의 2.1%가 암으로 발전합니다. 과오종 용종Hamartomatous polyp(Peutz-Jeghers syndrome은 보통 양성이지만 위, 유방, 장, 췌장, 폐암 등의 위험 요소입니다.

위암의 종류, 증상 및 진단

위암은 거의 대부분이 점액 분비 세포에서 나오는 선종암인데, 위 입구cardia에서 발생하는 것과 다른 부위에서 발생하는 것으로 나뉘며, 조직학적으로는 미만성 침투형유전형과 장형으로 구분됩니다. 그 외에도 미국인에게 흔한 위식도 경계 선종암, 소화액과 근육을 조절하는 호르몬을 만드는 위식도 신경내분비암carcinoid, 육종과 유사하며 위장벽 신경 세포에서 발생하는 위장 기질암GIST, 그리고 위 원발성 점막과 연관된 림프 소식MALT에서 생기는 큰 B-cell 비호지킨 림프선암 등이 있습니다. 위암이 난소에 전이된 것을 크루켄베르크 종양 Krukenberg tumor이라고 합니다. 위암의 병기는 암의 침투 깊이에 따라 나뉩니다.

병기 분류 및 분자생물학적 특징

암이 1기에서 4기로 진행하는 데는 보통 몇 년이 걸립니다. 암이 장막 앞에 침투하는 거리DIFS가 현미경 상 234m 이내이면 복막 전이가 높아 예후가 나쁘다는 보고가 있습니다. 또한, Her2 유전자 단백질은 암세포 증진을 촉진하는데, 위암의 4-53%평균 17.9%에서 나타나고 전이된 위암의 20%에서 나타납니다. 위식도 경계 선종암의 38%는 표적 물질인 claudin 18.2의 증가를 보여줍니다.

초기 위암은 보통 증세가 없어 진단이 늦게 되는 경우가 많으며, 늦게 진단될 때는 식욕 부진, 소화 불량, 체중 감소, 피로함, 삼키기 어려움, 검은 변, 토혈 또는 윗배에서 덩어리가 만져지는 증상 등이 나타납니다. 위암이 의심되면 위내시경 초음파, CT, FDG PET 등 영상 검사를 하고 내시경을 이용한 조직검사로 확진을 합니다.

〈위암 병기 분류〉

1기	암이 점막에서 다음 층(lamina propria, muscularis mucosa 또는 submucosa)에 있는 경우
2기	암이 근육층(muscularis propria)에 있는 경우
3기	암이 근육을 지나 장막(serosa)에 있는 경우
4기	암이 위벽을 뚫고 주위 장기로 전이된 경우

위암의 치료 방법 및 생존율

위암 치료는 암 위치와 병기에 따라 다르나 일반적으로 수술을 먼저 합니다. 아주 작은 암은 내시경으로 점막 제거 수술을 하여 치료하고, 1기 위암은 부분적 또는 전체 위 제거 수술과 림프절 검사로 치료합니다. 2기 또는 3기 위암은 수술 후 전신 항암, 표적 또는 면역 치료를 하거나, 복강 내 항암제 투여HIPEC를 열치료와 병행합니다.

항암제로는 5FU, Cisplatin 또는 Xeloda를 사용하며, 면역 치료제인 Keytruda, Sintilimab 또는 Trastuzumab 등을 병합합니다. GIST암은 tyrosine kinase 억제제인 Imatinib mesylate로 수술 전에 표적 치료를 하여 암 크기를 줄입니다. 위암의 5년 생존율은 평균 36%이며, 국소암은 75%로 높지만 전이된 암은 7%로 낮습니다. Her2 양성 위암의 5년 생존율은 평균 35%이지만, 전이된 암은 0-10%로 매우 낮습니다.

간암, 담도암 및 담낭암

간암HCC, Hepatocellular Carcinoma은 간에서 발생하는 가장 흔한 암75-85%이며, 전 세계적으로 암 관련 사망 원인 중 네 번째를 차지하고 사망률이 증가하고 있는 추세입니다. 간암의 주요 원인은 B형33% 및 C형21%를 합하여 54% 이상 간염으로 인한 만성 염증이나 간경변증입니다. 미국에서는 B형 간염이 60%를 차지하는 반면, 한국인에서는 70-80%가 B형 간염에 의해 발생합니다.

간암 발생의 위험 요소로는 간염, 과음으로 인한 지방간 및 비정상 영양 상태, Nitrate, Hydrocarbon, Aflatoxin을 포함한 오염된 음식, 살충제, 유전성 질환인 혈색소 침착증hemochromatosis, 윌슨병Wilson's disease, 알파-1-antitrypsin 부족, 흡연 및 환경 독소 등이 있습니다. 이러한 요소들이 간세포의 유전자 변이를 유발하여 암이 발생합니다. 간암과 관련된 주요 유전자로는 miRNA, TP53, CTNNB1(MAPK) 등이 있습니다.

　　담도암CCC, Cholangiocarcinoma은 드물게 발생하는 암으로, 만성 담도염primary sclerosing cholangitis이나 간흡충 기생충Opisthorchis viverrini 또는 Clonorchis sinensis 감염에서도 기인될 수 있습니다. 담도암 연관 유전자로는 EGFR, FGFR2, KRAS, P53, SMAD4, PI3K/AKT,ERK, C-MET, IDH-1 등이 있습니다. 담낭암 역시 드문 암이지만 여성에게서 4배 더 많이 발생하며, 담석, 용종polyp, 과다 칼슘 섭취, 흡연, 비만 등이 위험 요소로 알려져 있습니다. 일반적으로 미국인들은 아시아인에 비해 더 진행된 간 질환을 가지고 있습니다예: 3기 간섬유증 10.4% 대 0%, 4기 간섬유증 2.7% 대 0%. 유전적 변이에서도 차이를 보이는데, 아시아인들은 미국인들보다 p53 유전자 변이가 더 많고24% 대 9%, 미국인들은 여성, 혈관 침투, 무간염과 연관된 MDM2 유전자 변이가 더 많습니다26% 대 2%.

　　간세포 암종HCC, Hepatocellular Carcinoma은 악성 간종양의 75-85%를 차지합니다. 간암은 모양에 따라 다양한 형태를 띠는데, 흔히 둥근 덩어리 형태의 간암은 여러 개의 작고 노란색, 붉은색 또는 초록색 덩어리들로 이루어져 있으며, 기질 반응과 괴사 정도에 따라 연한 것부터 딱딱한 것까지 다양하게 나타납니다. 간암은 분자적 특성에 따라 지방간염형steatohepatitic, 투명세포형clear cell, 거대 섬유주형macrotrabecular-massive, 경성형scirrhous, 크로모포브chromophobe, 섬유층판형fibrolamellar 등 8가지 하위 유형이 있습니다. 섬유층판형 간암Fibrolamellar HCC은 20~30대에서 발생하는 드문 암으로, 보통 간염이나 AFP 수치와는 관련이 없습니다. 간에는 췌장, 장, 위, 유방 또는 폐암 등 다른 장기에서 전이된 암들도 발견됩니다.

　　담도암Cholangiocarcinoma은 악성 암으로, 간암보다 드물지만 예후가 나쁩니다. 클라스킨 종양Klatskin tumor은 양쪽 간담도 경계에 생기는 담도암으로, 간암의 약 10%를 차지합니다. 담관암은 간 밖에서도 생길 수 있습니다.

간암과 담도관암의 사망률은 각각 77.5%와 93.5%로 매우 높으며, 국소 재발률 역시 각각 74.6%와 88.4%로 높은 편입니다. 담도암은 담도벽을 통해 자라 가까운 혈관과 장기 등으로 빨리 퍼져 5년 생존율은 암이 간 안에 있을 경우 2~24%, 간 밖에서 시작했을 경우 2~17% 정도입니다. 환자 생존율을 예측하는 데 도움이 되는 간암의 등급은 WHO, 에드몬슨-스타이너Edmondson-Steiner, ALBalbumin-bilirubin 방법 등으로 나뉩니다.

WHO 등급은 암세포의 분화 정도로 나눕니다. 수정된 에드몬슨-스타이너 시스템은 암세포가 과증식 세포와 비슷하면 grade I, 암세포가 더 크고 핵이 과염색되면 grade II로 나눕니다. 간암의 크기에 따른 단계는 암 크기가 2cm보다 작으면 very early stage, 2-3cm는 early stage, 5cm보다 크면 large, 10cm보다 크면 huge로 구분합니다.

바르셀로나 임상 간암BCLC 시스템단계으로는 간암의 생존율을 예측하는 BCLC 시스템은 암의 진행 정도와 환자의 간 기능 및 전신 상태를 고려하여 나눕니다.

〈BCLC 분류〉

Stage A	한 개의 암 또는 3cm보다 작은 암이 3개 이하인 경우
Stage B	여러 개의 암이 있거나 간 기능이 비교적 좋은 경우
Stage C	혈관, 림프절 또는 다른 장기로 전이된 암
Stage D	심한 간 손상으로 완전한 돌봄이 필요한 환자의 암

이때 동부협력종양학그룹ECOG, Eastern Cooperative Oncology Group에서

정한 환자의 수행 상태performance status를 PS 0에서 4 scale 로 나누어 함께 고려합니다. 또한 차일드-퍼Child-Pugh 시스템간 기능은 간 손상 정도를 평가하는 시스템으로, 혈중 빌리루빈, 알부민 수치, 프로트롬빈 시간, 복수 및 뇌병증 여부를 고려합니다.

Class A	Class B	Class C
정상 간 기능	경미하거나 중등도의 간 손상	심한 간손상

말기 Stage IV 간암의 평균 생존율은 약 9개월입니다. 담도암은 담도벽을 통해 자라 가까운 혈관과 장기 등으로 빨리 퍼집니다. 5년 생존율은 암이 간 안에 있으면 2-24%, 간 밖에서 시작하면 2-17%입니다. 담낭암이 간, 위, 소장이나 림프절에 전이 되면 stage III로 분류됩니다.

증상 및 진단

간암 진단은 간 기능 검사, 간암 표지자 혈액 검사, 그리고 초음파, CT, MRI 등의 영상 검사를 이용한 조직 검사로 이루어집니다. 담도암의 경우 영상 검사에서 문맥 앞에 위치한 담관 가지들의 확장이 관찰됩니다. 담도암이 2㎝ 보다 클 때 조영제를 사용하면 동맥기 및 정맥기 조영 증강enhancement이 나타나며, 정맥기 조영 소실venous wash이 관찰될 경우 간암을 의심할 수 있습니다.

간암 표지자인 α-태아단백alpha fetoprotein, AFP은 태아의 간이나 난황낭에서 생성되는 당단백질로, 수치가 40ng/mL 이상이면 간암, 간경변 또는 간염 등을 고려하여 추가적으로 AFP-L3 분획 또는 비타민 K 비의존성 단백질protein induced by vitamin K absence, PIVKA-II; 정상 〈40 mAU 검사를 시행할 수 있습니다. 또한, 탄수화물 항원carbohydrate antigen, CA 19-9 수치는 40U/ml 이하가 정상이며, 100U/ml 이상일 경우 진단 민감도sensitivity는 75%, 특이도specificity는 80%로 보고됩니다. 이 외에도 CEA, Glypican-3GPC-3 glycoprotein: 간세포암종(HCC)에서 72-81%, Osteopontin 등이 간암 진단에 사용됩니다.

간암의 병기

간암 병기는 종양의 크기와 침범 정도에 따라 다음과 같이 분류됩니다.

<병기 분류>

1a	2cm 미만의 단일 종양
1b	2cm 이상이나 혈관 침범이 없는 단일 종양
2	2cm 이상이며 혈관 침범이 있는 종양 또는 5cm 미만의 다발성 종양
3	다발성 종양 중 하나라도 5 cm보다 큰 경우
4	문맥 또는 간정맥 침범, 혹은 간 외 인접 장기(쓸개 등)를 침범한 경우

담두암의 병기

담도암은 침범 깊이에 따라 T 병기로 분류합니다.

<병기 분류>

T2	간 실질에 국한된 경우
T3	혈관 침투가 있는 경우
T4	양 간엽 또는 공동 간동맥을 침범한 경우

또한, 혈관 침투는 Stage II, 복막이나 국소 간 외부 침범은 Stage III, 그리

고 담관 주위 침윤periductal invasion은 Stage IV로 구분됩니다. 대부분의 담도암은 간 양엽이나 여러 부위에서 발생하여 수술이 불가능한 경우가 많습니다. 간암 초기에는 특별한 증상이 없을 수 있으나, 우상복부 통증, 복부의 중압감 또는 덩어리 촉지, 복부 팽만 또는 부종, 식욕부진, 체중 감소, 허약함 또는 피로감, 구역질 또는 구토, 황달, 백색변 등이 나타날 수 있습니다.

간암의 치료

간암 치료는 암의 위치와 범위, 환자의 전반적인 건강 상태에 따라 결정됩니다. 암이 간에만 국한된 경우, 수술을 통한 암 제거 또는 간 이식을 고려할 수 있습니다. 간 이식 후 재발 없는 확률은 90%이며, 간암 제거 수술 후 재발률은 70%로, 이는 주로 간내 전이나 다발성 암 때문입니다. 수술 후 폐, 복강 림프절, 뼈, 부신, 복막 등 간 외 전이는 5-20%에서 발생합니다. 수술이 불가능한 국소 치료에는 다음 방법들이 있습니다.

고주파 또는 극초단파 절제술RFA or MWA은 5 cm 미만의 종양에 주로 사용됩니다. 경동맥 화학 색전술TACE은 Adriamycin, Cisplatin 또는 Mitomycin 등의 항암제를 간동맥을 통해 주입하고 색전 물질로 혈관을 막는 방법입니다. 선택적 내부 방사선 치료SIRT는 Y-90 미소구를 이용한 치료법입니다.

수술 후에는 다중 인산화효소 억제제multi-kinases inhibitor인 Sorafenib 또는 mTOR 억제제인 Rapamycin을 주로 사용합니다. 수술 전에는 Nivolumab/Ipilimumab 또는 Atezolizumab 면역 치료를 VEGF 억제제인 Bevacizumab과 병행하여 사용하기도 합니다. 간암 재발 예방을 위해 I-131 lipiodol, 인터페론Interferon, Sofosbuvir/Ledipasvir 등 항바이러스 치료도 시행됩니다.

담도암과 담낭암의 치료

담도암에는 FGFR2 억제제인 Pemigatinib 또는 Futibatinib를 사용합니다. 담도에 스텐트를 삽입하고 광역동 치료photodynamic therapy를 병행하기도 합니다.

담낭암은 수술로 담낭과 인접한 간 부위를 절제한 후 방사선 치료 및 TARETransarterial Radioembolization 치료를 시행합니다. TACE 치료에 사용되는 항암제는 5FU, Gemcitabine, Cisplatin, Oxaliplatin, Xeloda 등이 있으며 표적 치료제에는 VEGF 억제제로 Bevacizumab, Erlotinib, Regrafenib 그리고 EGFR 억제제로 Cetuximab, Panitumumab, MEK 억제제로 Trametinib 등을 사용하며면역 치료에는 PD-1 억제제로 Pembrolizumab을 사용합니다.

췌장암

췌장의 기능 및 췌장암의 특성

췌장은 위 바로 아래, 위와 척추 사이에 위치한 약 15 cm 길이의 소화기 장기로, 'ㄱ'자 모양이며 십이지장 옆의 넓은 머리 부분과 비장 옆의 가는 꼬리 부분 사이에 몸통이 있습니다. 췌징의 외분비 세포는 소화액을 분비하며, 내분비 세포는 에너지 저장을 위한 혈중 포도당 농도를 조절하는 인슐린과 글루카곤 등의 호르몬을 생성합니다.

췌장암의 약 95%는 외분비 세포에서 유전자 변이로 인해 발생하는 선암종Ductal adenocarcinoma입니다. 췌장암의 90%는 염증 세포를 포함한 섬유성 기질desmoplastic stroma에 둘러싸여 있어 종양의 악성 행동과 약물 치료 효과에 제약을 가하는 것으로 알려져 있습니다 췌장암과 관련된 유전 인자로는 BRCA1 및 BRCA2, KRAS, SEMA4D, ATM, PALB2, ATRX,

RAD51 등이 있습니다.

췌장액을 십이지장으로 보내는 주췌관Wirsung's duct은 꼬리 부분에서 직경 1~2㎜, 머리 부분에서 3~4㎜이며, 총담관과 합류하여 바터 팽대부hepatopancreatic ampulla of Vater를 형성합니다. 이곳의 오디 괄약근sphincter of Oddi이 담즙과 췌장액의 합류 및 조절을 담당하여 음식물 분해를 돕습니다.

췌관 해부학 및 증상

주췌관의 압력을 낮추기 위해 췌장 머리 윗부분에는 산토리니관duct of Santorini or Bernard이라는 작은 부속 관들이 존재합니다. 만성 췌장염이나 선암종으로 인해 췌관이 막히면 황달, 통증, 설사, 식욕부진 등의 증상이 나타나며, 영상 검사에서 막힌 후방 부위가 확장된 소견이 관찰되어 신경내분비암 등 다른 암과 구별하는 데 도움이 됩니다.

췌장암의 주요 위험 요소로는 흡연, 비만, 당뇨병, 만성 췌장염이 있으며, 유전적 요인으로 유전성 다발성 내분비 종양 1형Multiple Endocrine Syndrome Type 1, 린치 증후군Lynch syndrome, 포이츠-제거스 증후군Peutz-Jeghers syndrome, 유방 및 난소암 증후군, 비정형 다발성 흑색종 증후군FAMMM syndrome, 모세혈관 확장성 운동실조증Ataxia-telangiectasis 등이 있습니다. 췌장암은 예후가 가장 나쁜 암 중 하나로, 미국에서는 2024년에 약 66,440명이 진단받고 51,750명이 사망할 것으로 예측됩니다. 한국에서는 8번째로 흔한 암이며 암 관련 사망 원인 5위로, 발병률이 서서히 증가하고 있습니다.

초기 췌장암은 증상이 거의 없어 진단이 어렵습니다. 나타날 수 있는 증상으로는 황달, 연한 색 변, 검은 소변, 복부 또는 등 통증, 체중이나 식욕 감소, 피로감 등이 있으며, 다른 질환과 혼동될 수 있어 전문가의 진찰이 필요합니다. 혈액 검사로 비정상적인 빌리루빈 수치와 암 표지자인 CA 19-9 및 CEA 수준을 조사하는데, CA 19-9의 진단율은 약 44%로 만족스럽지 못합니다. 최근에는 췌장암 세포가 생성하는 CA199STRA라는 물질을 검출하여 진단율이 71%에 달하는 혈액 검사가 개발되었습니다.

암 진단과 병기 측정에는 복부 초음파, 내시경 초음파 및 역행성 담췌관 조영술ERCP, CT, MRI, MR 담췌관 조영술MRCP, 경피 경간 담도 조영술PTC, FDG PET/CT 영상 또는 복강경 검사 및 조직 검사가 도움이 됩니다.

진단 및 병기 분류

암의 T 병기는 크기에 따라 0.5㎝ 미만은 T1a, 0.5㎝-1㎝는 T1b, 1-2㎝는 T1c, 2-4㎝는 T2, 4㎝ 초과는 T3로 구분하며, 주위 혈관복강동맥, 상장간막동맥 또는 총간동맥 침범은 T4로 분류합니다.

종합 병기는 암이 췌장에 국한되면 Stage T1A, 주위 림프절이나 기관 전이가 있으면 Stage T1B, 암이 주요 혈관에 침투하면 Stage III, 그리고 간, 폐, 복막강 전이가 있으면 Stage IV로 나눕니다. 환자 중 20% 이내에서만 암이 췌장에 국한되어 있으며, 미국 전체 췌장암의 5년 생존율은 7.2%이고, 한국의 5년 췌장암 생존율은 12.2%입니다. 수술이 가능했던 국소 췌장암의 5년 생존율은 27~41%, 수술 불가능한 국소 진행암은 10~16%, 간이나 폐 전이 암은 2-3%입니다.

췌장암 등급은 암세포의 분화 정도에 따라 잘 분화된 경우 Grade 1, 중간 정도 분화는 Grade 2, 아주 비정상적으로 분화가 잘 안 된 경우는 Grade 3로 구분합니다. 췌장암 치료는 암의 침범 정도에 따라 다양한 방법을 전문가와 상의하여 선택해야 합니다.

치료 방법

우선적으로, 암 주변 혈관이나 림프절에 침범되지 않아 완전 절제가 가능하다고 판단될 경우 수술을 시행합니다. 수술 방법으로는 췌장의 머리 부분을 제거하는 휘플 수술Whipple procedure, 췌십이지장 절제술, 췌장 전체를 제거하는 췌장 전 절제술total pancreatectomy, 또는 꼬리 부분을 제거하는 원위부 췌장 절제술distal pancreatectomy 등이 있습니다.

휘플 수술은 췌장 머리, 담낭, 위와 소장의 일부, 그리고 담도를 제거한 후, 담도 우회술biliary bypass, 내시경적 스텐트 삽입술endoscopic stent placement 및 위 우회술gastric bypass을 시행하여 소화 기능을 재건합니다. 수술적 절제가 불가능하거나 재발 위험이 높은 경우에는 항암 화학 요법, 방사선 치료, 표적 치료 및 면역 치료를 고려합니다.

항암 치료에는 FOLFIRINOX5FU, Leucovorin, Irinotecan, Oxaliplatin 병용 요법, FOLFOXGemcitabine, Abraxane paclitaxel 병용 요법, 또는 Gemcitabine 단독 요법 등이 사용됩니다. 표적 치료는 암세포의 특정 분자 경로를 차단하는 방식으로 작용하며, EGFR 억제제인 Tarceva, KRAS 억제제인 Elotuzumab, BRCA 변이에 대한 PARP 억제제인 Olaparib, 그리고 SEMA4D 억제제인 Semaphorin 등이 사용될 수 있습니다.

면역 치료에는 KeytrudaPembrolizumab나 Nivolumab이 사용됩니다. 특히 CXCR-4를 억제하는 BL-8040는 T 세포를 증가시켜 항암 또는 면역 치료와 병합할 때 치료 효과를 높이는 데 활용됩니다. 또한, 고주파 열치료Radiofrequency Ablation, RFA는 종양 부위의 혈류를 증가시키고 섬유성 기질stroma을 약화시켜 병합 치료의 효과를 증진시키는 데 도움이 될 수 있습니다.

대장 및 직장암

대장 및 직장의 구조와 암의 발생

대장과 직장은 소화기관의 일부인 큰창자대장를 구성하며, 대장은 약 1.5 m 길이의 근육성 관으로 상행, 횡행, 하행, 구불결장으로 나뉘어져 있습니다. 대장은 소장을 거쳐 들어온 음식물에서 물과 소금을 흡수하고, 남은 찌꺼기는 약 15㎝ 길이의 직장에 저장하여 항문으로 배출될 때까지 보관합니다. 대부분의 장암은 장 내벽에서 증식된 용종polyp에서 시작됩니다.

용종은 나이가 들면서 흔해지고 대부분 양성이지만, 수년에 걸쳐 유전자 변이를 통해 암으로 변할 수 있습니다. 장암 발생과 관련된 주요 유전자로는 종양 유전자oncogenes인 EGFR, Erb-B2, TGF, TGF-1, RAS와 종양 억제 유전자tumor suppressor genes인 APC, p53, p27, MSI, LOH, 그리고 DNA 복구 유전자DNA repair genes인 MLH1, MSH2, PMS2, EPCAM 등이 있습니다. 특히 RAS 유전자 변이는 대장암의 40-50%에서 발견됩니다.

선종성 용종adenomatous polyp, adenoma은 암의 전 단계로, 관상tubular, 융모상villous, 관상융모상tubulovillous 세 가지 유형이 있습니다. 이 중 관상형이 가장 흔하며, 드문 융모상형이 암으로 변할 위험이 가장 높습니다. 과증식성hyperplastic 또는 염증성 용종inflammatory polyp은 더 흔하지만 암 전 단계는 아닙니다. 반면, 무경성 또는 전통적 톱니 모양 용종sessile or traditional serrated polyp은 암으로 변할 위험이 매우 큽니다. 용종의 크기가 1cm보다 크거나, 개수가 3개 이상이거나, 이형성dysplasia이 관찰될 경우 암 발생 위험이 높은 것으로 간주됩니다.

대장암은 장벽 안쪽의 점막층에서 시작하여 장벽을 침투하며, 림프선이나 혈관을 통해 다른 장기로 전이됩니다.

임상적 특징 및 병기 분류

대장암은 미국에서 세 번째로 흔한 암이며, 직장암은 대장암의 약 25%를 차지합니다. 직장 하부에 위치한 암 수술 시에는 인공 항문colostomy을 만들어야 할 수 있지만, 전체적인 예후는 다른 부위의 장암과 유사합니다. 대부분의 장암은 선암종이며, 점액성mucinous 및 사인환 세포형signet ring cell과 같은 아형은 예후가 더 나쁩니다. 이 외에도 카르시노이드carcinoid, 위장관 기질 종양gastrointestinal stromal tumor, 림프종lymphoma, 육종sarcoma 등의 암이 발생할 수 있습니다.

암 등급Grade은 현미경으로 관찰했을 때 암세포의 분화 정도를 기준으로 합니다. 분화가 잘 된 암세포는 저등급low grade, Grade 1으로 분류되며 암의 성장이 느린 경향이 있습니다. 반면, 미분화된 세포는 고등급high grade, Grade 3으로 분류되며 암이 빠르게 자라고 확산될 가능성이 높습니다. 암 병기Stage는 암이 장벽을 침투한 깊이에 따라 구분됩니다.

암이 장벽 안쪽 점막하층submucosa에 국한되면 T1, 장벽의 근육층에 있으면 T2, 장벽을 관통하여 주변 조직으로 침투하면 T3, 장벽 바깥 장막serosa을 통과하여 복막을 침범하면 T4로 분류합니다. 장암의 5년 생존율은 국소암일 경우 90.6%이지만, 주위 림프절 전이가 있을 경우 72%, 간 등 다른 장기로의 전이가 있을 경우 14.7%로 크게 낮아집니다.

장암은 종양의 크기와 위치에 따라 증상이 다르게 나타납니다. 혈변, 가는 변, 달라진 배변 횟수, 복부 불편감, 설사 또는 변비가 있을 수 있으며, 더 진행되면 복부 통증, 빈혈, 피로감, 체중 감소 등의 전신 증상도 나타날 수 있습니다. 장암의 진단 및 조직 검사, 그리고 용종 제거는 장 내시경을 통해 이루어집니다. 혈액 검사로는 암 수치인 CEA, CA 19-9, SMAD4, p110, IL8, MMP2 등의 수치를 측정하며, Stage IV 전이암의 경우 KRAS, NRAS, BRAF, HER2 등의 유전자 변이를 추가로 검사합니다.

진단 및 치료 전략

원격 전이가 없는 장암은 수술을 일차적으로 고려하며, 이후 3~6개월 동안 보조 항암 치료를 시행할 수 있습니다. 1기 장암의 경우 용종내에 암이 국한되어 있다면 부분적인 장 절제술을 시행하며, 암 등급이 높을 경우 수술 범위를 확대할 수도 있습니다. 2기 장암은 일반적으로 암을 포함한 장 부분과 주변 림프절을 절제합니다. 다만, 재발 위험이 높은 암에는 수술 전 5FU, Capecitabine 또는 Oxaliplatin을 사용한 신보조 항암 화학 요법을 시행하기도 합니다.

암에서 MSI-H/dMMR 유전자 변이가 발견되면 면역 항암제인 Pembrolizumab, Nivolumab, 또는 Ipilimumab을 사용합니다. BRAF 변이에는 Encorafenib, Binimetinib, 또는 Cetuximab을, HER2 변이에는 Trastuzumab을, RAS 변이에는 Panitumumab을 사용합니다. 2기 직장암의 경우 수술 전 화학 방사선 요법chemoradiotherapy을 시행하고, 직장간막 전절제술Total Mesorectal Excision, TME을 통해 항문 괄약근 보존을 시도합니다. 3기 암에는 FOLFOX5FU, Leucovorin, Oxaliplatin 병용 요법 또는 CapeOxCapecitabine, Oxaliplatin 병용 요법를 사용합니다. 4기 치료에는 FOLFIRI5FU, Leucovorin, Irinotecan, FOLFOXIRI5FU, Oxaliplatin, Irinotecan 병용 요법, Cetuximab과 Irinotecan, Vemurafenib 병용 요법, 또는 Tucatinib과 Trastuzumab 병용 요법 등을 사용합니다.

국소적으로 진행된 직장암에는 수술 전 신보조 요법으로 FOLFOX를 6회 사용합니다. 간에 전이된 장암의 경우에는 Trifluridine, Tipiracil, Bevacizumab 병용 요법이나, Y-90 방사성 구체sirsphere를 간동맥에 직접 주입하는 색전술을 통해 치료합니다.

신장암

신장의 기능 및 암의 특성

신장은 콩 모양의 주먹 크기 기관으로, 양쪽 뒷 상복부 벽에 붙어 있는 한 쌍의 기관입니다. 신장은 신장 동맥을 통해 들어온 혈액에서 과도한 물, 소금, 노폐물을 제거하여 소변을 만듭니다. 또한 신장은 혈압을 조절하는 호르몬인 레닌renin과 적혈구 생산을 촉진하는 호르몬인 에리트로포이에틴erythropoietin을 생성합니다. 일반적으로 한쪽 신장만으로도 신체 기능을 유지하는 데 지장이 없습니다.

신장암, 즉 신세포암종Renal Cell Carcinoma, RCC은 전체 암의 1%를 차지하며, 성인 신장암 중 가장 흔한 형태90~95%입니다. 남성에게서 여성보다 두 배 더 많이 발생하며, 고령층에서 흔하게 나타납니다.

암이 진행되었을 때 나타나는 주요 증상으로는 혈뇨40%, 옆구리 통증40%, 복부나 옆구리의 덩어리25%가 있으며, 이 외에도 체중 감소33%, 고혈압20%, 발열20%, 야간 발한 등이 동반될 수 있습니다. 또한 신장암 환자의 약 20%에서는 암에서 분비되는 호르몬이나 암에 대한 신체의 반응으로 인해 적혈구, 혈소판, 혈중 칼슘 수치가 증가하는 부종양 증후군paraneoplastic syndrome이 나타납니다.

신장암의 주요 위험 요소로는 흡연, 비만, C형 간염, 낭성 신장병, 고혈압, 투석 등이 있으며, 가족력도 관련이 있습니다. 그 외에도 석면asbestos, 카드뮴cadmium, 유기 용매제, 살충제 등에 노출되거나 아스피린, 이부프로펜, 아세트아미노펜 등을 복용하는 경우, 그리고 결절성 경화증tuberous sclerosis이나 폰 히펠-린다우병von Hippel-Lindau disease과 같은 유전 질환도 신장암의 위험을 높이는 요인입니다.

신장암신세포암종, RCC은 조직병리학적으로 14가지 아형이 있으며, 이

중 투명세포형clear cell type이 60%로 가장 흔합니다. 투명세포형은 염색체 3p 상실, von Hippel-LindauVHL 유전자 변이, 또는 fumarate hydratase 나 succinate dehydrogenase 효소 부족 등의 분자적 이상과 관련되어 암이 진행됩니다. 그 외 papillary형과 chromophobe형이 있습니다.

병기 및 치료

신장암의 등급Grade은 현미경 관찰 시 세포의 핵과 핵소체의 모양을 기준으로 다음과 같이 분류됩니다.

<신장암의 등급>

Grade 1	핵소체가 잘 보이지 않고 400배 확대에서 호염기성(basophilic)을 띨 경우
Grade 2	핵소체가 잘 보이고 400배 확대에서 호산성(eosinophilic)을 띨 경우
Grade 3	핵소체가 잘 보이고 100 배 확대에서 호산성을 띨 경우
Grade 4	극심한 핵 다형성(pleomorphism), 역형성 거대 세포, 횡문근양 형태(rhabdoid morphology), 또는 육종양 분화(sarcomatoid differentiation)를 보일 경우

신장암의 병기Stage는 종양의 크기와 침범 범위에 따라 T 병기로 나눕니다.

<신장암의 병기 분류>

T1	종양의 크기가 7 cm 이하
T2	종양의 크기가 7 cm 초과
T3	종양이 부신을 침투하거나 게로타 근막(Gerota's fascia)을 넘어 침범
T4	종양이 부신을 침투하거나 게로타 근막(Gorota's fascia)을 넘어 침범

신장암 환자의 5년 생존율은 Stage 1 암의 경우 90%, Stage 2 암은 50%, Stage 3 암은 30%로 보고됩니다. 신장암의 진단은 초음파, CT, MRI 영상 검사를 이용한 조직 검사로 확진합니다. 신장암의 치료는 암의 병기에 따라 달라지며, 국소화된 암의 경우 암이 있는 신장의 전체 또는 일부를 수술로 제거하거나 고주파radiowave나 냉동술을 이용하여 암 조직을 파괴시키기도 합니다. 신장 밖으로 퍼진 암에는 방사선 치료, 고주파 치료와 더불어 표적 치료, 면역 치료 등이 사용됩니다. 표적 치료에는 다음과 같은 약제들이 포함됩니다.

<표적 치료 약제>

TK 억제제 Tyrosine Kinase Inhibitors	Pazopanib, Cabozantinib, 또는 Savolitinib
mTOR 억제제	Rapamycin (Sirolimus)이나 Apitolisib
VEGF 억제제	Axitinib 또는 Sunitinib
AKT 억제제	BEZ235

면역 치료에는 Nivolumab, Ipilimumab 등의 면역관문억제제제를 병합하여 사용합니다.

신세포암종RCC 외에도 다른 종류의 신장암이 있습니다. 요로상피암Transitional Cell Carcinoma, TCC은 6-7%를 차지하며, 신우, 요관, 방광 및 요도에서 발생합니다. 또한 드물게 발생하는 신장 육종renal sarcoma이 약 1%를 차지하며, 어린이에게서 가장 흔한5% 것은 윌름스 종양Wilms tumor입니다.

방광암

주요 특징 및 위험 요소

방광암은 주로 노년층 성인에게서 발생하며, 비교적 일찍 진단되어 치료하더라도 3년 이내에 48%가 재발합니다. 암 등급에 따라 재발률에 차이가 있어, 고등급 암은 70%가 재발하는 반면, 저등급 암은 5% 이내로 재발률이 낮습니다. 국소 방광암의 5년 생존율은 65세 이상에서 67%, 50~64세는 79%, 50세 이하는 84%로 보고됩니다.

방광암 중 가장 흔한 형태는 요로상피암Urothelial or Transitional Carcinoma으로, 이는 비뇨기계 전체에 분포하는 요로상피 세포에서 기원합니다. 현미경 소견상 드물게 편평상피squamous형 또는 선glandular형이 나타나기도 합니다. 구체적으로 방광암의 3-5%는 편평상피세포암종squamous cell carcinoma, 1-2%는 선암종, 1% 미만은 소세포암이며, 이 외에 육종sarcoma도 발생할 수 있습니다. 방광암은 방광벽 근육을 침범하지 않은 초기 표재성superficial 암과 근육층을 침투한 근육 침윤성 암muscle invasive cancer 으로 크게 나뉩니다. 초기 표재성 암은 다시 현미경적으로 편평형flat 아형과 유두상papillary 아형으로 구분되며, 유두상 아형은 다시 악성 잠재력이 낮은 유형low malignant potential, 저등급low grade 및 고등급high grade 유형으로 세분됩니다.

흡연은 방광암의 가장 큰 위험 요소이며, 이 외에도 요로 감염뇨염증, 신장 및 방광 결석 등과 방광 카테터 사용으로 인한 만성적인 자극 등이 방광암의 원인으로 작용합니다. 방광암의 가장 흔한 증상은 혈뇨입니다.

치료 전략

방광암 치료는 암의 형태, 등급 및 병기에 따라 수술, 방사선 치료, 항암 화학 요법, 표적 치료, 면역학적 치료 또는 생물학적 치료 등 다양한 방법을 통해 이루어집니다.

수술적 치료는 암의 범위에 따라 방광의 일부 또는 전체를 제거하며, 남성의 경우 방광-전립선 절제술cystoprostatectomy, 여성의 경우 방광-요도 절제술cystourethrectomy 등이 시행될 수 있습니다. 방광 전체를 제거한 후에는 요관구불결장 문합술ureterosigmoidostomy, 요관루술ureterostomy 외에 다양한 방식으로 요로 전환술urinary diversion을 시행하여 소변 배출 경로를 만듭니다.

항암 화학 요법에는 Carboplatin, Methotrexate, Vinblastin, Doxorubicin 등의 약제를 사용하거나, Cisplatin과 Gemcitabine을 병합하여 사용합니다. 표적 치료제는 다음과 같습니다.

〈표적 치료 약제〉

FGFR 억제제	Erdafitinib, Rogaratinib, Infigratinib
VEGF 억제제	Avastin (Bevacizumab), Ramucirumab
Nectin-4 억제제	Enfortumab

면역 치료제로는 Nivolumab과 Ipilimumab 또는 Avelumab 등이 사용됩니다. 점막 방광암치료에는 BCG결핵 백신와 Pembrolizumab을 사용하며, 저등급 유두상 상부 요로상피암에는 Mitomycin 겔을 사용하기도 합니다.

방사선 손상 치료 : 고압산소치료 (Hyperbaric Oxygen Therapy, HBOT)

살다 보면 몸이 아픈 것 자체보다 일상이 무너지는 고통이 더 클 때가 있습니다. 만약 매일 화장실을 찾는 횟수가 두세 배로 늘어나 외출조차 꿈꿀 수 없다면 어떨까요? 방사선 요법은 생명을 살리는 강력한 치료 무기이지만 그 부작용 또한 심각합니다. 특히 방사선이 방광을 건드려 발생하는 손상은 치료가 끝난 후에도 환자의 삶에 지속적인 고통을 남깁니다.

　　그런데 최근 스웨덴 예테보리대학교에서 발표된 한 연구가 이 오랜 문제에 산소라는 새로운 해답을 제시했습니다. 바로 고압산소치료 Hyperbaric Oxygen Therapy인데, 말 그대로 고압의 환경에서 100% 산소를 들이마시는 치료법입니다.

　　환자들은 마치 깊은 바닷속에 들어간 것 같은 고압 환경에서 산소를 흡입합니다. 하루 90분씩 총 30~40회 반복되는 이 치료 과정이 간단하지는 않지만, 그 효과는 놀랍습니다. 치료를 통해 손상된 부위에 새로운 혈관이 자라나고 염증이 가라앉으면서, 통증, 출혈, 요실금과 같은 고질적인 방사선 부작용 증상들이 점차 줄어듭니다. 이번 연구에 참여한 환자들 중 다수가 5년이 지난 현재까지도 그 효과를 보고 있다는 사실은 주목할 만합니다. 이는 단지 일시적인 증상 완화가 아니라, '치유'에 가까운 근본적인 변화를 경험한 것입니다. 화장실을 찾는 횟수가 줄고, 밤에 숙면을 취하며, 다시 외출과 사회생활이 가능해졌다는 것은 단순한 수치 이상의 의미를 지닙니다. 연구자들은 환자들이 치료 전후에 삶이 어떻게 변화했는지 구체적으로 조사했으며, 한 연구자는 "환자들이 더 이상 화장실을 찾아 헤매지 않고 평범한 삶을 살게 되었다"고 전했습니다. 고통을 참고 사는 것이 당연했던 사람들에게 평범한 일상이 되돌아온 것입니다.

　　고압산소치료는 이미 존재하는 기술이며, 더 많은 환자들에게 확산될 수 있는 잠재력이 충분합니다. 하지만 정보 부족과 인식의 벽이 여전히 문제입니다. 많은 환자가 이 효과적인 치료법을 알지 못하고 있습니다. 따라서 앞으로의 과제는 고압산소 요법의 적절한 적용 대상, 최적의 치료 시점, 그리고 예후 예측에 필요한 객관적인 기준을 마련하는 일입니다. 과학은 이미 회복의 문을 열었습니다. 이제 남은 것은 그 문을 더 넓게 열어, 고압 산소가 전하는 회복의 기적이 더 이상 특별한 예외가 아닌 누구나 누릴 수 있는 보편적 권리가 되도록 하는 것입니다.

전립선암

전립선의 기능 및 전립선 비대증

전립선은 남성의 방광 바로 밑에 위치한 작은 호르몬 기관으로, 무게는 약 25g, 크기는 약 3x3x5cm입니다. 고환에서 만들어진 알칼리성 정액을 전립선의 아연 및 구연산 등과 함께 여성의 산성 질에 보내어 수태가 이루어지도록 돕는 역할을 합니다.

나이가 들면서 남성 호르몬의 영향으로 세포의 자연사와 증식의 불균형이 발생하여 세포가 증식하며 전립선이 점차 커지게 됩니다. 이로 인해 요로가 눌리면서 배뇨에 지장을 주게 되는데, 이를 전립선 양성 비대증이라 합니다. 아시아 남성들에게 전립선 양성 비대증은 전립선암과 방광암의 위험 요소가 될 수 있습니다. 요로 장애가 심한 경우 방광 목 근육 이완제ProstaGenix나 부드러운 근육 이완제Tadalafil,Sildenafil 등을 사용하여 경과를 관찰합니다. 만약 약물 치료 효과가 없다면 요도 거상술 또는 광 증발술photovaporization 같은 최소 침습 수술이나 전립선 제거 수술까지도 고려할 수 있습니다.

전립선암의 진단 및 병기 예측

전립선과 요도에서 나오는 분비물 중 정액을 액화시키는 특정한 항원인 전립선 특이 항원PSA 수치는 혈액 검사로 측정하며, 보통 4ng/ml 이하가 정상입니다. PSA 수치의 증가는 암 진단에 더 중요한 단서가 되며, PSA의 자유 부분 비율Free/Total PSA ratio이 0.1보다 작은 것이 정상입니다. 전립선암은 고령 인구의 증가와 함께 PSA 혈액 검사 및 초음파를 이용한 조직 검사의 보급으로 인해 세계적으로 발생이 증가하고 있습니다. 전립선암의 대부분은 선종이며, 신경내분비암은 5~10%, 순수한 소세포암은 약 1%를 차지합니다. 암세포 분열 모양의 균등성부터 불규칙성 정도에 따라 글리슨 점수Gleason Score를 10점까지 매기는데, 8점 이상이면 암의 전이를 예측할 수 있는 고위험군으로 분류됩니다.

선종암의 80-85%는 PSMA(Prostate Specific Membrane Antigen)라는 점막 단백질을 생성합니다. PSMA 발현은 방광, 대장, 유방 또는 신경내분비 암에서도 나타날 수 있습니다. Myc, BRCA2, Hsp 90 등의 종양 유전자oncogene가 증가하고, p53 등의 종양 억제 유전자tumor suppressor gene가 저하되면서 치료되지 않은 만성 염증이 암을 유발하며, TOP2A, EZH2 등의 유전자 영향으로 세포 가소성과 지방산 생산이 증가하여 분화가 덜된 암으로 발전하고 전이됩니다. 전립선 피막을 벗어났거나 정낭을 침범한 3기 암의 70-90%에서 골반 장골 림프절 전이가 발견되며, 10% 정도는 천골전 림프절 전이도 발생합니다.

예후 및 치료 전략

전립선암은 갑상선암과 유사하게 HOXB13 유전자 변이와 관련되어 대체로 천천히 발생하고 진행하는 경향이 있으며, 5~10년 생존율은 90% 이상, 20년 생존율은 80% 이상으로 예후가 비교적 좋은 편입니다. 그러나 뼈에 전이된 환자의 5년 생존율은 30-35%로 현저히 낮아집니다. 일반적으로 전립선에 국한된 암은 젊은 환자에게는 수술을, 노인 환자에게는 방사선 치료를 권하는데, 두 치료법의 효과나 후유증은 거의 유사하며 30-40%의 환자는 5년 이내에 생화학적 재발을 경험합니다. 컴퓨터로 조정되는 세기 조절 방사선 치료IMRT나 고가인 양성자 또는 중립자 치료의 효과는 큰 차이가 없는 것으로 알려져 있습니다.

재발 위험이 높은 암이나 이미 재발 및 전이된 암은 전신 치료를 시행합니다. 주요 치료법은 호르몬 요법으로, LupronLeuprolide,

Apalutamide, Enzalutamide 등을 사용하며, Atezolizumab과 같은 면역 항암제도 함께 사용될 수 있습니다. 또한, Cabazitaxel 항암제와 혈관 증식 인자 억제제인 Cabozantinib을 병행하기도 합니다.

핵효소 억제제인 Olaparib나 BRCA2 변이를 억제하는 Rucaparib 등을 사용합니다. PSA 수치가 증가했으나 CT 영상에서 1cm보다 큰 림프절이 보이지 않는 경우에는 Ga-68 또는 F-18 동위 원소에 부착된 PSMA 리간드나 합성 루신 아미노산을 이용한 PET/CT 영상 검사를 통해 재발 부위를 확인합니다. 확인 후에는 Lu-177 또는 Ac-225에 부착된 PSMA 리간드를 이용한 방사성 의약품 치료를 시행할 수 있습니다. 소세포 전립 선암은 DOTATATE 리간드에 부착된 동위 원소를 이용하여 진단 및 치료가 가능합니다.

가장 적절한 개인 맞춤형 치료를 위해서는 비뇨기과, 비뇨생식기 종양내과 및 치료 방사선과 전문의들의 종합적인 판단과 협진이 필수적입니다. 전립선암 예방에 도움이 되는 것으로 알려진 식품으로는 토마토, 콩, 비타민 D와 E, 셀레늄, 오메가 3 지방산 등이 있으며, 적당한 운동은 누구에게나 필수적입니다. ProscaVax와 같은 백신은 치료보다는 예방에 도움이 될 수 있으나, 아직 증명된 자료가 충분하지 않습니다.

림프선암(림프종)

림프계와 림프선암

우리 몸에서 질병과 싸우는 회로망인 림프계는 림프절, 비장, 흉선, 그리고 골수를 포함합니다. 이 림프계 내 림프구에 있는 T 세포나 B 세포가 유전자 변이로 인해 조절되지 않고 증식하면서 호지킨 림프종Hodgkin's lymphoma과 비호지킨 림프종non-Hodgkin's lymphoma이라는 림프선암이 발생하며, 이는 90개 이상의 아형으로 분류됩니다.

림프선암과 관련된 유전자로는 TNF, IL-10, BRCA1 및 BRCA2, GSTM1과 GSTT1, 그리고 neuropeptide, toll-like receptor 4, glutathione S-transferaseGSTP1, leptin,ghrelin 등이 있습니다. 이러한 유전자 변화는 유전성hereditary이라기보다는 방사선, 발암 물질, 흡연 또는 만성 염증 노출로 인해 후천적으로 발생하는 경우가 많습니다. 비만 역시 위험 요소 중 하나이며, 여포성 림프종follicular lymphoma은 염색체 14번과 18번 사이의 DNA 변화로 인해 BCL-2 종양 유전자oncogene가 활성화되어 발생합니다.

호지킨 림프종은 림프절과 비장의 확대를 주로 일으키지만 치료율이 높은 편입니다. 반면, 비호지킨 림프종은 치료하기가 더 어려운 것으로 알려져 있습니다. 일반적으로 결절성nodular 유형은 미만성diffuse 유형보다 천천히 진행되는 반면, 미만성 거대 B 세포 림프종diffuse large cell type은 더 공격적으로 간, 폐, 신장, 뇌를 침범합니다. 일부 림프선암은 혈류를 침범하여 백혈병을 유발하기도 합니다. 미국에서 매년 약 82,000명의 새로운 림프선암 환자가 진단되고 있습니다.

암의 명확한 원인은 아직 불분명하나, 유전성 질환이나 자가면역 질환, 면역 억제제 사용 등으로 인해 면역계가 약화된 상태가 위험 요소로 작용합니다. Epstein-Barr 바이러스와 연관된 버킷 림프종Burkitt lymphoma은 아프리카 어린이들에게서 가장 흔한 암입니다. 저등급 림프선암은 수년에 걸쳐 천천히 자라고, 고등급 림프선암은 빠르게 자라지만, 림프선암은 전반적으로 치료 가능한 암입니다.

주요 증상 및 진단, 치료 전략

림프선암의 증상으로는 열, 체중 및 식욕 감소, 밤땀, 떨림, 가래 기침,

호흡 곤란, 복부 통증, 설사, 피부 가려움증, 피로감 등이 있으며, 통증이 없는 림프절병증lymphadenopathy이 가장 흔한 증상 중 하나입니다. 림프선암의 진단은 통증 없이 부어오른 림프절의 조직 검사로 확진하며, FDG PET/CT 영상을 통해 질병의 진행 정도를 판단합니다. 호지킨 림프종 치료에는 항암제 ABVDdoxorubicin, bleomycin, vinblastine, dacarbazine 또는 방사선 치료와 함께 BEACOPPbleomycin, etoposide, doxorubicin, cyclophosphamide, vincristine, procarbazine,prednisone를 사용합니다. 비호지킨 림프종 치료에는 rituximab과 함께 CHOPcyclophosphamide, doxorubicin, vincristine, prednisone, bendamustine, lenalidomide 등을 사용합니다. 항암 치료에 Bendamustine과 Pralatrexate 또는 R-ICIfosfamide, Carboplatin, Etoposide를 사용하여 조혈모세포 이식stem cell transplantation을 시행하기도 합니다.

표적 치료에는 ALK 억제제 Crizotinib, Bcl2 억제제 Venetoclax, PI3K 억제제 Duvelisib, JAK 억제제 Ruxolitinib 등을 사용합니다. 면역 치료에는 Pembrolizumab,Nivolumab 외에 Moxetumomab, Brentuximab 등을 사용합니다. 재발된 암에는 Tisagenlecleucel, Axicabtagene ciloleucel을 이용한 키메라 항원 수용체 T 세포 치료CAR T cell therapy도 시행됩니다. 또한 재발 예방을 위해 폐렴구균 접합 백신pneumococcal conjugate vaccine 및 다당류 백신polysaccharide vaccine 접종을 권장합니다.

골수암과 형질세포종

형질세포의 기능 및 암의 발생

형질 (B) 세포는 골수 내에 있는 백혈구의 일종으로 면역계의 일부이며, 건강한 형질 세포는 항체immunoglobulin를 만들어 감염과 싸워 질병에 저항하는 역할을 합니다.

유전자 변이로 인해 형질 세포가 비정상적으로 변하면 M 단백질M protein이라는 비정상 항체를 만들고 증식하여 드문 혈액암을 유발하는데, 이는 뼈, 면역계, 신장 및 적혈구에 손상을 입힙니다. M 단백질 수치가 3g/dL 미만이면 원인 불명 단클론 감마병증MGUS, monoclonal gammopathy of undetermined significance으로 간주하고, 30g/L 이상이면 다발성 골수암을 의심할 수 있습니다. 암이 뼈나 연조직의 한 곳에 국한되어 있으면 형질세포종plasmacytoma이라 하고 여러 곳에 암이 있는 경우는 다발성 골수암multiple myeloma입니다. 국제 골수종 그룹은 형질세포종을 단발성 골 형질세포종solitary plasmacytoma of bone, 골수외 형질세포종extramedullary plasmacytoma, 다발성 형질세포종multiple plasmacytoma의 세 종류로 분류합니다. 뼈 종양의 약 40%는 골수암 또는 림프선암과 같은 혈액암 계열입니다.

형질세포종은 전형적으로 50대 남성에게 발생하며, 미국에서는 일 년에 약 750명SBP 450명, EMP 300명 정도가 진단받습니다. 증상으로는 흉추, 척추, 갈비뼈, 대퇴골 또는 골반뼈 골절로 인한 통증이 있으며, 드물게 두개골두정골 및 두개골 기저부 침범으로 두통, 어지러움, 시력 장애 등이 나타날 수 있습니다. 골수외 형질세포종EMP의 80-90%는 머리와 목 부위에 발생하여 두통, 콧물, 코피, 연하 곤란, 인두염, 쉰 목소리, 천명음 등의 증상을 유발합니다. 진단은 M 단백질 수치 측정을 위한 혈액 검사, 비내시경, CT,MRI 영상 및 조직 검사로 이루어집니다.

EMP의 병기는 한 부위에 단일 암종이 있으면 Stage 1, 림프절에 전이되면 Stage 2, 그리고 단일 암종보다 더 많이 존재하면 Stage 3로 나눕니다. 단일 암종은 주로 방사선 치료를 하며, EMP는 수술, 항암 화학 요법, 표적 치료 및 면역 치료 등을 시행합니다.

SBP 환자는 평균 10년 생존하며 5년 생존율은 60%입니다. 이들은 10년 내에 65-84%의 확률로 다발성 골수암으로 진행하며, 평균 진행 기간은 2~5년입니다. EMP 환자는 평균 9년 생존하며 10년 생존율은 47.4%입니다.

다발성 골수암

다발성 골수암은 비정상 항체를 만드는 형질 세포나 골수종 세포에서 염색체 17번의 부분 손실이나 전위translocation가 환경적 요인 등으로 인해 발생하여 골수 증식을 일으킨 결과입니다. MGUS 환자 100명 중 1명꼴로 다발성 골수암이 발생합니다. 세계적으로 10만 명당 1.78명에게서 발병되며, COVID-19 대유행 이후 발병률이 감소하는 추세입니다. 그러나 한국에서는 지난 25년 동안 노령화, 사회 경제적 변화, 오염, 진단 기술 개선 등으로 인해 꾸준히 증가하여 10만 명당 1명꼴로 발생하며, 비호지킨 림프종 및 급성 골수성 백혈병에 이어 세 번째로 흔한 혈액암이며 사망률은 10만 명당 1.4명입니다.

다발성 골수암의 증상은 없을 수도 있으며, 식욕 부진, 뼈 또는 등 통증, 발열 외에 빈혈악성, 피로, 변비, 체중 감소, 신장 손상, 고칼슘혈증hypercalcemia, 자가면역 증상 등이 나타날 수 있습니다. 고칼슘혈증C, 신장 손상R, 빈혈A, 뼈 질병B을 합하여 CRAB 증상이라고 합니다.

진단 및 병기, 치료

다발성 골수암의 위험 요소로는 농업, 정유 공장 근로자, 미용사cosmetologists 등의 직업과 특히 나이 든 흑인에게서 화학 물질 흡입이나 접촉 등이 관련됩니다. 진단은 골수를 채취하여 FISHfluorescence in situ hybridization라는 세포 유전학 적 염색체 검사로 이루어집니다. 혈액 검사로 형질 세포 단백질IgM)3g, 빈혈, 칼슘, 크레아티닌 수치를 측정하며, 소변에서도 벤스-존스Bence-Jones 단백질이나 M-단백질을 측정합니다. 또한 골수 검사 10% 이상의 형질 세포를 시행하며, X-ray, MRI,CT,FDG PET/CT 또는 MRI 영상 검사로 병변을 확인합니다.

국제 병기 시스템International Staging System, ISS은 혈중 알부민, β2-마이크로글로불린, 젖산 탈수소효소LDH 수치와 암세포의 유전 정보에 따라 암을 3병기로 나눕니다. 치료에는 자가 조혈모세포 이식autotransplantation, 수혈이 있으며, 덱사메타손Dexamethasone을 사용하여 염증을 줄이고 호르몬 역할을 조절하는 스테로이드 치료가 사용됩니다.

항암 치료에는 Bortezomib,Lenalidomide, Venetoclax 등을 사용합니다. 재발된 골수암은 Ciltacabtagene, Elranatamab, Talquetamab,belantamab, XPO1 구강 억제제인 Selinexor 또는 CAR-T 세포 치료를 하기도 합니다. CD38을 억제하는 Isatuximab을 Pomalidomide와 Dexamethasone과 병합하여 사용하기도 하며, 위험이 낮은 골수이형성 증후군myelodysplatic syndrome에는 Imetelstat를 사용합니다. 다양한 치료 방법의 개발로 인해 5년 생존율은 최근 42-82%로 개선되었으며, 이는 병기에 따라 차이가 있습니다.

백혈병

백혈병의 정의와 유형

백혈병과 림프선암은 모두 림프구에서 기원하지만, 백혈병은 주로 골수에서 발생하여 혈류를 타고 퍼지는 반면, 림프선암은 림프절이나 비장에서 시작하여 림프 조직을 통해 확산됩니다. 피를 만드는 골수 조직 세포의 백혈구에서 흡연, 방사선, 벤젠 등 화학 물질 노출, 비만,

골수이형성 증후군myelodysplastic syndrome, 고령화 등으로 디엔에이DNA 유전자 변화가 생긴 암으로 여러 종류가 존재합니다. 천천히 자라는 암은 증세가 없지만, 빨리 자라는 급성암은 피로, 체중 감소, 잦은 감염, 빈혈, 쉬운 출혈 및 멍이 드는 증상을 유발합니다. 또한 골관절 통증, 발열, 식욕 감소, 코피, 입 궤양, 피부의 붉은 반점 등이 나타날 수 있습니다.

미국인의 1.5 퍼센트에서 생기는 백혈병에는 백혈구, 적혈구와 혈소판에 영향을 주는 네 가지 형이 있습니다. 급성 림프구성 백혈병ALL은 주로 어린이와 청소년에게 흔히 보이며, 2에서 5살 백인 남자아이들이 가장 많고, 25 퍼센트가 재발이 되어 가장 예후가 나쁜 백혈병입니다. 백혈구 수치가 높습니다.

급성 골수성 백혈병AML은 성인의 급성 백혈병의 80 퍼센트를 차지하며 노인에게 흔하고 십만 명당 3에서 5명에서 발생합니다. 급성 골수성 백혈병의 5년 생존률은 19세보다 젊은이는 66%이며, 성인은 20-29.5%입니다. TP53, ASXL1 또는 RUNX1 유전변이와 관계가 있으면 예후가 나쁩니다. 급성 림프구성 백혈병의 5년 생존률은 15세보다 젊은이는 90%, 40세 이상 성인은 20%입니다. T-cell이 10000보다 적던지 B-cell이 30,000보다 적으면 예후가 좋습니다. 약 40-50 % 급성 림프구성 백혈병은 재발을 하지 않으며 치료 후 80-90%가 회복됩니다.

만성 백혈병은 더 성숙한 세포가 천천히 복제된 것입니다. 만성 림프구성 백혈병CLL은 서구에서 가장 흔한 성인 백혈병으로 미국에서 2024년에 20,700명이 진단을 받을 것으로 예상되는 중요하지만 치료되는 암이며 5년 생존율은 85%입니다. 만성 림프구성 백혈병 환자의 2-10%에서 드물게 미만성 거대 비 세포 림프종diffuse large B-cell lymphoma으로 변환Richter's syndrome되는데 일년에 0.5-1% 발생율을 갖고 있습니다. 만성 골수성 백혈병CML은 드문 백혈병으로 다른 형태들과는 여러모로 다르나 5년 생존율은 저위험 생존 점수ELTS는 90%, 고위험 점수는 82%이며 젊은 사람이 노인보다 더 좋은 예후를 갖습니다. 털 세포 백혈병Hairy cell leukemia은 비정상적으로 비 림프구가 증식된 드문 혈액암인데 만성 림프구성 백혈병의 아형으로 분류하며 천천히 발전해서 보통 수년간 정상 생활을 합니다.

티 세포 림프종T-cell lymphoma은 유전자 변이로 백혈구 안의 티 세포가 통제 안 된 증식으로 생긴 드문 암으로 비호지킨 림프종의 15%를 차지하며, 일반적으로 셀리악 병celiac disease이 있는 소장이나 대장, 피부, 림프절의 림프 조직에서 발생합니다. 현미경상으로 비정상 티 세포Sezary cell가 피부와 피에서 볼 수 있고 커진 림프절이나 매우 가려운 빨간 반점을 피부에서 찾을 수 있습니다. 5년 생존율은 피부 티 세포 림프종cutaneous T-cell lymphoma은 77%이나 말초 티 세포 림프종peripheral T-cell lymphoma은 32% 정도입니다.

백혈병의 치료 전략

백혈병 치료는 병의 종류와 환자 상태에 따라 다른데, 급성 백혈병은 항암, 표적, 방사선 또는 줄기세포 이식 치료를 하는 응급 치료를 통해 암세포를 파괴하고 증세를 완화시켜야 합니다.

만성 백혈병은 환자 상태를 살펴보면서 증세에 따라 보조 치료나 항암, 표적, 줄기세포 이식 치료를 합니다. 급성 림프구성 백혈병에 쓰는 항암제는 아스파라기나아제Asparaginase, 사이타라빈Cytarabine, 다우노루비신Daunorubicin, 독소루비신Doxorubicin, 에토포사이드Etoposide, 메토트렉세이트Methotrexate와 사이클로포스파마이드Cyclophosphamide 등인데, 빈크리스틴Vincristine은 신경을 손상하여 손 발의 무감각 또는 따끔거림 등이 생기고 다우노루비신 또는 독소루비신 같은 안트라사이클린계anthracyclines 약물은 심장을 손상시키므로 면밀한 주의가 필요합니다.

급성 골수성 백혈병에는 3일간 사이타라빈, 다우노루비신, 이다루비신과 둘의 합성 항암치료 또는 사이토사Cytosar 또는 사이타라빈의 7일 치료를 하며, 최근 FLT3-ITD 유전변이가 있으면 Quizartinib과 병합하는 치료를 합니다. 다른 항암 약으로는 온코빈Oncovin, 프레드니손Prednisone, 아스파라기나아제를 사용합니다.

표적 치료로 비씨엘투Bcl2 억제제 베네토클락스Venetoclax, 타이로신 카이나제3tyrosine kinase 3 억제제 길테리티닙Gilteritinib, IDH-1 억제제 팁소보Tibsovo, IDH2 억제제 에나시데닙Enasidenib을 사용합니다. 만성 림프구성 백혈병의 항암 치료제는 자누브루티닙Zanubrutinib, 아칼라브루티닙Acalabrutinib을 쓰고 표적 치료에는 타이로신 카나아제 억제제 이브루티닙Ibrutinib, 피아이쓰리케이PI3K 억제제 이델라리십(Idelalisib), 비씨엘투 억제제 베네토클락스, CD 20 억제제 오비누투주맙Obinutuzumab을 사용하고, 만성 골수성 백혈병에는 타이로신 카나아제 억제제 이마티닙Imatinib, Bcr-Abl 억제제 인터페론Interferon을 씁니다. Hairy cell 백혈병에는 씨디 22CD22를 억제하는 목세투모맙Moxetumomab을 사용합니다.

줄기세포 이식 및 보조 치료

55세 이상의 환자에게는 고단위 항암제 또는 방사선을 이용한 줄기세포 이식 수술을 하며, 부작용인 호중구 감소증neutropenia이 생기면 뉴포젠Neupogen, 뉴라스타Neulasta를 쓰고 혈소판 감소증thrombocytopenia에는 코르티코스테로이드Corticosteroid, 프로크릿Procrit, 아라네스프Aranesp 등을 사용하며, 비타민 B12, C, E, 엽산folate 등이 풍부한 음식고기, 간, 콩, 땅콩 등을 섭취하도록 권유합니다.

티 세포 림프종T-cell lymphoma 치료에는 KIR3DL2를 억제하는

IPH4102, CD30을 억제하는 브렌툭시맙 베도틴Brentuximab vedotin을 쓰고, 백혈병 전단계로 피 세포 생산을 방해하는 골수이형성 증후군myelodysplastic syndrome에는 루스파테르셉트Luspatercept를 사용합니다.

흑색종암

흑색종의 특징 및 발생 기전

악성 흑색종은 피부암 중 가장 심각한 형태이며, 70-80%는 정상으로 보이는 피부에서 발생하고, 20-30%는 기존의 점mole 내에서 기원합니다. 멜라닌 색소를 만드는 멜라닌세포melanocyte가 자외선 방사선 노출로 인한 유전자 변이로 인해 색깔 또는 크기의 변화가 몸의 어느 부위에서든 생길 수 있으나, 팔, 등, 얼굴, 다리에서 흔하게 발생합니다. 자연적으로 검은 피부에 있는 유멜라닌eumelanin은 태양 손상을 방지하지만, 고운 피부에 있는 페오멜라닌pheomelanin은 태양 손상 및 피부암을 유발하는 경향이 있습니다.

흑색종에 연관된 유전자는 CDKN2Ap53, BAP1, CDK4, MITF, BRCA2, PTEN 등 주로 암을 억제하는 유전자들입니다. 전형적인 점mole은 보통 6mm보다 작으며 균일한 색을 가지고 있습니다. 점이 커지거나 비대칭 모양, 색깔 변화, 가려움증, 또는 출혈을 보이면 전문가의 진단을 받아야 합니다. 점막 흑색종은 코, 입, 식도, 항문, 비뇨기와 질 내부에서 생겨 진단이 쉽지 않으며, 눈의 흰자위 포도막uvea에서 생기는 안구 흑색종ocular melanoma은 시력 변화를 유발합니다. 드문 말단 흑색점 흑색종acral-lentiginous melanoma은 손톱 밑에서 생기며 아주 검고 아시아인들에게 많으며, 손 및 발바닥에서도 흑색종이 발생합니다.

미국에서는 2024년에 8,290명남자 5,430명. 여자 2,860명이 흑색종으로 사망할 것이나, 초기 진단에는 5년 생존율이 99 %입니다. 한국에서는 흑색종이 증가하고 있으며 15-19세 청소년에서 십만 명당 7명, 노인에서는 더 증가되어 일년에 6,207명이 진단되고 있습니다.

진단, 병기 및 예후

흑색종 진단은 물리적 검사로 흑색종 의심이 있는 부위 피부와 첫 번째 전이 림프절인 감시 림프절sentinel node 조직 검사excisional or punch biopsy, 그리고 BRAF V600 유전자 피 검사로 합니다. 일반적으로 두꺼운 흑색종일수록 병은 더 심각합니다.

흑색종의 병기는 종양의 두께를 기준으로 합니다. 1㎜ 보다 작으면 T1, 1-2㎜ 면 T2, 2-4㎜ 면 T3, 4㎜ 보다 크면 T4로 구분합니다. 림프절 전이 병기는 한 림프절만 암 전이가 있으면 N1, 2-3개 림프절 또는 한 림프절에 위성 전이satellite 전이가 있으면 N2, 4개 이상의 림프절에 암 전이가 있으면 N3로 구분합니다.

흑색종 치료는 모스 수술Mohs surgery과 넓은 국소 절단이 기본입니다. 신경 옆이나 절제하기에 너무 큰 암은 양성자 방사선 치료를 시행하며, 근접 치료brachytherapy도 이용됩니다.

흑색종의 치료 전략

항암 치료는 전류와 함께 사용하는 전기 화학 요법electrochemotherapy, 암에 약물을 직접 주사하는 병변 내 주사intralesional, 또는 암이 있는 팔이나 다리에 주사하는 고립성 사지 관류 또는 주입isolated limb infusion or perfusion 등이 있습니다.

항암 치료에 쓰는 흔한 약은 다브라페닙Dabrafenib, 베무라페닙Vemurafenib, 트라메티닙Trametinib 또는 엔코라페닙Encorafenib, 비니메티닙

Binimetinib입니다. 표적 치료에는 BRAF V600 억제제제로 다브라페닙과 트라메티닙을 사용합니다. 수술 전 보조 요법neo-adjuvant therapy으로는 면역 치료제인 니볼루맙Nivolumab과 이필리무맙Ipilimumab을, BRAF 유전자 변이가 있으면 펨브롤리주맙Pembrolizumab을 씁니다. 전이암에는 리필류셀Lifileucel을 이용한 adoptive cell therapy를 하며, 전이된 포도막 흑색종uveal melanoma에는 멜팔란Melphalan을 사용합니다.

제4장

심장혈관병, 고혈압 및 뇌졸중

제4장
심장혈관병, 고혈압 및 뇌졸중

혈관 건강의 핵심, 콜레스테롤과 지단백의 역할

우리 몸의 혈관은 한 번 손상되면 회복하기 어려운 장기이며, 그중에서도 동맥경화는 흔하면서도 위험한 혈관 질환입니다. 오랫동안 높은 콜레스테롤 수치가 동맥경화의 주요 요인지질 가설으로 알려져 왔습니다. 일반적으로 총콜레스테롤이 200mg/dL 이하일 때 심혈관 질환 위험이 낮고, 240 mg/dL 이상일 경우는 심혈관 질환, 동맥경화, 심장마비 등의 위험이 증가합니다. 하지만 총 콜레스테롤 수치가 200mg/dL를 넘더라도, 좋은 콜레스테롤인 HDL>40 mg/dL이 높고 나쁜 콜레스테롤인 LDL이 낮다면 심혈관 질환의 위험은 낮을 수 있습니다.

콜레스테롤은 지용성 물질이므로 혈액 속에서 이동하려면 지단백lipoprotein이라는 운반체가 필요합니다. 고밀도 지단백HDL은 혈관의 '청소부' 역할을 하며, 과도한 콜레스테롤을 간으로 운반하여 제거함으로써 동맥벽에 콜레스테롤이 쌓이는 것을 방지합니다. 그러나 최근 연구에서는 매우 높은 HDL 수치가 오히려 사망률과 심혈관 질환 위험을 증가시킬 수 있다는 역설적인 보고가 있으며, 이는 HDL 내 유리 콜레스테롤free cholesterol 함량이 높을 경우 HDL이 유리 콜레스테롤을 백혈구로 옮겨 심혈관 질환 위험을 높일 수 있다는 가능성을 시사합니다.

저밀도 지단백LDL은 콜레스테롤의 '배송 트럭' 역할을 하며, 간에서 세포로 콜레스테롤을 운반해 세포막 생성이나 호르몬 합성에 사용되도록 돕습니다. LDL이 과도하면 콜레스테롤이 혈관벽에 축적되어 동맥경화와 같은 문제를 초래할 수 있습니다.

탄수화물 과잉 섭취와 위험한 중성지방의 연결고리

"지방을 많이 먹으면 지방이 쌓인다"는 막연한 믿음과 달리, 요즘은 "지방보다 탄수화물이 몸속에서 지방으로 변해 쌓인다"고 이야기하는데, 실제로 지방을 먹는다고 해서 곧바로 체지방이 되는 것은 아닙니다. 지방은 에너지원으로 사용되거나 필요하면 일부가 저장될 뿐입니다. 반면, 탄수화물을 과도하게 섭취하면 남는 포도당이 중성지방으로 변해 체지방으로 저장됩니다. 특히 빵, 과자, 설탕이 많이 들어간 음식을 먹으면 혈당이 급격히 상승하고 이를 조절하기 위해 인슐린이 분비됩니다.

인슐린이 많아지면 탄수화물이 지방으로 변하는 과정이 활성화됩니다. 즉, 탄수화물을 과잉 섭취하는 것이 체지방 증가의 더 큰 원인이라는 것입니다. 인슐린이 많이 분비되면 탄수화물이 우선적으로 연소되며, 동시에 지방 분해가 억제됩니다. 반면, 인슐린이 적게 분비되면 지방이 주된 에너지원으로 사용되며 체지방 연소가 활발해집니다. 따라서, 탄수화물 섭취를 줄이면 체지방 감소에 유리한 환경이 조성됩니다.

혈액 검사에서 LDL 콜레스테롤 수치가 높으면 걱정하는 경우가 많지만, 실제로 더 위험한 것은 중성지방입니다. 중성지방은 남은 탄수화물이 간에서 변환되어 체내 지방으로 이동하는 형태입니다. 중성지방이 높아지면 LDL 콜레스테롤이 작고 무거운 sdLDL소형-밀도 높은 LDL로 변화하며, 이는 혈관 질환의 위험을 증가시킵니다. 일반 LDL과 sdLDL의 비율은 9:1 정도이지만, 스타틴 계열의 약을 복용하면 일반 LDL은 감소해도 sdLDL은 크게 줄어들지 않습니다. 결국, 전체 LDL 수치가 낮아져도 혈관 질환 위험이 그게 줄지 않는 이유가 여기에 있습니다. sdLDL을 줄이려면 중성지방을 낮춰야 하고, 중성지방을 낮추려면 탄수화물 섭취를 줄이는 것이 핵심입니다. 중성지방 수치는 일반적으로 150mg/dL 이하면 정상으로 판단되지만, 건강을 위해서는 100mg/dL 이하로 유지하는 것이 가장 좋습니다.

콜레스테롤 축적 질환: 시력 저하의 주요 원인, 황반변성

나이가 들수록 시력이 흐릿해지는 것은 자연스러운 현상처럼 느껴지지만, 50대 이후 시력 저하의 주요 원인 중 하나는 바로 황반변성입니다. 황반변성은 중심 시야를 담당하는 망막의 핵심 부위인 황반에 콜레스테롤과 지방이 쌓여 점진적으로 시력을 잃게 되는 질환입니다. 마치 하수구에 기름때가 쌓여 물 흐름을 막듯이, 눈 속에 지방이 쌓이면 세포들이 제 기능을 하지 못하게 됩니다.

최근 연구에서 우리 몸의 '좋은 콜레스테롤'과 관련된 단백질인 ApoMApolipoprotein M이 황반변성 진행을 늦추거나 막는 데 중요한 열쇠가 될 수 있다는 사실이 밝혀졌습니다. 연구진은 황반변성 환자의 혈액 ApoM 수치가 건강한 사람보다 현저히 낮다는 점을 발견했습니다. ApoM은 단순히 콜레스테롤을 운반하는 것을 넘어, 세포 속에 쌓인 지방을 효율적으로 분해하도록 돕는 역할을 합니다. ApoM이 부족하면 지방이 축적되고 결국 세포가 손상되어 시력이 저하되는 악순환이 이어집니다.

지방 청소부 ApoM의 작용과 황반변성 치료의 새로운 희망

ApoM의 작동 방식은 매우 흥미롭습니다. ApoM은 S1P스핑고신-1-인산와 결합하여 망막색소상피세포RPE의 '청소부' 역할을 하는 리소좀이 지방을 잘 분해하도록 신호를 보냅니다. 연구팀이 ApoM이 풍부한 혈장을 쥐에게 주입한 결과 망막 세포의 기능이 눈에 띄게 개선되고 지방 찌꺼기가 감소하는 것을 확인했습니다. 반대로 ApoM이 부족하거나 S1P와 결합하지 못하면 지방 축적과 세포 기능 악화가 나타났습니다.

이 연구는 황반변성 치료에 새로운 가능성을 제시합니다. 지금까지는 병이 상당히 진행된 후에야 치료를 시작할 수 있었고 효과도 제한적이었지만, 이제는 지방 대사 조절을 통해 황반변성의 진행을 막거나 늦출 수 있는 길이 열린 셈입니다. 현재 ApoM을 높이는 약물 개발이 활발히 진행 중이지만, 아직 상용화된 것은 없습니다. 다만, 비타민 B3나이아신가 ApoM을 높인다는 세포 실험 결과가 있으며, ApoM이 주로 HDL과 관련되므로 HDL 수치를 높이는 건강 습관들이 현실적인 방법이 될 수 있습니다.

규칙적인 운동, 불포화 지방 섭취, 설탕 섭취 줄이기, 적정 체중 유지 등은 HDL을 높이는 데 도움이 됩니다. 결국, 혈관 건강을 지키는 것이 눈 건강을 지키는 일이며, 그 중심에 지방 청소부 ApoM이 있습니다.

새로운 각막 재형성 기술의 가능성

라식이나 라섹은 각막을 레이저로 깎아 모양을 바꿔주는 대표적인 시력 교정술로 근시나 난시 줄여 안경 없이도 잘 보이게 해줍니다. 효과는 확실하지만 수술 후 건조감이나 빛 번짐 같은 불편함을 호소하는 경우도 있습니다. 그래서 "눈을 깎지 않고도 모양을 바꿀 수는 없을까?"하는 새로운 발상이 등장했습니다.

각막은 얇고 투명하지만 콜라겐이라는 단백질이 정교하게 쌓여 만들어진 단단한 구조인데 여기에 약한 전기를 흘려주면 조직이 잠시 말랑해짐으로 그때 원하는 모양의 틀을 씌우면 각막이 그 모양을 따라가고 전기를 끄면 다시 원래처럼 단단해지고, 새로 잡힌 곡률이 그대로 굳어지는 원리입니다. 미국화학회 가을 학회에서 각막을 틀에 맞춰 1분 내외로 재형성히는 프로토콜이 소개됐는데 연구팀은 토끼의 눈으로 실험했습니다.

근시 교정을 목표로 각막의 모양을 바꾸자 실제로 각막 곡률이 교정되었습니다. 절개나 비싼 레이저 장비가 필요하지 않았습니다. 물론 아직은 시작 단계라 더 많은 실험이 필요하며 살아있는 동물에서 장기간 안전한지 확인해야 하고, 사람에게 적용되기까지는 시간이 걸릴 것이지만 앞으로는 지금보다 훨씬 간단하고 안전한 시력 교정이 가능해질지 모릅니다. 레이저 대신 전기로, 깎는 대신 부드럽게 다듬는 방식이 언젠가 새로운 선택지가 될 수 있을지 기대됩니다.

심혈관 질환 예방의 새로운 접근: 염증 억제 약물과 대상포진 백신의 효과

스타틴 치료는 심혈관 사건 발생율을 약 20% 감소시키는 것으로 나타났습니다. 최근에 동맥경화의 주요 원인으로 콜레스테롤보다 염증이 더 중요하다는 염증 가설이 힘을 얻고 있습니다. 실제로 염증을 억제하는 다양한 약물 임상실험이 진행 중입니다. 통증 및 자가면역제로 사용되던 콜키친이 주목을 받고 있고 인터루킨 1 베타 억제제인 카나키누맙도 임상실험에서 좋은 결과를 보여주고 IL-6, TNF-α 억제제들도 가능성을 보여주고 있습니다. 지질이든 염증이든 약물에 의존하기보다 균형 잡힌 식사, 규칙적 운동, 스트레스 관리로 건강한 생활 습관을 유지하는 것이 출발점이 될 것입니다.

예방 주사 중 대상포진 백신이 피부 발진과 통증을 막아주는 것을 넘어 심혈관 질환, 그것도 뇌졸중, 심부전, 관상동맥질환 같은 중대한 질환의 위험을 낮추는 효과가 있다는 초대형 연구 결과가 한국에서 나왔습니다. 연구에 따르면 백신을 맞은 사람들은 그렇지 않은 사람보다 심혈관 질환에 걸릴 위험이 평균 23% 낮았습니다. 더 세부적으로는 심근경색이나 심장 질환으로 인한 사망 같은 주요 사건은 26% 감소했고, 심부전과 관상동맥질환도 각각 26%, 22% 줄어들었습니다. 이 효과는 백신 접종 후 2-3년 사이에 가장 두드러졌지만, 8년이 지나도 보호 효과가 사라지지 않았습

   건강과 신앙_마흔에 시작하는 질병예방

니다.

이 효과는 담배를 피우거나 술을 자주 마시고 운동을 별로 하지 않는 사람일수록 오히려 더 강한 보호 효과를 보였으며, 남성이나 60세 미만의 상대적으로 젊은 층에게도 효과가 뚜렷하게 나타났습니다. 이는 백신이 기존의 위험 요인과 무관하게 전신의 염증 반응을 줄이고, 혈관 손상을 막는 데 효과적이라는 뜻입니다. 대상포진은 단순히 피부의 병이 아니고 바이러스가 활동을 시작하면 혈관을 따라 염증을 일으키고, 때로는 혈전을 형성하며, 전신에 미묘한 불균형을 초래합니다. 마치 작은 균열에서 시작된 금이 결국 거대한 댐을 무너뜨리듯, 이 염증은 심장에도 적잖은 부담을 안깁니다. 백신이 이 과정을 차단함으로써 심장을 지킬 수 있다는 것입니다.

이번 연구는 생백신을 기준으로 했고 현재 더 널리 쓰이고 있는 재조합 백신의 효과는 별도로 검증이 필요합니다. 또한 대상은 한국인 중심이었기 때문에 인종이나 건강 상태가 다른 집단에서도 같은 효과가 나타나는지는 추가 연구가 요구됩니다. 그럼에도 불구하고, 이 연구는 예방 의학의 가능성을 다시 한 번 보여줍니다. 백신은 단지 병을 막는 수단이 아니라, 삶의 방향을 조금 더 건강한 쪽으로 살짝 틀어주는 작은 키와도 같습니다. 우리가 오늘 맞는 백신 하나가 내일의 심장을 지킬지도 모릅니다.

심장혈관병의 이해와 관상동맥병(CAD)의 진단 및 치료

심장혈관병심장병은 심장의 혈관관상동맥, 구조의 이상 및 혈전으로 생기는 고혈압, 심정지, 울혈성 심부전증, 부정맥, 말초 동맥병, 중풍뇌졸중, 선천 심장병 등을 포함합니다. 관상동맥병CAD은 보통 65세 넘은 성인에서 흡연, 고혈압, 높은 콜레스테롤, 당뇨, 비만, 신장병의 가족력 등으로 관상동맥 내부에 기름 덩어리 플라크plaque, atheroma가 쌓여 관상동맥이 막힘으로 심장

혈류가 제한되어 생깁니다. 무증세부터 흉통angina 또는 압력, 숨참, 기침, 부정맥, 심장 두근거림, 소화 불량, 피로함, 손이나 다리 부종 내지 심장마비까지 다양합니다.

총 플라크 부피TPV 또는 동맥경화 부피 비율PAV을 측정하여 TPV와 PAV는 stage 0, 250㎣ 이하의 TPV와 5% 이하의 PAV는 stage 1, 250-750㎣ 와 5-15% PAV는 stage 2, 750㎣ 이상의 TPV와 15% 이상의 PAV는 stage 3로 구분하여 치료합니다. 치료에는 포화 지방, 트랜스 지방, 설탕이 적은 음식 섭취, 규칙적 운동을 포함한 생활 습관 개선, 고혈압과 콜레스테롤 조정 약물, 혈관 성형술angioplasty과 수술 등이 있습니다. 관상동맥병, 심부전 및 심장마비는 수명을 각기 10년, 14년, 16년씩 줄입니다.

고혈압과 심장 정지: 원인, 위험성, 그리고 응급 처치

고혈압은 혈관벽에 혈액의 압력이 너무 높은 것으로 심장 수축 및 이완 압력으로 140/90 이상이고 180/120은 심각한 것입니다. 두통, 심장 두근거림 등이 나타날 수 있고, 고혈압 원인은 노화, 운동 부족, 당뇨, 과량의 소금, 카페인커피, 코크, 과음, 적은 과일-채소 섭취, 스트레스, 흡연, 비만 및 만성 신장과 갑상선 질환, 스테로이드, 피임약, 충혈 완화제와 비스테로이드성 항염증제NSAID 등으로 생깁니다. 치료하지 않고 오래 지나면 심장병이나 중풍이 생기며 관상동맥 심장병이 급사의 가장 흔한 원인입니다. 소금이 적은 건강식, 규칙적 운동, 스트레스 해소 및 칼슘 통로 차단제calcium channel blockers와 이뇨제diuretics 약품 등으로 혈압을 낮출 수 있지만 전문의의 지시를 받아야 합니다.

심장 정지Cardiac Arrest는 갑자기 심장 기능, 호흡, 의식이 정지된 상태인데 보통 심장 내 전기 시스템의 기능 장애로 인한 심실 세동ventricular fibrillation이라는 부정맥으로 심장마비와는 다르며 8분 이상 지나면 사망할 수도 있어 CPR 응급 처치나 제세동기defibrillator 사용이 필요합니다.

울혈성 심부전증의 진행 단계와 치료 전략

울혈성 심부전증Congestive Heart Failure은 장기 고혈압이나 심장 관상동맥병, 심장 근육에 손상을 주는 HIV나 SARS-CoV2 같은 염증, 자가면역 질환, 심장 판막병, 선천 심장병, 당뇨, 과음 등으로 심장이 적당히 수축systolic 또는 이완diastolic할 수 없을 때 생깁니다. 수축형은 심장의 박출률ejection fraction이 떨어지나 이완형에서는 유지됩니다. 오른쪽 심장 부전은 왼쪽 심장 부전의 결과로 생겨 피가 정맥으로 역류합니다. Biventricular, acute 와 chronic 심부전 유형들도 있으며 부정맥, 심장 근육병cardiomyopathy와 심장 판막병myocarditis, endocarditis도 포함합니다.

심부전증은 4 stages로 나누는데 stage A는 심부전 전 단계로 고혈압, 당뇨, 비만, 고지혈, 과음 등이 위험 요소들이고 stage B는 고요한 심부전 또는 구조적 기능 장애로 증세는 없어 초음파 영상이나 심전도로 진단합니다. Stage C는 심부전 증세가 나타나 심부전 진단을 받은 상태이고 Stage D는 심한 상태로 숨이 가쁘고 흉통이나 청색증blue skin을 보입니다. 심부전증 증세는 급한 심장 박동, 숨참, 피로, 흉부 통증, 마른 기침, 부은 다리, 과뇨, 체중 증가 등입니다.

심부전의 위험 요소는 건강에 해로운 음식, 흡연, 마약, 과음과 운동 부족 등 건강치 못한 생활 습관이고 치료는 적은 소금, 음료 섭취와 과 수분을 제거하는 이뇨제diuretics, 심장 박동 또는 혈압을 낮추는 베타 차단제beta blockers 처방약, 관상동맥 우회로 이식 수술coronary artery bypass들이고 어떤 경우에는 제세동기defibrillator나 박동 조율기pacemaker를 이식하기도 합니다.

부정맥의 종류와 다양한 치료법

부정맥Arrhythmia은 심장 내 전기 충격이 적당치 못해 심장 박동이 너무 빠르든지 너무 늦든지 불규칙으로 적당치 못한 것인데 증세가 없든지 가슴이 펄럭이든지 두근거림, 흉통, 또는 어지러움 내지 기절, 가벼운 두통이 있고 원인으로는 감염, 과음, 흡연, 카페인, 운동 부족 등으로 생깁니다.

심방 세동atrial fibrillation은 심장 윗방과 아랫방의 조정의 이상으로 불규칙적 빠른 심박동이 생겨 혈류 흐름이 약해진 것인데 심장 조직이나 전기 signaling의 변화로 생기며 기존 심장병, 고혈압, 당뇨, 과음, 수면 무호흡증 또는 폐 질환들이 위험 요소이며 증세가 보통은 없으나 때로 숨차고 가슴이 뛰고 피로함을 느낄 수 있습니다. 미국에서 270만-610만 명의 많은 사람에게서 발생하고 증가하고 있습니다. 한국에서도 증가되고 있으며 인구 천 명당 1.77명이고 인구 1.53%에서 발생합니다.

부정맥 치료는 심장 리듬을 조정하는 항부정맥제antiarrhythmics와 혈관을 이완시키는 칼슘 통로 차단제calcium channel blocker약, 전기 충격shock을 이용한 심율동 전환술cardioversion, 전류 열을 이용하여 병 조직을 제거하는 고주파 절제술radiofrequency ablation, 전기 신호를 보내 정상 심장 박동을 만드는 박동 조율기pacemaker, 심장에 충격을 주는 심장 제세동기cardioverter defibrillator 이식 등이 있습니다. 심방 세동 치료에도 약물beta and calcium channel blockers, 전기 충격cardioversion, 도관 절제술catheter ablation 및 최소 침습 수술Cox and Mini maze ablation 치료를 합니다.

말초 동맥병(PAD)과 손상된 망막 재생의 놀라운 발견

말초 동맥병PAD은 팔다리의 혈관, 특히 동맥벽에 기름과 칼슘이 쌓여죽상 동맥경화증, atherosclerosis 혈관이 좁아지고 굳어져 생긴 조건으로 허혈ischemia로

    건강과 신앙_마흔에 시작하는 질병예방

걸을 때 다리 통증이 있는데 노화, 당뇨, 흡연 등이 위험 요소들입니다. 환자의 80%가 흡연자들입니다.

사방이 캄캄한 어둠 속에서 더듬더듬 손을 뻗는 그 막막한 감각이 누군가에게는 현실인데 망막이 손상되면 시력을 잃는다는 것은 모두가 아는 사실이지만, 더 무서운 건 한 번 손상된 망막은 다시 재생되지 않는다는 점이었습니다. 그동안 현대 의학은 '더 이상 나빠지지 않게 막는 것'에 집중해 왔습니다. 이미 잃은 시력을 되돌리는 건 불가능에 가까운 일이었습니다.

그런데, 카이스트에서 놀라운 연구를 성공시켰습니다. 원래 PROX1은 뇌나 척수처럼 신경 세포가 너무 많이 자라지 않도록 조절하는 단백질인데, 손상된 망막에서도 이 단백질이 작동하면서 재생을 막고 있었던 겁니다. 더 흥미로운 건 이 단백질을 망막 세포가 직접 만든 게 아니라 주변의 다른 신경 세포들이 분비한 것을 뮐러 글리아Müller glia라는 세포가 받아들인다는 점입니다. 뮐러 글리아는 망막을 지지하는 세포인데, 물고기 같은 동물에서는 이 세포가 망막 재생을 도맡아 합니다. 하지만 사람에게서는 PROX1 때문에 그 재능이 억눌려 있으므로 PROX1이 뮐러 글리아에 들어가지 못하게 하는 실험은 놀라운 결과를 만들어 냈습니다.

PROX1을 막아주는 항체를 만들어 유전자 전달 방식으로 망막에 주입하자 얌전히 있던 뮐러 글리아가 다시 깨어나 신경 세포로 바뀌기 시작한 겁니다. 망막이 다시 자라났고 시력도 돌아왔습니다. 그것도 잠깐이 아니라 6개월 이상 유지됐다고 합니다. 물론 이 연구는 아직 사람에게 적용되기 전 단계입니다. 지금껏 치료 방법이 없다고 알려졌던 망막 질환들에게 이제는 "기다려볼 가치가 있다"는 말을 해도 될 것입니다.

말초 동맥병은 금연, 적당한 운동과 건강 식사로 흔히 치료가 잘 되지만 안 될 때는 약물과 수술의 도움을 받아야 합니다. 4가지 병기로 나누는데 무증상asymptomatic, 파행claudication, 심각한 사지 허혈critical limb ischemia, 급성 사지 허혈acute limb ischemia입니다. 파행은 팔다리에 너무 적은 피가 흐름으로 통증이 생긴 것입니다. 버거병Buerger's disease은 팔다리의 혈전으로 작은 동맥의 만성 염증이고 뇌에 산화된 피를 보내는 경동맥의 협착증, 위장 혈관이 막힘으로 생기는 장 국소 빈혈, 신부전신장 부전을 일으키는 신장 동맥이 막히는 병, 젊은 운동선수들의 다리에 생기는 드문 혈관병 슬와 동맥 포착 증후군popliteal entrapment syndrome 등도 말초 동맥병이고 정맥류varicose vein는 판막기능 부전incompetent valves으로 다리 정맥 안의 압력이 높아져 blood pool이 생겨 늘어나고 꼬인 자주빛 정맥을 가리키는데 노화, 임신, 비만, 비활동적 생활, 장기간 앉음 또는 서있기 등으로 생겨 통증이 생깁니다.

정맥류는 겉정맥인 복재 정맥superficial saphenous vein을 제거 또는 묶는 정맥 발거술vein stripping, 더 작은 정맥류를 제거하는 외래 정맥 적출술ambulatory phelebectomy로 치료합니다. PAD 치료는 흡연 중지, 적당한 운동 및 건강 식사로 성공적 치료를 할 수 있으나 아토르바스틴Atorvastin, 심바스타틴Simvastatin 등으로 콜레스테롤을 치료하며 실로스타졸Cilostazol, 펜톡시필린Pentoxifyline 등으로 혈관을 넓히고 클로피도그렐Clopidogrel, 아스피린(Aspirin) 등으로 중풍, 심장마비 등을 예방합니다. 또한 작은 풍선(balloon)을 동맥 병변에 집어넣어 플라크를 납작하게 하는 혈관 성형술angioplasty 또는 막힌 동맥을 수술로 제거하는 동맥 내막 절제술endarterectomy을 사용하는 치료도 합니다. PAD를 치료 안 하면 발이나 다리를 절제하게 되는데 수족 절단 환자 60%의 생존율은 2-5년 정도입니다.

뇌졸중의 유형, 진단 기준 및 재활 치료의 패러다임 전환

뇌졸중Stroke은 청소년에서는 흡연, 비만, 중년에서는 고혈압, 당뇨, 노령에서는 atrial fibrillation 등으로 인한 뇌 혈류 중단으로 뇌 손상이 생기는 응급병인데 미국에서 사망의 제일 원인이고 성인 장애의 주원인입니다. 한국에서도 인구 10만 명당 30명으로 증가되고 있지만 뇌출혈로 인한 사망률은 줄고 있어 10만 명당 4.75명입니다. 한국 남자의 1.64%, 여자의 1.54%가 뇌졸중을 갖고 있습니다.

걷기, 말하기, 이해하기가 힘들고 얼굴, 팔다리 마비 내지 무감각 FAST: facial, arm weakness, speech slur and time이 생기는데 막힌 혈관으로 생기는 허혈성 뇌졸중ischemic stroke, 85%과 혈관의 누출 또는 파열로 생긴 출혈성 뇌졸중hemorrhagic stroke 등이 있으며 미니 뇌졸중인 일과성 허혈 발작 transient ischemic attack도 있습니다. 증세는 뇌졸중 크기와 기간에 따라 한 시간 내 내지는 평생 지속될 수 있는데 치료가 늦으면 뇌의 영구적 손상과 사망을 초래합니다.

뇌졸중 진단은 뇌 CT, MRI, 또 동맥류aneurysm와 동정맥 기형 arteriovenous malformation, AVM을 찾는 디지털 감산 혈관 조영술digital abstraction angiography, FDG PET/CT, 경동맥의 플라크를 찾는 초음파 영상 그리고 프로트롬빈 시간PT과 부분 프로트롬빈 시간PTT, 적혈구, 혈소판, 포도당을 포함한 피 검사와 심전도, 척수 천자spinal tap 등으로 이루어집니다.

PTT는 혈전이 얼마나 오래 있느냐를 측정하는데 보통 25-35초인데 낮은 수치는 출혈병, 루푸스lupus, 백혈병, 혈우병hemophilia, 비타민 K 부족, 과잉 헤파린heparin 등이며 PT는 응고 시간을 측정하는데 보통 11-13초입니다. 와파린Warfarin같은 혈액 희석제blood thinner를 사용할 때는 국제 표준화 비율INR이 1.1 이하여야 하며 2-3 INR은 효과적 치료를 지시합니다. PT/INR의 정상 범위는 11-13.5초입니다. 박출량Stroke volume(SV)은 심장 초음파echocardiogram에서 맥박 판막 내 도플러Doppler flow로 측정되며 end-diastolic volumeEDV에서 end-systolic volumeESV을 뺀 것인데 정상으로 50-100㎖인데, 18-29세에서는 48.2-114.3㎖이고, 30-59세는 39.1-98.5㎖, 60세가 넘는 이는 39.7-115.3㎖이며 남성이 여성보다 심장이 크므로 더 높고 heart stroke volume은 정상이 2.5-4.2L/min/㎡이며 정상 심박출량cardiac output은 5-6liters/min입니다. 뇌졸중을 겪으면 대부분의 환자에서 마비나 운동 장애가 생깁니다.

　　뇌졸중은 단 한 번의 뇌 손상으로 인해 인생 전반에 걸친 신체 기능의 저하를 일으키는 대표적인 질환이며, 회복을 위해선 오랜 시간의 재활 치료가 필요합니다. 하지만 대부분의 환자들은 이 과정을 끝까지 해내지 못하거나, 효과가 미미한 수준에 그치는 경우가 많습니다. 이러한 상황 속에서 최근 UCLA 보건대학 연구진이 내놓은 연구는 재활의 한계를 뛰어넘을 가능성을 제시하며 큰 주목을 받고 있습니다. 이들은 마우스 모델을 이용한 실험을 통해, 물리적인 재활 효과를 약물로 완전히 대체할 수 있는 새로운 후보 물질을 발견했다고 밝혔습니다.

　　연구진은 뇌졸중이 손상 부위 주변뿐 아니라, 그와 멀리 떨어진 뇌 영역에서도 신경 연결을 단절시킨다는 사실에 주목했습니다. 특히, 이로 인해 운동이나 균형 감각을 조절하는 뇌 회로가 제대로 작동하지 않게 되며, 그 원인 중 하나로 '파발부빈 뉴런'이라 불리는 특수한 세포의 기능 저하가 지목되었습니다. 이 세포는 뇌에서 감마 오실레이션이라는 특정한 리듬을 생성하며, 여러 신경 세포들이 동시에 작동할 수 있도록 연결해주는 역할을 합니다. 뇌졸중은 이러한 리듬을 깨뜨리며 네트워크 전체의 협업을 방해하고, 결국 환자의 움직임 조절 능력이 무너지는 결과를 가져옵니다. 그러나 재활 치료를 받은 환자나 동물 모델에서는 다시 이 감마 리듬이 회복되는 현상이 관찰되었고 파발부빈 뉴런 간의 연결도 점차 복구된다는 사실이 확인되었습니다.

　　이러한 뇌의 리듬 회복 메커니즘을 이해한 UCLA 연구진은 이 과정을 촉진할 수 있는 약물을 개발하는 중 DDL-920이라는 물질이 파발부빈 뉴런을 활성화시켜, 뇌 내에서 감마 오실레이션을 유도하는 역할을 한다는 것을 알아냈습니다. 실제 실험에서는 뇌졸중으로 마비된 마우스의 운동 능력이 DDL-920 복용 후 눈에 띄게 개선되었으며, 이는 기존 물리 치료로 얻을 수 있었던 수준과 맞먹는 수준이었습니다.

이 약물은 단순한 보조제 수준이 아닌 뇌 기능 회복을 유도하는 '회복을 위한 약'이라는 점에서 뇌졸중 치료에 있어 패러다임 전환을 예고한다고 볼 수 있습니다. 아직은 동물 실험 수준에서 가능성을 확인한 단계이며, 향후 임상시험을 거쳐야만 실제 치료제로 사용될 수 있습니다. 수십 년간 물리 치료 중심으로 진행되던 뇌졸중 회복 치료에 분자생물학적 접근이 더해질 수 있다는 가능성을 열어주었습니다. 단지 "재활을 열심히 해야 한다"는 말에서 벗어나 왜 뇌가 회복되지 않는지, 어떤 세포가 손상되었는지, 그리고 그 회복을 어떤 방식으로 도울 수 있는지를 구체적으로 이해하고 치료할 수 있게 되었습니다. 앞으로 뇌졸중 회복에 '약을 먹는 것만으로 재활 효과를 볼 수 있다'는 말이 현실이 될 수 있게 되었습니다.

뇌졸중의 치료 및 선천성 심장병(CHD)의 이해

뇌졸중 치료는 혈전 용해제Clot buster인 tPA 약Reteplase, Alteplase을 사용한 조기 치료로 뇌 손상을 최소화하며 혈전을 예방하는 아픽사반Apixaban, 아스피린Aspirin을 쓰고 간에서 콜레스테롤 생산을 줄이는 아토르바스틴Atorvastatin, 로수바스타틴Rosuvastatin, 혈압을 낮추는 이르베사르탄Irbesartan과 혈관을 이완시키는 리시노프릴Lisinopril을 사용합니다. 또 좁은 혈관을 넓히도록 혈관 성형술angioplasty과 스텐트 삽입도 하며 국소빈형 뇌졸중에는 기계직 혈진 제거술mechanical embolectomy or thrombectomy 치료도 하며 운동을 통한 근육, 언어 등을 비롯한 뇌졸중 재활 치료를 전문가의 도움으로 계속하여야 합니다.

첫 뇌졸중 후 재발은 1년에 8.9%, 2년에 10.9%, 3년에 12.7%, 4년에 14.3%, 5년에 15.5% 입니다. 국소빈혈형과 심한 뇌졸중이 뇌출혈형보다 더 재발합니다.

선천성 심장병CHD은 선천성 결함으로 가장 흔한 태아에서 태어나기 전 염색체5-6%, 유전3-5% 변이 및 환경 요소2%로 발생한 병입니다. 부정맥, 청색증파랑색 피부, 숨참, 불규칙한 맥박, 흉통, 구역질, 구토, 정상 발육이나 수유 실패, 부은 몸 조직천문, fontanel이나 기관이 생깁니다. 위험 요소는 다운 증후군Down syndrome, 임신 중 풍진rubella, 임신 중 흡연, 과음, 스타틴statins 섭취, 당뇨 등입니다. 선천성 심장병은 미국에서 매년 40,000명의 아기babies에서 발생하고 1%의 출생률births이며 한국 성인에게서 10만 명 중 35.8명남자는 31.3명, 여자는 34.3명이 생기는데 20-44세에서는 54.6명, 45-64세에서는 69.6명, 65세 이상에서는 95.1명입니다. 선천성 심장병의 1년 생존율은 87%, 5년 생존율은 85.4%, 10년 생존율은 81.4%이고 약 50%는 성년까지 오래 살 수 있습니다.

예방은 금연, 고혈압, 고지혈 및 당뇨 조절과 감기, 인플루엔자influenza, covid-19 감염 예방입니다. 두 가지 그룹으로 나누는데 청색증형cyanotic, 산소 부족과 비청색증형acyanotic,blood oxygen acceptable CHD이며 흔한 심장 부분의 결손은 중격 결손septal defects, 대동맥 협착증coarctation of aorta, 폐 판막 협착증pulmonary valve stenosis, 대혈관 전위증transposition of great arteries, 발육 부전 심장underdeveloped heart 등이 병합되어 있습니다.

선천성 심장병 진단은 가슴 X-ray, CT, MRI, echocardiogram, 임신 중 초음파 영상과 또한 심전도, 손가락에서 산소 양을 측정하는 맥박 산소 측정기pulse oximetry, 유전검사 등으로 합니다. 선천성 심장병 치료는 혈압과 심박동을 조정하는 약, 심장 장치heart devices, 도관 시술catheter

 　　　　　　　　　　　　　건강과 신앙_마혼에 시작하는 질병예방

procedure 및 심장 내 복구 수술intracardiac repair 등입니다. 최근 증가하고 있는 가벼운 손실은 서서히 좋아짐으로 치료 없이 지켜보고 손실이 문제를 일으키면 수술이나 중재 시술interventional procedure을 시행하나 완치가 아니므로 전문가와 상의해야 합니다.

제5장

노화

제5장

노화

노화의 질병화와 세포 노화 추적 기술(SenePy)

우리 한국은 세계에서 가장 빠른 속도로 초고령 시대로 들어가고 있습니다. 과거 생리적 현상으로만 알던 노화가 개인차가 크게 달라 최근 세계 보건 기구에서 폭넓은 병리학적 결과들을 만드는 질병으로 단정되었습니다. 노인 문제가 본격적으로 나타나는 나이는 75세부터이고 나이 80세 후반에는 몸이 성한 사람이 별로 없고 90세 안팎 최후의 10년이 우리 일생 중 가장 힘든 시기로 누군가의 도움을 필요로 합니다.

세포도 나이를 먹어 몸속에 자리 잡은 세포들 중에는 "난 더 이상 일 안 해" 하고 선언해 버린 뒤, 죽지도 않고 계속 자리를 지키는 세포들이 있는데 이런 상태를 과학자들은 세포 노화senescence라고 부릅니다. 문제는 이 노화 세포들이 단지 무기력하게 있는 게 아니라 주변에 염증을 퍼뜨리고 정상적인 세포들까지 늙게 만드는 마법을 부립니다. 그래서 이런 세포가 어디 있는지를 찾는 일은 질병을 예방하고 치료하는 데 있어 매우 중요한 단서가 됩니다. 노화 세포들을 몸 구석구석에 숨고 겉으로 멀쩡해 보여 찾아내는 일이 쉬운 건 아닌데 이들을 찾아내기 위해 일리노이 대학교의 연구진은 'SenePy'라는 소프트웨어 도구를 개발했습니다. 전 세계 160만 개가 넘는 인간 및 생쥐 세포 데이터를 바탕으로, 노화 세포 특유의 유전자 신호를 식별해내는 이 플랫폼은 마치 세포 속 CSI 수사관처럼 노화의 흔적을 추적합니다.

우리 몸의 어느 장기에 노화 세포들이 가장 많이 숨어 있을까요?

연구 결과에 따르면 노화 세포가 가장 많이 발견된 장기는 단연 간이었습니다. 그다음으로 신장, 폐, 심장, 피부 순으로 나타났습니다. 특히 간은 노화 세포 점수가 가장 높았고, 염증 반응과도 깊게 연결되어 있는 것으로 밝혀졌습니다. 간과 신장은 해독과 배설이라는 중요한 역할을 담당하는 만큼 노화에 따른 기능 저하가 전신 건강에 미치는 영향도 클 수밖에 없습니다. 또 노화 세포들은 혼자 있지 않고 어느 한 세포가 먼저 늙기 시작하면 그 주변 세포들도 마치 "그래, 나도 이제 쉬자" 하듯 같이 늙어가는 경향을 보였습니다. 주변 분위기에 휩쓸려 조용히 쉬는 것이 병의 시작이 될 수 있습니다.

노화 세포가 몰려 있는 부위는 염증과 섬유화가 쉽게 일어나며 이는 암이나 심혈관 질환 같은 만성 질환의 전조가 되기도 합니다. 우리는 단순히 '나이 든다'는 개념을 넘어서 '어디가 먼저, 어떻게 늙는가'를 따져봐야 하는데 SenePy 같은 도구는 우리 몸속 조직들을 항공 사진처럼 내려다보며 어디에 노화가 집중되고 있는지를 알려주는 것입니다. 세포 노화가 꼭 나쁜 것만은 아닐 수도 있지만, 그 균형이 무너지면 질병의 문이 열리게 되므로 우리는 늙음을 거부하는 젊음이 아니라 지혜롭게 늙어가는 전략을 만들어야 될지도 모릅니다.

뇌 MRI를 통한 노화 속도 예측과 생체 경제 전략

분명히 같은 해에 태어났는데도, 세월이 흐른 흔적은 사람마다 다르게 남습니다. 꼭 누군가가 우리 몸 안에 시계를 하나씩 넣어두고, 어떤 시계는 빠르게, 어떤 시계는 느리게 돌리는 것 같습니다.

최근 뉴질랜드 오타고 대학, 듀크 대학, 하버드 대학의 과학자들이 뇌 MRI 한 장만으로 사람의 노화 속도를 예측하는 인공 지능 도구를 개발한 것입니다. 단순히 뇌의 상태를 보는 것을 넘어 몸 전체가 얼마나 빨리 늙고 있는지를 알아낼 수 있습니다.

　　뇌는 단지 생각을 하는 기관이 아니라 전반적인 건강 상태를 비추는 거울 같은 역할을 한다는 사실이 점점 더 분명해지고 있습니다. 이 연구는 약 1,000명의 뉴질랜드인을 20년 넘게 추적 관찰한 데이터를 기반으로 이루어졌습니다. 연구팀은 혈압, 폐 기능, 콜레스테롤 등 19가지 생체 지표를 분석해 개인의 노화 속도를 정밀하게 측정했습니다. 그리고 45세에 촬영한 뇌 MRI 이미지 하나만으로도 그 노화 속도를 예측할 수 있도록 인공 지능을 훈련시켰습니다. 실제로 예측 결과에서 노화가 빠르다고 나온 사람들은 이후 인지 기능이 더 빨리 저하되고, 기억을 담당하는 해마 부위가 더 많이 위축되었으며, 치매에 걸릴 위험도 훨씬 높았습니다.

　　더 놀라운 점은 이런 뇌의 변화가 신체 전반의 건강 문제와도 깊은 관련이 있었다는 사실입니다. 이들은 심혈관 질환, 당뇨 같은 만성 질환에 더 자주 걸렸고 사망 위험도 더 높았습니다. 이 기술은 단순히 뇌 사진을 보고 나이를 추정하는 데 그치지 않습니다. 본격적인 질병이 생기기 전에 위험 신호를 포착할 수 있기 때문에, 조기에 개입해 병의 진행을 막거나 늦출 수 있는 기회를 제공하는데 특히 알츠하이머병처럼 증상이 나타난 뒤에는 치료가 어려운 질환의 경우 큰 도움이 될 수 있습니다. 앞으로 이 기술이 의료 현장에 널리 활용된다면 뇌 MRI를 통해 나만의 노화 속도를 진단받고 그에 맞는 맞춤 건강 전략을 세우는 시대가 올지도 모릅니다.

이차 노화의 전파 기전과 뇌 질환 치료의 새로운 가능성

최근 네이처에 실린 한 글에서 인간은 단순히 늙는 존재가 아니라, 오래 살기 위해 전략적으로 덜 쓰고 덜 태우는 방향으로 진화한 생명체라는 것입니다. 뇌는 마치 에너지 위기를 맞은 발전소처럼 비본질적인 기능부터 하나씩 꺼 나가는데 즉, 흰머리는 색소 생산을 멈춘 신호, 느려진 맥박과 줄어든 근육은 생존을 위한 절약의 결과라는 것입니다. 이런 변화는 단순한 쇠약이 아니라 뇌가 전체 수명을 늘리기 위해 내리는 일종의 고도화된 생체 경제 전략인 셈입니다. 사자는 우아하게 20년, 코끼리는 장수해도 60년인데 인간은 기술 없이도 70-80년을 사는 것은 즉, 인간은 노화를 겪으면서도 다른 동물보다 오래 살기 위해 늙어 가는 것입니다.

인간은 뇌를 통해 에너지 관리라는 고급 전략을 쓸 줄 아는 유일한 동물이기에 노화는 단순히 시간이 흘러가는 문제가 아니라, 세포 수준에서 일어나는 분자적 변화의 결과입니다. 특히 최근 연구는 한 세포의 노화가 주변 세포로 확산되는데 이차 노화 또는 전신 노화로 불리는 이 현상은 특정의 대표적인 신호 물질인 HMGB1이 있는데 이는 본래 세포핵에서 유전자 발현을 조절하는 단백질이지만, 세포 스트레스나 손상이 발생하면 세포 외부로 분비되어 염증 및 노화를 유도합니다.

이번 연구에서는 HMGB1의 산화-환원 상태가 이 전파 기능을 결정짓는 핵심 요소라는 사실이 밝혀졌습니다. 환원형 HMGB1은 세포 외부로 방출되었을 때 강력하게 노화를 유도한 반면 산화형 HMGB1은 동일한 구조를 가졌음에도 불구하고 같은 기능을 수행하지 못했습니다. 연구진은 환원형 HMGB1을 실험 쥐에 주사했을 때 간과 근육 등 다양한 조직에서 노화 지표가 상승함을 확인했고, 반대로 HMGB1을 중화하는 항체를 투여하면 조직의 재생 능력이 회복되고 노화 관련 유전자 발현도 억제되었습니다. 이 단백질을 조절하는 글리시리진Glycyrrhizin은 감초에서 추출된 성분으로 HMGB1에 직접 결합하여 그 활성을 억제하는 것으로 알려져 있습니다.

이 화합물은 HMGB1의 수용체 결합을 방해함으로써 염증 반응과 노화 유발 신호를 차단하는 효과를 나타냈다. 이미 동물 모델에서 패혈증, 염증성 질환, 조직 손상 등에 대한 보호 효과가 보고된 바 있으며 비교적 안전성이 높은 천연물 기반 물질이라는 점에서 임상 활용 가능성도 연구되고 있습니다.

　　노화는 단순히 세포 내부에서 일어나는 고립된 변화가 아니라, 특정 단백질을 매개로 주변과 전신에 영향을 주는 능동적인 생물학적 과정임을 보여주며 또한 HMGB1처럼 단백질의 화학적 상태에 따라 생리적 효과가 완전히 달라질 수 있다는 점은 향후 노화 조절 또는 노화 관련 질환 치료에서 중요한 타깃이 될 수 있음을 시사합니다. 특히 이미 존재하는 물질인 글리시리진을 활용한 접근은 치료 실현 가능성을 한층 더 가깝게 만듭니다. 세포의 언어를 이해하고 조절할 수 있다면 노화는 더 이상 받아들여야 할 운명이 아닙니다. 익숙하던 단어를 자꾸 잊는다면 대개 그것을 건망증이라 넘기지만 시간이 지나면서 일상적인 대화도 더뎌진다면 단순한 노화가 아니고 '원발성 진행성 실어증Primary Progressive Aphasia, PPA'이라는 뇌 질환일 수 있습니다. 말 그대로 언어 기능이 점점 사라지는 병인데 치료법은 회복보다는 유지에 방점이 찍혀 있습니다.

　　최근 미국 애리조나 대학교의 연구진이 전기를 활용해 뇌를 자극해서 잃어버렸던 언어를 다시 불러왔습니다. 연구진이 사용한 방법은 '경두개 직류 자극transcranial direct current stimulation, tDCS'입니다. 전기 자극이라는 말이 조금 무섭게 들릴 수도 있지만 두피에 약한 전류를 흘려 뇌의 특정 부위를 활성화시키는 안전한 기술로 마치 낡은 전등에 전원을 다시 연결해 빛을 되살리는 것처럼 이 기술은 뇌의 언어 회로를 다시 작동시키는 역할을 합니다. 애리조나대 연구팀은 이 전기 자극을 기존의 언어 치료와 병행했을 때 언어 능력 회복 효과가 단순 치료보다 훨씬 더 크고 오래 지속된다는 사실을 밝혀냈습니다.

　　실험에 참여한 사람들은 모두 언어 능력 저하가 심각한 PPA 환자들이었습니다. 참가자들은 두 가지 치료를 모두 받았으며, 실험군은 먼저 경두개 자극을 받은 후 위약 자극을 적용받았고, 대조군은 위약 자극을 먼저 받은 후 경두개 자극을 나중에 적용받았습니다. 참가자들은 모두 개선 효과가 있었지만 실험군에서 훨씬 더 많은 진전이 있었고 그 효과도 오래 지속되었습니다. 문장 구성이 매끄러워지고, 맞춤법 오류가 줄고, 말의 의미 전달력이 크게 향상되었습니다.

이 치료법의 핵심은 '뇌의 가소성'을 높이는 것입니다. 연구자들은 "전기 자극이 뇌에 새로운 시냅스를 형성하게 만들고 이 연결이 언어 능력 회복의 기반이 된다"고 설명합니다. 이는 비단 실어증 환자에게만 국한되지 않습니다. 경두개 직류 자극은 알츠하이머병, 파킨슨병, 불면증, 우울증, 만성 통증, ADHD 등 다양한 신경 정신 질환에서도 치료 가능성을 보이고 있습니다.

건강한 노화 전략: 생활 습관, 항산화제, 그리고 마음가짐

나이에 비해 유난히 어려 보이는 얼굴을 가진 사람들이 있어 동안이라고 부르는데 나이에 비해 뇌가 젊은 사람도 있습니다. 스웨덴의 카롤린스카 대학 연구팀은 70세 성인 739명의 뇌 MRI 데이터를 분석하여 뇌 나이에 영향을 미치는 요인들 중 두 가지를 발표했는데 첫 번째는 규칙적인 운동, 두 번째는 혈당 수치의 안정 유지였습니다. 반대로, 뇌가 더 나이 들어 보이는 요인으로는 당뇨병, 염증, 뇌졸중, 뇌의 소혈관 질환 등이 꼽혔는데 당뇨와 염증은 혈관에 악영향을 미치며 혈관 건강의 악화가 뇌 노화에도 영향을 준다고 밝혔습니다.

연구팀은 뇌 건강에 중요한 역할을 한다고 알려진 사회적 교류와 연결성, 수면, 스트레스와 또 술, 담배, 공부, 새 기술 습득, 일과 삶의 균형, 비만, 우울증, 청력, 내기 오염, 소음, 공해 등 주거 환경 등 요인들이 뇌의 회복력에 미치는 영향을 조사할 예정입니다.

나이가 들면서 우리는 많은 변화를 겪는데 그중에서 귀가 어두워지는 것난청은 생각보다 큰 영향을 미칠 수 있습니다. 소리가 들리지 않으면 점점 사람과의 연결이 끊어지기 시작합니다. 전화벨이 울려도, 친구가 말을 걸어도 반응하지 못하고, 그렇게 차츰 대화가 줄어듭니다. 귀는 세상을 인식하고 사람과 연결되는 중요한 창구로 귀가 어두워지면 그 창이 닫히고, 그 순간부터 세상과 나 사이의 거리는 조금씩 멀어집니다. 소리를 잃는다는 것은 단순한 감각의 문제가 아니라 삶 전체의 리듬이 흐트러지는 신호일 수 있습니다.

최근 연구에서 '난청이 노인의 기억력 저하'와 밀접한 관련이 있다는 사실이 확인됐는데 이 연구는 유럽의 건강, 노화, 은퇴 관련 설문 조사 SHARE 데이터를 바탕으로 33,741명의 노인을 대상으로 진행되었습니다. 특히 눈에 띄는 점은 외로움이 인지 기능을 더욱 빠르게 약화시킨다는 점입니다. 연구팀은 사람들을 네 가지 사회적 관계 유형으로 나누어 분석했습니다. 그중에서도 '객관적으로는 고립되어 있지 않지만 주관적으로 외로움을 느끼는 사람'이 귀가 잘 들리지 않을 경우, 기억력이 가장 빠르게 떨어졌습니다. 사회적 관계망은 갖추고 있지만 정서적 단절을 느끼는 사람, 즉 군중 속의 외로움에 놓인 사람이 가장 위험했습니다. 함께 있는 듯하지만 마음은 혼자인 이들의 뇌가 가장 먼저 지쳐가는 것입니다.

청력 저하가 사람과 사람 사이의 연결을 약화시키고, 이로 인해 외로움이 깊어집니다. 외로움은 만성 스트레스, 수면 장애, 나쁜 건강 습관과 밀접하게 연결되며, 결국 뇌 건강에도 악영향을 미칠 수 있습니다. 특히 외로운 사람들은 난청과 같은 감각적 스트레스를 더 크게 받아들이는 경향이 있습니다.

난청에 외로움이 더해질 때 기억력이나 사고력 같은 인지 기능은 더 빠르게 약화됩니다. 들리지 않는다는 감각의 결핍이 정서적 고립을 낳

   건강과 신앙_마흔에 시작하는 질병예방

고, 그것이 다시 뇌를 고립시키는 악순환으로 이어지는 셈입니다. 다행히 이번 연구에서 보청기 같은 간단한 장치가 기억력 저하의 흐름을 늦출 수 있다는 가능성을 보여줍니다. 작은 소리가 다시 들리기 시작하면 막혔던 대화가 살아나고, 뇌는 다시 자극을 받게 됩니다. 노인의 귀를 열어주는 일은 단지 소리를 되찾는 일이 아니라, 기억과 삶의 활력을 지켜내는 일입니다. 들리지 않는다는 이유로 스스로를 점점 닫아가는 이에게 우리는 소리를 넘어 연결을 돌려줄 수 있어야 하는데 결국 귀를 여는 일이 마음의 문을 여는 일입니다.

질병의 근원: 항상성(Homeostasis) 파괴와 생활 습관의 중요성

생활 습관병은 40대에 싹이 터서 50대에 발병합니다. 한국에는 심장병과 뇌졸중 같은 혈관병이 노인들의 가장 큰 문제인데 미국에서는 섬망, 우울병, 실금, 배회, 넘어짐 등의 순위로 정신과 근골격 문제가 더 잘 알려져 있습니다. 우리 몸은 너무나 정교하며 신비스럽게 또한 개별적으로 차별화되고 복잡하게 창조되어 몸에 필요한 좋은 물질이나 요인이 있는가 하면 불필요한 반대 역할을 하는 물질이나 요인들이 각기 다른 평행homeostasis을 이루고 있어 병을 일으키는 물질이나 요인이 상대적으로 많다든지 그 반대 물질이나 요인이 섞어져 평행을 깨면 병이 생기는 것입니다. 육제적 정신적 스트레스가 평행을 깨는 가장 큰 요인으로 알려져 있으며 건강의 기본 원리는 지중해식 건강 식사, 절제된 생활과 적당한 운동으로 평행을 유지하는 것입니다.

활성 산소와 노화: 항산화제의 역할과 올바른 섭취 전략

스트레스는 또한 우리 몸속에서 활성 산소free radicals를 만들어 우리의

DNA를 손상시켜 유전자의 변이로 많은 병을 일으키거나 촉진하고 있습니다.

항산화 음식이나 약 또는 맨발로 황토 흙을 밟는 것은 활성 산소를 중화시켜 건강에 도움이 됩니다. 활성 산소는 우리 몸속의 정상적인 신진대사 과정에서 2% 정도 생성되지만 과도하게 생성되면 세포 손상을 초래하고 이는 노화나 질병의 원인이 될 수 있습니다. 항산화제antioxidant는 우리 몸에서 발생하는 활성 산소free radical를 중화시켜 세포를 보호하는 물질인데 크게 두 가지로 나누어 내인성 항산화제는 우리 몸이 자체적으로 생성하는데 대표적으로 글루타치온, 효소 등이고 외인성 항산화제는 음식으로 섭취하는 것인데 비타민 C, E, 카로티노이드carotinoid와 폴리페놀polyphenol입니다. 항산화제를 풍부하게 섭취할 수 있는 음식은 블루베리, 오렌지, 석류, 키위 등 다양한 색상의 과일, 브로콜리, 시금치, 당근 등 채소, 아몬드, 견과류, 해바라기씨 등 신선한 음식, 하루 1-2잔의 녹차, 다크 초콜릿, 올리브 오일 등인데 고온에서 조리할 때 너무 오래 조리해서는 안 됩니다.

폴리페놀은 외부에서 섭취하는 항산화제 중 가장 잘 알려진 물질인데 식물에서 자연적으로 만들어지는 성분으로 종류가 8,000가지가 넘는데 항염 효과도 있어 건강에 많은 도움을 줍니다. 최근 발표에 의하면 폴리페놀과 장내 세균의 상호 작용이 건강과 밀접한 관련이 있다고 합니다. 폴리페놀이 위장관에서 소화되는 동안 장내 세균과 복잡한 과정을 통해 상호 작용을 해서 장내 세균의 구성, 기능, 대사 활동 그리고 다양성에 큰 영향을 미치며, 폴리페놀은 섬유질처럼 유익한 세균의 성장을 돕거나 항균 작용으로 세균의 다양성과 균형을 변화시키는데 섭취량에 따라 영향은 달라질 수 있습니다. 적은 양의 폴리페놀은 섬유질과 비슷한 긍정적인 효과를 낼 수 있지만 너무 많은 양은 장내 세균의 균형을 방해할 수 있기 때문에 적절히 섭취하는 것이 건강에 가장 좋습니다. 항산화제는 항암제로 생성된 free radicals을 중화시키기 때문에 항암 치료를 받는 동안은 피하는 것이 일반적으로 좋습니다.

노화의 생물학적 숙명과 장수 유전자/약물 연구

우리는 40세경부터 몸의 퇴화 현상을 경험하게 되는데 몸에서 필요한 여러 호르몬, 효소 등이 점점 적게 분비되고 근골격이 약해지고 혈관이나 위장벽의 탄력성이 떨어지기 시작하여 걸음이 힘들어지고 혈관병이 시작되기 때문에 충분한 단백질을 김에 싼 달걀 또는 두부 등으로 섭취해야 하고 습관적인 걷기를 꾸준히 해야 합니다. 고령자는 갑작스러운 변화를 감당하지 못하며 65세 이상 둘 중 한 사람은 만성병을 두 개 가지고 있다고 하며 아직도 한국인의 건강 수명은 70세로 10년 이상을 병으로 고생하다 건강히 죽지 못하고 있습니다.

노화는 유전자APOE, SIRT, mTOR, BRCA 변이, 환경, 독소활성 산소 등으로 세포 대사가 떨어지고 물질 유동 조절이 안 되는 피할 수 없는 숙명 또는 자연 섭리로 죽음을 초래하지만 생화학자 박상철 교수는 노세포가 사멸에 더 강하고 노화는 거룩하고 귀중한 현상이어서 거룩한 노화와 연관된 죽음을 경배해야 한다고 말합니다. APOE4는 알츠하이머 치매를 일으키고 APOE2는 보호적이며 mTOR를 억제하는 라파마이신Rapamycin은 면역 booster이고 당뇨약 메트포르민Metformin은 노화 방지 물질geroprotector 입니다. 장수 인에게서는 B 면역세포가 T 세포보다 상대적으로 더 많고 또 보조 T 세포인 CD4가 세포 독성 T세포인 CD8보다 더 많습니다. 활성 산소 O, HO, H2O2, NO는 DNA를 손상하여 모든 병을 촉진시키며 수명을 단축하고 자외선 노출은 기질 금속 단백질 분해 효소matrix metalloproteinase, MMP를 자극하여 콜라겐collagen을 감소시켜 주름살이 많아집니다.

Dotti Billington 박사는 "인생은 태도"라고 말하면서 멋지게 나이 들려면 인생은 지금부터라고 생각하고 최고의 모습으로 인생을 즐기며 너그럽고 웃으며 모험을 갖고 남들과 소통하고 로맨스, 사랑을 자주 해야 한다고 권하고, Dale Carnegie도 "오늘이라는 테두리 안에서 살아라", "불가피한 것과는 타협하라", "사소한 것에 목숨 걸지 말라"고 권합니다. 젊게 사는 노인들의 공통점은 나이, 처지에 비해 현실적이고 긍정적이며 집착을 안 하고 경제적으로 독립하여 남을 배려하고 이해하며 운동과 독서를 열심히 하고 겸손하며 종교와 좋은 친구를 가지고 있는 것입니다.

인디언 속담에 "진정한 친구는 내 슬픔을 등에 지고 가는 자"라는 말이 있고 마음이 편한 친구를 얻음은 큰 자산이며 친구들은 소중한 존재이고 즐거운 여행을 할 수 있는 소울메이트soul mate입니다. 육체는 마음의 종이고 우리가 어떻게 생각하느냐에 따라 우리 몸이 맞추어 반응하여 우리가 원하고 추구하는 행복을 결정합니다. 호기심, 설렘과 배우는 즐거움이 있어야 하고 작은 일에 충실하고 감사하면 즐거운 삶을 살 수 있습니다. 필요한 사람에게 도움을 줄 수 있는 것이 가장 행복하다고 많은 존경받는 분들이 한결같이 강조하고 있는 것을 깊이 생각해서 실천하길 바라는 마음 간절합니다.

제6장

우울증 및 치매

제6장
우울증 및 치매

우울증의 원인과 새로운 치료 접근법: 장-뇌 축, 행동 활성화, 비침습적 자극

우울증은 사람의 기분이 올라가거나 내려가는 조건 또는 양극성 장애의 일종으로, 세계적으로 성인의 3.8%, 60세가 넘은 사람에게서는 5.7%로 발생하며 한국에서는 계속 증가하여 백만 명당 5.3%이고 여성에게서 더 높습니다.

자살 위험은 우울증이 없는 사람보다 더 많고 특히 경제력이 약한 노년 남성에게서 더 흔합니다. 우울증은 여러 가지 원인으로 발생하는데, 1급 가족력은 위험을 증가시키고 신경 전달 물질인 세로토닌, 노르에피네프린, 도파민의 불균형이 주요 원인으로 꼽힙니다. 또한 사랑하는 사람의 죽음, 이혼, 질병 또는 직장 상실과 같은 생활 사건, 음식, 주거와 보건 의료에 대한 제한된 접근 또는 사회적 지원 결여, 부정적 사고와 문제성 행동, 마약, 항콜린성 약물anticholinergics, 바르비투레이트barbiturates, 베타 차단제beta blockers 등의 약물 등도 원인이 됩니다. 우리 뇌와 장은 장-뇌 축을 통하여 서로 긴밀하게 소통하며 건강과 정신 상태에 영향을 미칩니다.

장이 건강하면 정신 건강이 좋아지고 신경 퇴행성 질환 예방에도 도움이 되는데, 장내 세균이 세로토닌, 도파민, GABA 등 신경 전달 물질 생성을 조절하기 때문입니다. 장내 세균이 다양하고 풍부할수록 뇌세포가 신경 전달 물질을 원활하게 사용하며, 신경 전달 물질이 부족하면 뇌 기능이 제대로 작동하기 어렵습니다. 뇌 발달의 핵심 요소는 세 가지로 나눌 수 있습니다.

첫째는 신경 세포의 생성과 보호, 둘째는 신경 세포 간의 연결_{시냅스} 형성, 셋째는 신경 전달 물질의 조절입니다. 언어 치료나 미술 치료 등은 주로 두 번째 요소를 강화하는 반면, 첫 번째와 세 번째 요소를 고려하려면 근육-뇌 축과 장-뇌 축의 역할이 중요합니다. 근육-뇌 축이란 근육 활동이 뇌 기능에 직접적인 영향을 미치는 것으로, 운동할 때 근육에서 분비되는 BDN와 이리신irisin이 신경 세포의 생성과 보호를 돕고 시냅스 형성을 촉진하며 또한 뇌로 가는 혈액 양을 증가시켜 전반적인 뇌 기능이 좋게 합니다. 큰 근육을 사용하면 뇌의 전두엽 기능을 강화시켜 집중력과 실행 기능을 향상시키며, 작은 근육을 쓰면 언어 발달을 촉진하는 데 도움이 됩니다.

일상에서 우울은 갑자기 찾아오지 않으며 조금씩 기운이 빠지고, 해야 할 일을 미루게 되고, 결국 침대 밖으로 나오기도 버거워집니다. 행동이 줄어들면 즐거움도 사라지고, 즐거움이 사라지면 다시 행동이 위축되는 악순환이 이어지는데, 행동 활성화 치료Behavioral Activation, BA는 바로 이 고리를 끊어내는 데 초점을 둡니다. BA의 핵심 아이디어는 "행동이 마음을 이끈다"는 것입니다. 우울할 때는 무기력하고 아무것도 하고 싶지 않은 순간이 있지만, 억지로라도 몸을 움직이고 활동을 하면 기분이 나아지는 것을 경험할 수 있습니다.

BA는 거창한 심리 분석 대신 작은 성취나 즐거움을 줄 수 있는 활동을 늘리도록 돕습니다. 예를 들어 아침에 산책하기, 미뤄둔 일을 조금씩 처리하는 식입니다. 이렇게 생활 속에서 긍정적인 경험을 쌓으면, 뇌가 보상과 즐거움에 반응하는 회로가 다시 깨어나기 시작합니다. 뇌영상 연구에서는 BA 치료를 받은 사람의 전전두엽과 보상 회로가 더 활발해지는 모습이 관찰되었는데, 이는 무기력과 무쾌감증을 완화하는 데 중요한 변화입니다. 기분을 끌어올리려면 먼저 몸을 움직여야 하고, 그 과정에서 얻게 되는 작은 즐거움이 뇌를 자극해 다시 행동으로 이어집니다. 이렇게 작은 행동이 쌓여 나가면, 무겁게 내려앉았던 우울이 서서히 풀리고 일상은 다시 활기를 되찾습니다.

주요 우울 장애 및 양극성 장애의 종류와 치료 전략

기존의 약물 치료와 심리 치료는 중요하지만, 약물은 효과 발현까지 시간이 걸리고 부작용의 위험이 있습니다. 최근에는 뇌에 직접 미세한 전류를 흘려보내 우울증을 치료하는 방법이 기존 치료의 한계를 넘어설 수 있음을 보여주고 있습니다.

우울증은 뇌 신경 네트워크의 불균형에서 비롯된다고 보며, 특히 감정 조절에 중요한 배외측 전전두엽DLPFC의 활동 저하와 관련이 있습니다. 고해상도 경두개 직류 자극 치료HD-tDCS는 여러 개의 작은 전극을 활용해 목표 부위를 더욱 정확하게 겨냥하며, MRI 촬영을 바탕으로 개인의 뇌 구조에 맞춰 전극 위치를 조정하는 '맞춤형 치료' 방식을 더해 정밀성을 높였습니다.

미국 UCLA에서 진행된 임상 시험에서 중등도에서 중증의 우울증 환자 71명이 단 12일의 짧은 치료 후 뚜렷한 증상 개선을 보였습니다. 이는 기존 약물 치료보다 훨씬 빠르게 효과를 보였으며, 부작용도 피부 발진이나 가벼운 따끔거림 정도에 불과했습니다. 더 나아가 우울증뿐만 아니라 불안 증상까지 함께 완화되는 경향을 보여, 이 기술이 뇌 네트워크의 근본적인 불균형을 동시에 조정할 수 있음을 시사했습니다. 현재 미국에서는 공식 치료법으로 승인되지 않았지만, 유럽과 한국 등 일부 국가에서는 이미 임상에 적용되고 있어 우울증 치료에 새로운 선택지가 될 가능성을 열고 있습니다.

우울증의 병태 생리학은 복잡하며 몇 가지 이론들이 있습니다. 주요 이론으로는 모노아민신경 전달 물질 부족설, 신경 전달 물질 및 수용체 가설

  건강과 신앙_마흔에 시작하는 질병예방

신경 전달 물질 부족과 병리 요인 병합, 그리고 시상 하부-뇌하수체-부신 축HPA axis가
설스트레스 반응 등이 있습니다. 세로토닌, 노르에피네프린, 도파민 등 신경 전
달 물질의 불균형은 기분 조절에 중요한 역할을 합니다.

코르티솔cortisol 수치가 증가하면 뇌 세포 손상이 생길 수 있으
며, 뇌 유래 신경 영양 인자BDNF가 결핍되거나 염증이 있으면 신경 세
포가 생존하지 못해 우울증으로 이어질 수 있습니다. 가장 흔한 우울
증의 종류는 임상 우울증주요 우울 장애, clinical depression, 지속성 우울 장
애persistent depressive disorder, 양극성 장애bipolar disorder 및 산후 우울증
postpartum depression 등입니다.

임상 우울증은 영구적으로 매일 생활을 손상시키는 우울한 기분 또
는 활동의 관심 상실을 특징으로 하는 정신적 질환입니다. 생물학적, 심리
적 및 사회적 고통들이 뇌신경 회로 기능에 변화를 일으켜 발생합니다. 영
구적인 슬픔 또는 관심 상실의 느낌은 주요 우울증으로 이어지며, 수면, 식
욕, 에너지 수준, 주의 집중, 자존심 등의 변화와 함께 나타날 수 있습니다.

기분 변화로는 근심, 걱정, 죄책감, 불만족, 무희망, 관심이나 즐거
움 상실, 슬픔 등이 있을 수 있으며, 잠의 변화로 일찍 깨거나 수면 부족,
과잉 또는 불편한 수면을 겪기도 합니다. 전신 변화로는 식욕 부진, 지나친
배고픔, 불안, 체중 증가 또는 감소가 있으며, 행동 변화로는 지나친 자극,
울음, 동요 또는 사회적 격리가 나타날 수 있고, 인지 변화로는 집중력 감
소, 나태한 행동 또는 자살 생각이 있습니다.

치료로는 보통 항우울제 복용, 인지 행동 상담 치료와 전기 경
련 요법 등이 있습니다. 흔한 항우울제는 선택적 세로토닌 재흡수 억제
제SSRI(Zoloft, Prozac, Paxil, Effexor, Lexapro, Celexa, Desyrel) 또는 노르에피네프
린 재흡수 억제제 등이 있는데, 우울한 기분과 걱정, 만성 통증을 완화
시킵니다. 불안 완화 또는 약한 진정제뇌 신경 전달 물질인 GABA를 증가시키는 벤조

디아제핀(benzodiazepines): Valium, Ativan, Xanax, Klonopin는 근심과 긴장을 완화시킵니다. 항정신병 약물 D2와 5-HT2A 수용체를 차단하여 mesolimbic dopaminergic 신경 전달을 억제하는 Risperdal, Seroquel, Zyprexa, Zeldox, Invega, Abilify, Clozaril은 정신병 증세를 감소시킵니다. 인지 행동 치료는 부정적 생각과 행동 및 심리적 고통과 연관 있는 정서적 반응을 중점적으로 상담하고, 행동 치료는 심리적 고통과 연관 있는 해로운 행동을 수정하며, 전기 경련 치료shock 치료는 전류를 뇌로 보내 발작을 유도하여 정신 질환을 치료합니다.

지속성 우울 장애는 가벼운 장기 우울증인데 최소 2년 동안 일어난 낮은 기분의 부전증dysthymia을 의미합니다. 정상 활동에 흥미를 잃고, 희망 없고 낮은 자존심, 식욕 저하, 낮은 기운, 수면 변동과 집중이 안 되는 증상 등을 보입니다. 슬픔, 화남, 죄의식, 피로, 지나친 배고픔 또는 잠, 불면, 흥분, 우유부단함 등도 있습니다. 이 장애는 기분 장애인 dyathymic 형과 우울 장애인 depressive disorder 형으로 나누며, 치료는 자가 관리, 심리 치료와 약물 치료가 있습니다. 일주일에 5일 동안 매일 20-30분 유산소 운동, SSRI와 다른 항우울제 약물을 사용합니다.

양극성 장애조울증는 기분이 낮은 우울 상태에서 높은 조증 상태로 마치 그네를 타듯 극단적인 감정의 진폭을 보이는 질환입니다. 정확한 원인은 밝혀지지 않았지만, 유전적 요인, 환경, 그리고 뇌 구조나 기능의 변화 등이 주요한 역할을 하는 것으로 알려져 있습니다. 조증 증상으로는 높은 기운, 흥분, 과잉 성욕, 수면 요구 감소, 현실 접촉 상실, 망상, 동요 등이 나타날 수 있습니다. 우울 증상은 낮은 기력 및 동기, 근심과 걱정, 매일 활동에서 흥미 상실, 자학, 수면 장애, 피곤함 등으로, 이러한 증상이 며칠에서 몇 달간 지속되다가 심할 경우 자살까지 고려할 수 있습니다.

양극성 장애는 증상의 특징에 따라 세 가지 주요 유형으로 나뉩니

  건강과 신앙_마흔에 시작하는 질병예방

다. 제1형 양극성 장애Bipolar I type는 조증이 최소 일주일 이상 지속되거나 우울증이 최소 2주 이상 지속된 경우이며, 제2형 양극성 장애Bipolar II type는 우울증과 함께 조증보다는 덜 심한 경조증hypomanic이 나타나는 것이 특징입니다.

순환성 장애Cyclothymic disorder는 경조증과 우울 증상이 재발하는 만성적이고 불안정한 기분 상태입니다. 이 외에도 급속 순환형 양극성 장애rapid cycling bipolar, 혼재성 양극성 장애bipolar with mixed features, 계절형 양극성 장애bipolar with seasonal pattern 및 기타 유형으로 분류됩니다.

치료는 약물 치료와 심리 치료의 병합으로 이루어지며, 약물로는 발작을 조절하고 통증을 완화하는 항경련제anticonvulsants와 정신병 증상을 감소시키는 항정신병제antipsychotics 등이 사용됩니다. 심리 치료 측면에서는 비슷한 경험을 나누는 지지 집단support group 활동과 부정적 사고와 행동 및 정서장애에 초점을 맞춘 인지행동 치료CBT가 중요하게 활용됩니다.

집단 예술 활동과 스마트 경로당: 노년층 정신 건강 증진 방안

음악 감상이나 예술품 감상이 기분을 좋게 만드는 것은 이미 널리 알려진 사실이지만, 최근 런던 퀸메리 대학교 연구진은 집단 예술 활동이 노년층의 정신 건강을 획기적으로 개선할 수 있다는 흥미로운 연구 결과를 발표했습니다. 이 연구는 21개국에서 수행된 39개 연구를 종합 분석하여, 55세 이상 성인을 대상으로 집단 예술 활동이 우울증과 불안에 미치는 영향을 평가했습니다. 그 결과, 그림 그리기, 음악 연주, 춤과 같은 집단 예술 활동이 우울과 불안 증상을 현저하게 감소시키는 것으로 나타났습니다. 특히, 사회적 고립을 경험할 가능성이 높은 요양 시설 거주자들에게서 그 효과가 더욱 두드러졌습니다.

연구진은 이러한 결과를 통해 예술의 종류보다 중요한 것은 '함께 창작하는 경험' 자체라는 점을 강조했으며, 집단 예술 활동이 기존의 항우울제 복용이나 상담 치료와 유사한 수준의 효과를 보이면서도 비용 부담이 적고 부작용이 없는 대안으로 활용될 수 있다는 점에서 주목할 만하다고 밝혔습니다. 창작을 통해 관계를 형성하고 감정을 표현하는 과정이 정신 건강에 긍정적인 영향을 미친다는 점이 과학적으로 입증된 것입니다. 실제로 영국에서는 '사회적 처방'의 일환으로 예술 활동을 정신 건강 관리에 적극적으로 활용하고 있습니다.

한편, 우리나라에서는 고령화 사회 노인들의 삶의 질 향상과 디지털 격차 해소, 건강 및 안전 증진을 목적으로 "스마트 경로당 사업"이 진행되고 있습니다. 이 사업은 디지털 접근성 강화 교육, 스마트 혈압계나 혈당 측정기 등을 활용한 건강 관리, 원격 문화 및 교육 프로그램 제공을 통한 사회적 고립 해소와 여가 활성화 등에 중점을 두고 있습니다. 다만, 아쉬운 점은 스마트 경로당 사업이 주로 교육과 정보 제공에 집중되어 있다는 점입니다. 만약 스마트 경로당에서 집단 예술 창작 프로그램을 정기적으로 운영한다면, 단순한 건강 관리나 정보 제공을 넘어 노인들의 심리적 안정과 사회적 유대감을 증진하는 데에도 큰 도움이 될 것입니다.

산후 우울증과 치매: 질병 정의, 증상 및 주요 유형

출산 후 찾아오는 분만 후 우울증은 여러 생리학적 및 내분비계의 급격한 변화로 인해 발생합니다. 특히 임신 중 높게 유지되던 에스트로겐estrogen과 프로게스테론progesterone 수치가 분만 후 3일 이내에 급격히 떨어지면서 호르몬 불균형hormonal dysregulation을 자극하는 것이 주요 원인으로 작용합니다. 여기에 가족력, 사회적 및 심리적 변화까지 더해져, 치료하지 않을 경우 주요 우울 장애major depression로 발전할 위험이 큽니다.

증상으로는 불면, 식욕 부진, 지나친 흥분, 걱정, 분노, 공포, 극심한 피로감, 우울감, 집중력 저하, 체중의 증가 또는 감소, 그리고 아이와의 유대감 형성 어려움 등이 나타나며, 치료를 받지 않으면 몇 달 동안 증상이 지속될 수 있습니다. 치료는 심호흡이나 요가 운동과 같은 신체적 활동과 함께, 비슷한 경험을 공유하는 지지 집단support group 활동, 부정적인 사고와 행동에 초점을 맞추는 인지행동 치료CBT, 그리고 SSRIs선택적 세로토닌 재흡수 억제제와 같은 약물 치료를 통해 이루어집니다.

치매는 그 자체로 특별한 단일 질병은 아니지만, 최소한 기억력 감소와 판단력에 문제가 생겨 매일의 활동을 방해하는 사고 및 사회적 증상들을 아우르는 상태입니다. 흔히 경험하는 건망증은 이름이나 중요한 정보를 잊거나, 물건을 잘못 두거나, 날짜를 잠시 혼동하는 등 집중력 저하로 인해 발생하며 보통 심각하지 않고 결국에는 잊었던 정보를 상기해낼 수 있습니다. 그러나 치매는 뇌 손상으로 인해 증상이 계속 악화되어 잘못된 정보를 상기할 수 없게 되면서 삶의 질에 심각한 문제가 생기며, 뇌 신경세포의 수가 현저히 줄어들면서 건망증, 제한된 사회적 기술, 그리고 매일 활동에 지장을 주는 사고력 손상 등의 증상이 나타납니다.

치매 환자에게서는 정신력 저하, 저녁 시간의 착란, 방향 감각 상실, 말하기 어려움이나 언어 이해 불가, 계획 세우기 어려움, 흔한 일에 대한 인식 불가능, 흥분, 성격 변화, 불안, 근심, 외로움, 제지 부족, 방황, 감정의 불안정, 신경질, 우울증, 환각, 편집증, 불안정한 걸음, 넘어짐, 근육 움직임의 협응 불능, 기억 상실, 뒤죽박죽된 말투 등 광범위한 증상이 나타납니다. 치매의 주요 원인으로는 뇌 속에 찌꺼기 단백질인 아밀로이드 플라크amyloid plaque와 타우 얽힘tau entanglement 등이 특징인 알츠하이머병이 있으며, 이 외에도 뇌 손상, 과음, 염증, 전염병, 파킨슨병, 픽병Pick's disease 및 헌팅턴병, 다발성 경화증multiple sclerosis, 진행성 핵상 마비progressive supranuclear palsy 등 다양한 질병들이 치매를 유발할 수 있습니다.

알츠하이머병의 발병 기전 연구와 장-뇌 축의 중요성

알츠하이머병은 전체 치매의 60~80%를 차지하며, 이 외에도 뇌혈류 감소로 발생하는 혈관성 치매, 비정상 단백질인 루이 소체Lewy body가 축적되어 생기는 치매, 성격과 행동에 영향을 미치는 전측엽 치매, 그리고 여러 종류가 병합된 혼합성 치매mixed dementia 등 다양한 유형이 존재합니다.

치매의 근본 원인을 규명하기 위한 국내 연구도 활발합니다. 2021년 KIST에서는 정신적, 화학적, 물리적 스트레스로 인한 활성산소 및 미세먼지, 담배, 술의 독성이 모노아민 산화효소MAO를 증가시켜 성상세포astrocyte에 손상을 일으키고 결과적으로 아밀로이드 찌꺼기가 과다하게 발생한다는 사실을 밝혀냈습니다. 또한, 최근 KAIST 연구에서는 아밀로이드 찌꺼기가 뇌 림프계에서 목 림프계로 제대로 배출되지 못해 신경세포 간의 연결 문제로 치매가 발생한다는 연구 결과를 발표했습니다.

현재 미국에는 6백만 명 이상의 치매 환자가 있으며, 한국에서는 2012년부터 2022년까지 환자가 143% 증가하여 534,000명이 진단받고 등록되었습니다. 60세 이후 발생 확률은 6.93%, 65세 이후는 10.16%이며, 85세 이후 여성과 유전적으로 발병 위험이 큰 아시아인들에게서 발병률이 높습니다. 주요 위험 요인으로는 고혈압, 청력 장애, 흡연, 과음, 비만, 우울증, 당뇨, 장애, 그리고 드문 사회 접촉 등이 있으며, 혼동, 통증, 환경 변화 등이 치매 증상을 악화시키는 방아쇠 역할을 합니다.

이러한 위험 요인 중 청력 장애는 특히 주목할 만합니다. TV 소리를 크게 켜서 방 전체에 소리가 가득 차도록 듣거나, 다른 사람의 말을 잘못 들어 대화가 엇갈리던 아버지가 보청기를 착용한 후, 가족 간의 대화가 다시 활기를 띠고 식탁에서의 소통이 부드러워진 사례처럼, 보청기는 단순한 기계를 넘어 고립되었던 마음의 문을 다시 여는 열쇠가 됩니다. 최근 미국의 대규모 임상시험인 ACHIEVE 연구는 이러한 생각을 뒷받침합니다. 70세 이상 고령자 약 1,000명을 대상으로 청력 개입을 받은 집단과 일반 교육만 받은 집단을 3년간 비교한 결과, 청력 개입을 받은 사람들은 평균적으로 사회적 관계를 한 명 더 유지했으며 관계의 폭과 깊이가 넓어졌고, 외로움 점수 역시 개선되었습니다. 이는 숫자로 작아 보이는 변화일지라도, 고요함 속에서 멀어졌던 세상과의 연결선이 다시 살아날 때 고립의 벽을 허무는 중요한 전환점이 될 수 있음을 의미합니다.

외로움은 몸과 마음을 무너뜨리는 질병의 씨앗이기에 이 작은 변화는 결코 작지 않은 의미를 지닙니다. 이 연구는 단순히 보청기를 지급한 것이 아니라 전문가와의 맞춤 상담, 꾸준한 관리 등을 병행했는데, 이는 '잘 듣는다'는 것이 기계 하나로 해결되는 것이 아니라 듣는 사람을 위한 환경 전체가 함께 조성되어야 가능하다는 것을 시사합니다. 소리를 되찾는 것은 관계의 복원이며 삶 전체를 지탱하는 기반이 되므로, 이제는 국가적 차원에서 청력 개입이 더 쉽게 제공될 수 있도록 제도적 뒷받침이 필요합니다. 또한, 알츠하이머병은 단순히 뇌만의 문제가 아니라 장 건강과도 깊은 관련이 있음이 최근 연구를 통해 밝혀지고 있습니다.

병의 초기에 환자들에게 소화 문제나 장내 세균 변화가 관찰되는 등, 뇌의 염증이 몸 전체에 영향을 주고 그 영향이 다시 뇌 기능을 악화시키는 악순환이 발생할 수 있습니다. 뇌와 장은 '장-뇌 축'이라는 통로를 통해 서로 신호를 주고받으며, 뇌의 변화가 장에, 장의 변화가 다시 뇌에 영향을 미칩니다. 알츠하이머병 실험쥐 연구에서는 병이 진행될수록 뇌에서 면역 신호 물질이 늘어나고 이 신호를 따라 장 속 면역세포들이 뇌로 이동하는 모습이 확인되었는데, 이는 알츠하이머병이 뇌와 장의 면역 신호 전달을 방해한다는 것을 보여줍니다.

연구자들은 이 문제를 줄이기 위해 장내 세균의 먹이가 되는 식이 섬유 '이눌린'을 사용했고, 이눌린을 섭취한 실험쥐에서 유익균이 늘어나고 증상이 완화되며 뇌 속 염증 신호도 줄어드는 결과를 얻었습니다. 이처럼 치매는 몸 전체와 연결된 병이며 장 건강은 매우 중요한 역할을 하므로, 매일 식탁에서 채소, 과일, 곡류 등 섬유질을 충분히 챙기는 습관은 단순히 소화에 좋은 것을 넘어 미래의 기억력까지 지켜줄 수 있습니다.

치매 조기 진단 기술의 발전과 생활 습관의 힘

치매의 징후는 기억력 감소, 일하기 어려움, 혼돈, 언어 문제, 요약 사고의 어려움, 나쁜 판단 또는 공간 기술, 그리고 물건을 잘못 두는 것 등 다양합니다. 치매 진단은 병력 청취, 물리적 검사, 영상 검사 등을 병합하여 신경과 전문의가 신뢰성 있게 내리며, 물리적 검사는 사고, 언어, 감각 반응, 반사, 평형, 문제 해결을 포함한 인지, 신경, 육체 기능을 평가합니다. 진단을 위해 갑상선 호르몬, 글루코스, 비타민 B12, 간 및 신장 기능, HIV 검사 등의 실험실 검사를 시행하며, CT, MRI, 아밀로이드 또는 타우 PET/CT나 MRI 영상을 촬영하여 중풍, 암, 수두증, 알츠하이머병 등을 진단합니다.

흔히 치매를 '갑자기 기억을 잃어버리는 병'으로 생각하지만, 실제로는 뇌세포가 서서히 손상되는 과정이 오랫동안 진행되다가 증상이 나타나는 질병입니다. 문제는 증상이 보일 때쯤이면 이미 상당한 뇌 손상이 일어났다는 점입니다. 이에 따라 치매를 조기에 진단할 수 있는 기술 개발이 중요해지고 있습니다.

최근 국내 연구팀은 알츠하이머병의 핵심 물질인 아밀로이드 베타 단백질의 두 종류, Aβ42와 Aβ40의 비율$_{A\beta42/A\beta40}$을 측정하는 기술을 개발했습니다. 이 비율은 뇌에 쌓인 아밀로이드 응집 정도를 정확히 알려주는 지표인데, 혈액 속 농도가 너무 낮아 기존에는 부담스러운 뇌척수액 검사가 필요했습니다. 연구팀은 SERS$_{특수\ 빛\ 분석\ 기술}$을 이용해 나노 크기의 금 입자 표면을 울퉁불퉁하게 만들어 특정 분자의 신호를 최대 1천만 배 증폭시킴으로써, 단 한 방울의 혈액만으로도 극미량의 Aβ42와 Aβ40의 비율을 측정할 수 있게 되었습니다.

이 기술이 임상 시험을 거쳐 상용화되면 알츠하이머를 조기에 진단하여 치료 시작 시기를 앞당기고, 생활 습관 관리 등으로 병의 진행 속도를 늦출 가능성이 커집니다. 또한, 스톡홀름 지역 노인 2천 명 이상을 16년에 걸쳐 추적한 카롤린스카 연구진은 치매 증상이 없던 사람들의 혈액에서 p-tau217, 'p-tau181' NfL, GFAP라는 특정 단백질 수치를 측정했습니다. 그 결과, 이 단백질 수치가 높은 사람들은 그렇지 않은 사람보다 훨씬 높은 확률로 치매에 걸렸으며, 특히 p-tau217과 NfL, GFAP의 조합은 조합은 최대 83%까지 치매 발생을 예측할 수 있었습니다.

이는 마치 감정이 표정을 통해 드러나듯, 치매가 증상 발현 훨씬 전부터 혈액 속 작은 변화를 통해 드러나기 시작함을 의미합니다. 연구진은 이 단백질 수치가 낮은 사람은 향후 10년간 치매에 걸릴 가능성이 매우 낮다는 점을 강조했지만, 수치가 높다고 해서 정확한 발병 시점을 예측하기는 어려워 당장 치매 예측용 검사로 쓰이기에는 무리가 있음을 밝혔습니다. 궁극적으로는 이 혈액 변화들을 더 많은 임상 정보나 생활 습관 데이터와 함께 분석하여 치매가 오기 전에 방향을 바꿀 수 있는 예방의 길을 여는 것이 중요하며, 기억이 흐릿해지고 나서 치료를 고민하기보다 뇌가 조용히 보내는 신호를 미리 읽고 삶의 리듬을 조정하는 것이 핵심입니다.

뇌 건강의 미묘한 균형: 철분 과잉 축적과 ADHD의 연관성

최근 연구에 따르면 뇌 속에 필수 영양소 중 하나인 철분이 과도하게 쌓이면 알츠하이머병 증상이 더욱 빠르고 심각하게 나타날 수 있음이 밝혀졌는데, 이 과도한 철분은 뇌 세포를 파괴하는 주범이 될 수 있습니다.

실제로 다운증후군과 알츠하이머병을 함께 앓는 사람들의 뇌에서는 철분 수치가 두 배나 높았으며 세포막에 산화 손상 징후가 더 많이 발견되었습니다. 이러한 세포 사멸 현상은 '페로톱시스ferroptosis'라는 과정 때문이며, 아밀로이드-베타Aβ 단백질이 과도하게 생성되는 다운증후군 환자들은 알츠하이머병에 더 취약한데, 뇌 미세 출혈 등으로 철분이 축적되면 세포막 손상이 더욱 심화되는 것입니다. 이번 연구는 다운증후군 환자가 치매에 빨리 걸리는 이유를 밝혀주는 동시에, 철분 관리의 중요성을 강조합니다.

따라서 붉은 고기, 시금치 등 철분이 풍부한 음식을 과도하게 섭취하지 않도록 주의하며 균형 잡힌 식사가 중요합니다. 특히 비타민 C는 철분 흡수를 돕기 때문에, 철분 보충제를 복용하거나 철분이 많은 음식을 섭취할 때는 비타민 C 섭취량을 조절할 필요가 있습니다. 반면, 녹차나 커피에 포함된 탄닌은 철분 흡수를 방해할 수 있으므로, 식후에 마시는 것이 도움이 될 수 있습니다. 또한, 세포 손상을 줄이기 위해 베리류나 견과류 등 항산화 작용을 돕는 식품을 꾸준히 섭취하는 것도 권장됩니다.

주기적인 건강 검진을 통해 혈액 내 철분 수치를 확인하는 것 역시 좋은 방법입니다. 궁극적으로 뇌 속 철분을 제거하거나 항산화 시스템을 강화하는 치료법은 알츠하이머병 환자들에게 새로운 희망이 될 수 있으며, 우리 몸은 특정 영양소가 부족해도 문제지만 과해도 문제를 일으킬 수 있는 복잡하고 섬세한 균형 속에 있으므로 항상 자신의 몸에 귀 기울여 건강한 삶을 누리는 것이 중요합니다.

치매의 진행 정도는 FAST 척도Functional Assessment Staging 또는 임상 치매 등급Clinical Dementia Rating, CDR 등으로 구분됩니다. 이 구분에서 인지 기능 저하가 없는 상태는 1단계, 매우 경미한 인지 기능 저하는 2단계, 경미한 인지 기능 저하는 3단계, 중등도의 인지 기능 저하는 4단계로 분류되며, 회화를 따라가지 못하거나 타인의 말을 이해하지 못하는 심각한 소통

문제는 말기 치매late-stage dementia로 나뉩니다.

치매 치료는 감각 및 인지 기능 재활 치료를 통해 신경 회로를 재훈련하거나 새로운 회로를 자극하여 병이나 손상을 완화시키는 데 초점을 둡니다. 여기에는 신경심리치료neuropsychology, 심리치료psychotherapy, 심리교육psychoeducation 등이 포함됩니다. 인지 능력을 증가시키는 약물 치료는 여러 종류로 나뉩니다. 첫째, 병의 진전을 변화시키는 항아밀로이드제anti-amyloids: Aducanumab, Donanemab, Lecanemab가 있으며, 둘째, 기억 및 사고 증상을 치료하는 콜린에스테라제 억제제cholinesterase inhibitors: Donepezil, Rivastigmine, Galantamine가 있습니다. 셋째, 증상을 증진시키는 글루타메이트 조절제glutamate regulators: Memantine가 사용되며, 이 두 종류 약물의 복합제Donepezil과 Memantine도 활용됩니다. 그 외에도 불면증 치료제로 사용되는 오렉신 수용체 길항제orexin receptor antagonist: Suvorexant와 비정형 항정신병제atypical antipsychotics: Brexpiprazole가 치료에 사용됩니다.

환자들은 치매 예방과 관리를 위해 균형 잡힌 식사, 적당하고 규칙적인 육체적 운동, 금연, 절제된 알코올 섭취, 그리고 활발한 사회적 활동을 지키도록 권고됩니다. 더불어 환자를 돌보는 과정에서는 '골든 룰golden rules', 즉 질문 금지, 전문가의 조언 경청, 그리고 모순 금지와 같은 원칙을 지키는 것이 한자와의 상호작용 및 관리 측면에서 중요합니다.

치매를 완전히 막아주는 약이 있다면 좋겠지만, 현재 개발된 약물들은 대부분 병이 꽤 진행된 후에 사용되며 그 목적도 병의 진행 속도를 늦추는 데 있습니다. 그러나 최근 연구 결과는 특별한 약 없이 생활 습관의 변화만으로도 인지 기능을 개선할 수 있다는 희망적인 메시지를 전하고 있습니다. 그 비밀은 바로 운동, 식사, 두뇌 자극, 그리고 사회 활동이라는 네 가지 평범하지만 지나치기 쉬운 습관에 있습니다. 이는 뇌 건강이 타고나는 것뿐만 아니라 충분히 길러질 수 있다는 것을 보여줍니다.

미국에서 치매 위험 요인을 가진 60~79세 노인 2,000여 명을 대상으로 2년간 진행된 대규모 임상시험 결과, 전문가의 지도와 모임을 통해 이 네 가지 습관을 꾸준히 실천한 그룹과 책자만 받아 스스로 실천한 그룹 모두 인지 기능이 좋아졌지만, 특히 전문가의 지도와 모임을 통해 꾸준히 실천한 그룹의 개선 효과가 훨씬 두드러졌습니다. 이는 '혼자서 꾸준히 하는 것'이 얼마나 어려운 일인지를 보여주며, 함께하는 실천의 중요성을 강조합니다.

이 연구가 특별한 점은 네 가지 생활 습관을 동시에 조절했다는 것입니다. 구체적으로 규칙적인 유산소 운동과 근력 운동은 뇌로 가는 혈류를 늘려주고, 'MIND 식단'이라 불리는 식사법은 항산화 작용을 도와줍니다. 여기에 퍼즐 풀기나 새로운 것을 배우는 두뇌 훈련과 사람들과의 대화나 공동 활동이 더해지면 뇌는 자극을 받아 새로운 연결을 만들어냅니다. 이 네 가지 습관은 각기 다른 경로를 통해 치매 위험 요인을 줄여주며, 동시에 실천할 때 그 효과가 배가되는 것으로 알려져 있습니다.

물론 이 연구는 2년간의 결과이므로 장기적인 효과에 대해서는 더 많은 연구가 필요하지만, 확실한 결과가 나올 때까지 기다릴 필요 없이 매일 30분씩 걷기, 인스턴트식품 대신 채소 위주로 식사하기, 새로운 취미 배우기, 친구들과 대화 나누기 등 일상에서 당장 실천할 수 있는 것들은 무궁무진합니다. 결국, '누가 더 좋은 정보를 가졌느냐'가 아니라 '누가 더 꾸준히 실천하느냐'가 뇌 건강 관리의 관건이며, 지식보다 오늘 당장 한 걸음을 내딛는 실천이 가장 중요합니다.

파킨슨병의 특징과 치매 관리의 새로운 희망: 음악 치료

최근 영국 연구진은 음악이 치매 환자들의 불안과 고통을 덜어주는 데 효과적일 수 있다는 사실을 영국의 NHS 치매 병동에서 진행된 연구를 통해 밝혔습니다. 이 연구에 사용된 프로그램은 멜로딕MELODIC: Music therapy Embedded in the Life Of Dementia Inpatient Care으로, 단순한 배경 음악 재생이 아닌 음악 치료를 치매 병동의 삶 속에 통합하는 것을 목표로 했습니다. 멜로딕 프로그램은 환자 28명, 가족 13명, 의료진 48명으로부터 긍정적인 반응과 데이터를 수집하는 데 성공했습니다. 연구 결과는 희망적이었습니다. 프로그램 참여 후 치매 환자들의 삶의 질 지표가 상승했으며, 문제 행동의 심각도와 병동 내 방해 요소도 줄어드는 경향을 보였습니다.

음악은 때때로 잊고 있던 기억의 문을 열어주는 열쇠와 같아서, 치매 환자에게 익숙한 노래는 과거의 행복했던 순간을 떠올리게 하고 불안감을 줄여 심리적인 안정감을 제공합니다. 이 연구에서는 병동에 상주하는 음악 치료사가 환자의 나이, 문화적 배경, 개인적 선호도를 고려하여 맞춤형 음악을 제공했으며, 환자의 반응에 따라 즉흥적으로 음악을 바꿔주는 방식을 사용했습니다. 또한 의료진과 가족에게도 음악 활용법을 교육하여 환자의 일상생활에 음악이 자연스럽게 스며들도록 했습니다.

이러한 통합적인 접근 방식은 환자 개개인의 필요에 맞춰 고통을 예방하고 관리하는 데 핵심적인 역할을 수행했습니다. 연구진은 비록 이번 연구가 파일럿 연구이기에 음악 치료가 치매 환자의 고통을 확실히 줄여준다고 단정할 수는 없으나, 이를 통해 음악 치료의 적용 가능성과 안전성을 확인했다고 강조했습니다. 결국, 음악은 단순히 소리의 나열을 넘어, 마음을 어루만지고 삶에 활력을 불어넣는 강력한 도구임을 입증한 것입니다.

치매를 예방하는 백신이 있을 수 있다는 말은 처음 들으면 다소 회의적일 수 있지만, 최근 발표된 한 연구는 실제로 백신이 뇌의 기억을 지키는 역할을 할 수도 있다는 가능성을 제시했습니다. 이 연구는 웨일스에서 조용히 시작되었는데, 단지 나이가 79세냐 80세냐의 미묘한 차이로 백신을 맞을 수 있었던 사람과 그렇지 못했던 사람이 구분되었고, 이 작은 차이가 7년 후 치매 진단율에서 무려 20%의 차이를 만들었습니다.

기존에도 백신 접종과 치매 예방 사이의 상관관계를 다룬 연구들은 많았지만, 늘 '백신을 맞은 사람은 원래 건강 관리에 더 신경 쓰는 사람일 뿐'이라는 의심이 따라붙어 인과관계를 명확히 구분하기 어려웠습니다. 하지만 이번 웨일스 연구는 나이 경계선 때문에 백신 접종 여부가 갈린 사람들을 비교했을 때 교육 수준, 건강 검진 횟수, 운동량 등이 거의 동일했다는 점을 밝혀냈습니다. 이는 "원래 건강한 사람들이 백신도 맞았다"는 기존의 의심만으로는 결과를 충분히 설명할 수 없음을 시사합니다.

이 백신의 정체는 바로 대상포진 백신입니다. 연구진은 대상포진 바이러스가 단순히 피부에만 영향을 주는 것이 아니라 뇌의 면역 환경이나 염증 경로에도 영향을 줄 수 있다는 가설에 무게를 두고 있습니다. 이는 곧 면역계와 바이러스의 상호작용이 기억을 새기는 뇌 회로에 영향을 미칠 수 있으며, 피부를 지키던 주사가 이제는 기억을 지키는 도구로 그 의미가 확장될 수 있음을 뜻합니다.

물론 백신이 치매를 예방하는 정확한 메커니즘은 여전히 연구 중이며, 더 많은 무작위 임상시험이 필요합니다. 그러나 이번 연구는 단순히 흥미로운 통계 수치를 넘어, 과학적으로도 매우 정교한 설계 위에서 이루어졌다는 점에서 특별합니다. 연구팀이 백신 접종 여부가 아닌 생일 기준의 접종 자격 여부를 비교 기준으로 삼았기 때문에, 다른 건강 습관이나 사회경제적 조건이 개입할 여지를 최소화할 수 있었습니다. 이는 거의 자연이 마련해준 무작위 실험 조건이었고, 덕분에 '백신을 맞은 사람이 원래 건강을 더 챙긴다'는 오랜 의심을 걷어내는 데 성공했습니다.

결과적으로 이 연구는 우리가 백신을 바라보는 관점과 치매 예방에 대한 과학적 접근 방식을 한 걸음 앞으로 나아가게 했습니다. 대상포진의 고통을 피하기 위한 수단이었던 백신이, 이제는 우리를 우리답게 기억하게 해주는 작고 조용한 수호자가 될 수도 있는 것입니다.

파킨슨병은 뇌신경세포의 손상으로 인해 움직임에 영향을 미치는 질환으로, 흔히 손 떨림으로 시작됩니다. 주요 운동 증상으로는 느린 움직임, 근육 경직, 그리고 불균형 등이 나타나며, 떨림은 특히 쉴 때나 자세를 취할 때 두드러집니다. 이 외에도 몸 움직임과 걷기의 어려움, 비자발적 움직임, 율동적인 근육 수축 및 조절 문제 등이 동반됩니다. 비운동성 증상으로는 악몽, 수면 장애, 조기 각성, 피로함, 어지러움, 저녁 시간의 혼돈, 기억 상실, 치매, 근심과 걱정, 냄새 감각 변동, 요실금, 입 주변 경직, 굳은 표정가면 얼굴, 변비, 우울증, 삼킴 어려움, 의도하지 않은 몸부림 등 광범위한 증상이 보입니다.

파킨슨병의 확실한 원인은 아직 밝혀지지 않았으나, 뇌의 흑질substantia nigra 세포 사망으로 인해 신경전달물질인 도파민dopamine의 화학적 불균형이 발생하면서 증세가 나타나는 것으로 알려져 있습니다. 진단은 주로 휴식기 떨림, 경직, 느린 움직임 등의 특징을 확인하는 신경학적 검사로 이루어집니다. 치료는 도파민 촉진제dopamine promoter, 항우울제antidepressant, 인지 기능 강화제cognition-enhancing, 항떨림제anti-tremor 등의 약물을 사용합니다. 구체적으로는 도파민 수용체를 자극하는 약물Rotigotine, Carbidopa/Levodopa, Entacapone, Ropinirole, Pramipexole, 프로락틴 호르몬을 높이는 카베르골린Cabergoline, 항우울제로 라사길린Rasagiline, 셀레길린Selegiline, 정신 기능을 돕고 혈압을 낮추는 리바스티그민Rivastigmine, 그리고 떨림, 흔들림, 불안정 등을 조절하는 벤즈트로핀Benztropine 등이 사용됩니다.

파킨슨병은 주로 50세에서 85세 사이에 발생하며, 환자의 80% 이상이 결국 치매로 발전하게 됩니다. 파킨슨병 환자의 평균 생존 기간은

14.5년 이상인 반면, 알츠하이머병 환자의 수명은 65세에 진단을 받으면 평균 8.3년, 90세에 진단을 받으면 3.4년 정도입니다.

주의력 결핍 과잉 행동 장애ADHD와 치매가 서로 연관되어 있다는 이야기는 다소 뜬금없이 들릴 수 있으나, 스위스 제네바 대학병원과 제네바대학교 연구진의 최근 연구에 따르면 이 둘은 생각보다 훨씬 가까운 관계에 있습니다. 연구 결과, 성인 ADHD 환자의 뇌에서 치매 초기 환자들에게서 흔히 발견되는 '과도한 뇌 철분 축적'과 '신경섬유 손상 지표NfL' 수치 증가가 뚜렷하게 관찰되었습니다.

철분은 원래 뇌에서 촘촘한 기어 속의 윤활유처럼 정상적인 신경 작용과 기억 회로 유지에 필수적인 물질이지만, 과도하게 쌓이면 산화 스트레스를 유발하여 신경세포를 공격하고 퇴행성 변화를 일으킵니다. 연구자들은 ADHD 환자들에게서 특히 운동 기능과 주의력 조절을 담당하는 전중심이랑precentral cortex에 철분이 더 많이 쌓여 있다는 것을 발견했으며, 혈액 내 NfL 수치가 높다는 사실은 뇌세포가 이미 상당 부분 손상되고 있음을 시사합니다.

이는 ADHD가 단순히 '산만한 성격'이나 '집중을 못하는 기질'을 넘어 인생 후반전까지 영향을 미치는 질환임을 보여줍니다. 치매라는 종착점이 반드시 예정된 것은 아니지만, 그 가능성이 뇌에 미리 저장되어 있는 셈입니다. 뇌를 도시라고 비유한다면, ADHD는 전기 설비가 삐걱거리는 상태이며, 시간이 지나면서 더 큰 정전 사태로 이어질 수 있다는 이야기입니다. 물론 모든 ADHD 환자가 치매에 걸리는 것은 아니지만, 이 연결고리의 존재는 ADHD를 새로운 시선으로 바라볼 필요성을 제기합니다. 만약 ADHD가 치매 위험 요인 중 하나라면, 반대로 ADHD를 조기에 발견하고 잘 관리한다면 치매 발병 확률 역시 줄일 수 있다는 뜻이 됩니다.

철분 축적은 정기적인 헌혈, 식단 관리육류, 간, 어패류는 줄이고 폴리페놀은 늘리기, 식사 후 커피 한 잔 등으로 조절할 수 있습니다. 마치 고장 나기 전에 전선을 갈아주는 일처럼, 지금의 작은 관리가 미래의 뇌를 지켜주는 보험이 될 수 있습니다.

제7장

대사증후군과 당뇨병

제7장
대사증후군과 당뇨병

대사증후군: 정의, 위험 요소 및 발병 기전

대사증후군은 심장병, 뇌졸중, 그리고 당뇨병의 위험을 높이는 여러 요인들이 복합된 상태를 통틀어 말합니다. 주요 구성 요소로는 고혈압, 고혈당인슐린 저항성, 비만, 과도한 복부 지방, 그리고 이상 지질혈증높은 중성지방 수치와 낮은 고밀도 콜레스테롤 수치이 포함되며, 대부분의 경우 굵은 허리둘레 외에는 특별한 증상이 나타나지 않습니다. 전 세계 인구의 약 25%에서 대사증후군이 발생하고 있으며, 미국에서는 2011~2012년 37.6%에서 2017~2018년 41.8%로 발병률이 증가하여 현재 성인 세 명 중 한 명꼴로 발병하고 있지만, 대부분 예방이 가능합니다.

한국에서도 2016년 남성 25.6%, 여성 12.4%에서 2020년 33.2%로 유병률이 증가하는 추세입니다. 당뇨병 환자의 약 85%가 대사증후군을 동반하고 있어 심혈관 질환의 위험이 매우 높습니다. 유전적인 요소도 약 40% 정도 영향을 미치며, 어떤 연구에서는 70%의 환자에서 비만과 고밀도 콜레스테롤HDL의 유전적 경향이 발견되었습니다. 특히 지방 및 당 대사에 영향을 미치는 3-아드레날린 수용체3-adrenergic receptor, 호르몬 민감성 리파아제hormone-sensitive lipase, 리포단백질 리파아제lipoprotein lipase 등의 유전자가 대사증후군의 감수성을 증가시키는 것으로 알려져 있습니다.

대사증후군은 대사 작용의 이상으로 인해 장기에 손상이 생겨 당뇨병과 심혈관 질환의 위험을 크게 증가시키는 상태입니다. 비활동적인 생활 습관, 건강하지 못한 식사, 수면 부족, 흡연, 과음, 비만 등이 주요 위험 요소로 꼽힙니다. 대사증후군은 다섯 가지 핵심 조건, 즉 복부 비만, 고혈압, 공복 혈당 장애impaired fasting sugar, 높은 중성지방triglyceride 수치, 그리고 낮은 고밀도 콜레스테롤HDL 수치 중 세 가지 이상을 충족할 때 진단됩니다. 정상적인 상태에서는 혈중 당이 급격히 올라가면 췌장의 베타 세포가 자극되어 인슐린을 분비하지만, 비만 환자의 경우 세포가 인슐린에 반응하기 어려워 인슐린 저항성이 생기면서 당뇨병을 유발합니다. 또한, 염증성 사이토카인inflammatory cytokines이 간, 근육, 지방 조직에서 인슐린 신호 전달 경로를 막아 인슐린 저항성을 더욱 증가시키고 심혈관 질환을 유발하기도 합니다.

고혈압은 동맥에 플라크plaque를 형성하여 심장병이나 뇌졸중, 좌심실 비대left ventricular hypertrophy, 말초동맥병, 신장 질환 등을 일으킵니다. 다른 대사증후군의 요인으로는 죽상동맥경화 유발 이상지질혈증atherogenic dyslipidemia, 중심성 비만central obesity, 그리고 호르몬 불균형 등이 있습니다. 지방 조직에 인슐린 저항성이 생기면 인슐린 중재로 이루어지는 지질 분해lipolysis 억제에 문제가 발생하여 유리 지방산Free Fatty Acid, FAA이 증가합니다. 이 FAA는 근육에서 PI3K 활성도에 영향을 주어 GLUT-4 이동translocation을 저해하고 포도당 흡수glucose uptake를 떨어뜨립니다. 동시에 간에서는 포도당 신생 합성gluconeogenesis과 지질 생성lipogenesis을 증진시켜 일시적으로 고인슐린혈증hyperinsulinemic 상태가 되지만, FAA의 지방 독성 효과lipotoxic effect로 인해 결국 인슐린 수치는 떨어지게 됩니다.

간 건강 관리와 표고버섯의 역할

간肝은 독소 해독, 영양소 저장, 에너지 생산 등 생명을 유지하는 데 필수적인 역할을 하는 장기이지만, 다양한 질병과 손상에 취약하여 간염과 간경화는 심각한 건강 문제를 초래할 수 있습니다. 간염은 바이러스, 알코올,

약물 남용 및 대사 장애 등 여러 요인으로 인해 간에 염증을 유발하고 간세포를 손상시키며, 이는 만성 질환으로 발전하기 쉽습니다. 만성 간염은 간에 콜라겐과 같은 섬유 조직이 과도하게 축적되는 간 섬유화liver fibrosis로 이어지고, 최종적으로는 간경화cirrhosis를 초래하여 간 기능 저하를 유발하며, 심각한 경우 간암으로 진행될 위험도 있습니다.

최근 표고버섯이 간 건강에 긍정적인 영향을 미칠 수 있다는 보고가 주목을 받고 있습니다. 표고버섯은 전통적으로 면역 강화, 항산화 효과, 심혈관 건강 개선 등 다양한 효능으로 잘 알려져 있으며, 특히 함유된 베타글루칸과 렌티난 성분은 면역 체계를 활성화하고 염증을 완화하는 데 도움을 주어 간 섬유화의 진행을 억제하는 데 효과적입니다. 이러한 작용은 TLR2 경로를 억제하여 산화 스트레스를 줄이는 동시에, TLR4 경로를 통해 간에서 콜라겐 축적을 억제함으로써 이루어집니다.

지방간이 간염이나 간경화로 진행하는 것을 막기 위해서는 적정 체중을 유지하고, 술을 자제하며, 지방과 당 섭취를 줄이는 동시에 채소, 과일, 단백질을 충분히 섭취하는 것이 중요합니다. 내장 지방은 지방 분해lipolysis를 통해 유리 지방산Free Fatty Acid, FAA의 공급을 증가시키므로, 피하 지방보다 대사증후군 발병에 더욱 중요한 역할을 합니다. FAA의 증가는 활성 산소의 증가와 이에 따른 산화질소nitric oxide의 제거를 유발하여, FAA에 의한 혈관 수축과 인슐린의 혈관 확장 기능 손실을 초래함으로써 고혈압을 발생시킵니다. 또한, 인슐린 내성저항성은 혈청 점도를 높여 혈전 생성 경향prothrombotic state을 높이고 염증성 사이토 카인 분비를 촉진하여 심장혈관병과 당뇨병의 위험을 더욱 높입니다. 다양한 아디포카인adipokines, 즉 렙틴leptin, 아디포넥틴adiponectin과 같은 호르몬, 안지오텐시노겐angiotensinogen, 플라스미노겐 활성제 억제제plasminogen activator inhibitor와 같은 펩타이드, 그리고 인터루킨-6IL-6, 종양 괴사 인자TNF, 오멘틴omentin

등 염증성 사이토카인 역시 인슐린 저항성과 대사증후군에 중요한 역할을 합니다. 특히 렙틴 호르몬 수준이 높지 못하면 비만에서 흔히 볼 수 있듯이 대사 불균형렙틴 저항성이 발생하며, 렙틴은 염증성 면역 반응을 유발하는 반면, 아디포넥틴 호르몬은 렙틴의 역할과 반대되는 작용을 합니다.

대사증후군의 진단

대사증후군 진단은 다음 다섯 가지 조건 중 최소 세 가지 이상에 해당될 때 내려집니다. 첫째, 허리둘레가 남성 40인치약 102cm, 여성 35인치약 89cm 이상, 둘째, 혈압이 130/85mmHg 이상, 셋째, 금식 혈당이 100mg/dL 이상, 넷째, 중성지방triglyceride 수준이 150mg/dL 이상, 다섯째, 고밀도 콜레스테롤HDL 수치가 남성 40mg/dL, 여성 50mg/dL 이하인 경우입니다. 인슐린 저항성을 평가하기 위해 금식 혈당과 인슐린 수치를 사용하여 HOMA-IRHomeostatic Model Assessment-Insulin Resistance과 QUICKIQUantitative Insulin Sensitivity ChecK Index를 계산할 수 있는데, HOMA-IR의 정상 범위는 남성 2.0, 여성 2.5까지이며 QUICKI의 정상 범위는 남성 0.343, 여성 0.331입니다.

그 외 정상적인 혈액 수치 기준은 다음과 같습니다. 정상 금식 혈당은 100mg/dL 미만이며, 100~125mg/dL는 당뇨병 전 단계prediabetes, 126mg/dL 이상은 제2형 당뇨병을 의미합니다. 정상 금식 인슐린 혈액 수치는 25mIU/L 미만입니다. 총 콜레스테롤의 정상 수준은 200mg/dL 이하이며, '나쁜' 저밀도 콜레스테롤LDL의 정상 수치는 100mg/dL 이하, '좋은' 고밀도 콜레스테롤HDL의 이상적인 수치는 60mg/dL 이상입니다. 만성 염증을 측정하는 C-반응성 단백질C-reactive protein, CRP의 정상 범위는 0.8~1.0 mg/dL입니다. 대사증후군 환자는 보통 무증상이거나 다른 건강 문제와 유사한 증상을 보이지만, 당뇨병 발생 위험이 5배, 뇌졸중이나 심장마비 발생 위험이 2배나 높아집니다.

대사증후군 치료: 생활 습관 개선과 식탐 조절의 과학

대사증후군의 치료는 기본적으로 자가 관리를 통한 건강한 심장을 위한 생활 습관을 확립하는 데 중점을 둡니다. 이는 체중 감소, 육체적 운동_{일주일에 5일, 매일 30분 이상의 유산소 활동}을 포함하며, 가장 좋지 않은 음식인 포화 지방, 나트륨_{sodium}, 설탕이 함유된 음식을 피하고 지중해식과 같은 건강한 식단을 따르는 것, 그리고 금연 등으로 구성됩니다.

이러한 생활 습관 개선만으로 목표 달성이 어렵다면, 비구아나이드 계열 당뇨약_{메트포르민, Metformin}을 사용하거나 체중 감량을 위한 비만대사수술_{bariatric surgery}을 시도하기도 합니다. 다이어트 시 많은 사람이 무조건 굶으면서 의지로 배고픔을 참으려 하지만, 식탐은 다이어트 결심을 무너뜨리는 가장 은밀한 적입니다. 이와 관련하여, 최근 미국 일리노이 대학교 연구팀은 식탐과 체중 감량의 관계를 2년간 추적한 흥미로운 연구 결과를 발표했습니다.

연구 참여자들은 처음 1년간 체중 감량, 다음 1년간 유지 프로그램에 참여했는데, 놀랍게도 체중이 줄어들수록 식탐도 함께 줄었으며, 줄어든 식탐은 유지기에도 지속되었습니다. 특히 달콤한 음식과 탄수화물에 대한 식탐은 초반 6개월에 크게 줄어든 후 유지되었습니다. 이는 단순한 의지가 아니라 몸의 변화가 식탐을 조절한다는 것을 보여준 결과입니다.

또 하나의 흥미로운 결과는 '끊는 것'보다는 '조금 먹는' 전략이 더 효과적이었다는 점입니다. 일부 참가자들은 치킨, 초콜릿 등 자신이 좋아하는 음식을 조금씩 먹는 방식을 선택했고, 그 결과 폭식 욕구가 줄고 체중 감량에도 성공했습니다. 이는 완전한 금지가 오히려 식탐을 키워 다이어트를 방해할 수 있음을 시사합니다. 따라서 식탐은 의지로 억눌러야 할 대상이 아니라 조율해야 할 리듬으로 인식하고, 억지로 참기보다는 식사 습관을 재정비하여 몸의 균형을 회복하는 것이 다이어트를 성공으로 이끄는 길입니다. 결국 살을 빼면 식탐이 줄고, 식탐이 줄면 다시 살이 빠지는 선순환 구조를 만드는 것이 중요합니다. 결국 다이어트 성공의 핵심은 무리한 절제가 아닌 식탐에 대한 이해에서 선순환이 출발해야 한다는 점입니다. 그래야만 다이어트는 고통의 연속이 아니라 자신의 몸을 길들이는 지혜로운 여정이 될 수 있습니다.

그렇다면 우리는 왜 점점 더 뚱뚱해지는 것일까요? 흔히 "요즘은 너무 편해서 움직일 일이 없다"거나 "먹을 게 넘쳐나서 당연하다"고 말합니다. 이러한 질문에 답하기 위해 국제 연구팀은 전 세계 6개 대륙, 34개 지역의 사람 4,213명을 대상으로 에너지 소비량과 비만도를 분석했습니다. 이 연구에는 수렵 채집인부터 농부, 도시 직장인까지 매우 다양한 생활 방식을 가진 사람들이 참여했습니다. 분석 결과, 경제 수준이 높을수록 몸무게, BMI체질량 지수, 체지방률이 증가하는 경향이 뚜렷하게 나타났습니다. 그런데 우리가 흔히 믿는 상식과는 달리, 경제가 발전한다고 해서 사람들이 덜 움직이는 것은 아니었습니다. 오히려 연구 대상자들의 에너지 소비량은 높아지는 경향을 보였습니다. 이는 현대인이 과거 사람들보다 특별히 게으르지는 않으며, 활동량만 놓고 보면 오히려 더 많이 움직이고 있을 수도 있다는 사실을 시사합니다.

그렇다면 활동량이 줄지 않았는데도 살이 찌는 이유는 무엇일까요? 연구팀은 핵심 원인을 음식 섭취량, 특히 초가공 식품UPF에서 찾았습니다. 경제가 발전한 지역일수록 사람들이 더 많은 칼로리를 섭취하고 있었으며, 그중 상당 부분은 과자, 인스턴트 식품, 패스트푸드처럼 가공을 많이 거쳤고, 맛있고 싸며 보관이 쉬운 음식이었습니다. 문제는 이러한 초가공 식품이 칼로리는 높으면서도 포만감은 약해 쉽게 과식하게 만든다는 점입니다.

결국, 현대인이 살이 찌는 이유는 활동량 부족이 아니라 너무 많이 먹고 있기 때문입니다. 운동은 근육 유지, 스트레스 감소, 심혈관 건강에 도움을 주지만, 체중 감량을 위해서는 운동보다 식단 조절이 우선입니다. 포만감을 주고 영양소가 풍부한 자연식품 위주의 식사가 기본이며, 체중은 헬스장이 아니라 냉장고 앞에서 조절된다는 점을 명심해야 합니다. 같이 밥을 먹을 때 누군가는 배가 불러 숟가락을 놓았는데도 옆 사람은 계속 먹는 상황을 단순히 '위 크기 차이'로만 볼 수 없으며, 포만감이 성별, 유전자, 몸속의 여러 시스템과 복잡하게 얽혀 있다는 사실이 밝혀졌습니다.

비만 치료의 개인 맞춤화: 포만감 유전자와 약물 선택

미국 메이요 클리닉 연구팀이 비만 성인 717명을 대상으로 '배가 부를 때까지 먹은 칼로리CTS'를 측정했는데, 표준화된 아침 식사 후 점심을 원하는 만큼 먹게 한 뒤 섭취 칼로리를 기록했습니다. 그 결과 어떤 사람은 140kcal에서 멈췄지만, 어떤 사람은 2,000kcal 넘게 먹어야 포만감을 느꼈습니다. 키, 체중, 체지방률, 호르몬 수치만으로는 이러한 큰 차이를 모두 설명할 수 없었으며, 성별과 특정 유전자가 포만감을 예측하는 강력한 인자로 나타났습니다.

연구팀은 앞선 데이터를 바탕으로 유전 위험 점수CTSGRS를 만들고, 두 가지 비만 치료제, 즉 펜터민-토피라메이트뇌 작용와 리라글루타이드위 작용의 반응을 비교했습니다. 그 결과, CTSGRS가 높은 사람은 뇌에서 식욕을 억제하고 포만감을 빨리 느끼게 돕는 펜터민-토피라메이트에 효과적이었고, CTSGRS가 낮은 사람은 위 배출을 늦춰 포만감을 오래 유지시키는 리라글루타이드에 더 큰 효과를 보였습니다. 이는 같은 비만이라도 '언제 배부르다고 느끼는가'에 따라 최적의 약이 달라진다는 것을 의미합니다.

 건강과 신앙_마혼에 시작하는 질병예방

구체적으로, CTS배가 부를 때까지 먹은 칼로리가 높은 사람은 한 번에 먹는 식사량이 많았는데, 펜터민-토피라메이트는 뇌에서 작용하여 식욕을 억제하고 식사 도중에 포만감을 더 빨리 느끼도록 도와주는 작용이 강합니다. 반면 CTS가 낮은 사람은 한 번 먹을 때 양은 적지만 식사 간격이 짧거나 군것질을 자주 하는 경향이 있을 수 있습니다. 리라글루타이드는 위 배출을 늦춰 포만감을 오래 유지시키므로 군것질 횟수를 줄이는 데 도움을 주어 효과가 극대화되는 것입니다.

결국, 약물의 작용 방식과 개인의 식사 패턴이 맞아떨어질 때 치료 효과가 극대화되는 것이며, 앞으로는 다이어트 약 처방이 "당신은 CTS가 높으니 A약, 낮으니 B약"과 같은 방식으로 개인 맞춤형이 될 가능성이 높습니다. 이 연구는 배가 부르다고 느끼는 순간이 단순한 감각이 아니라 유전자와 몸속 신호가 만들어낸 결과이며, 밥상 위에서 숟가락을 내려 놓는 그 타이밍이 체중 감량 성공의 열쇠가 될 수 있음을 시사합니다.

식초의 체지방 감소 효과: 아세트산과 장내 세균의 협력

솔깃해지는 다이어트 방법이 운동이나 약이 아닌 '식초'라면 의외일 수 있지만, 최근 일본의 한 연구팀이 발표한 실험은 식초의 주요 성분인 아세트산이 장내세균과 협력하여 체지방을 줄이고 간 지방까지 감소시킨나는 결과를 제시했습니다.

연구진은 아세트산이 장 끝까지 도달할 수 있도록 섬유질에 결합한 'AceCel'이라는 물질을 개발했습니다. 이 물질을 실험쥐에게 먹였을 때, 체중이 줄어들면서 근육량은 그대로 유지되는 이상적인 변화가 확인되었습니다. 이는 단지 체중 감소를 넘어 '지방은 줄고 근육은 남는' 효과를 보여준 것입니다. AceCel을 섭취한 쥐들은 휴식 중에도 탄수화물 대신 간에 지방을 태워 에너지를 얻는 경향을 보였는데, 이는 단식이나 저탄수화물 식단을 유지할 때와 유사한 몸의 대사 변화였습니다. 이러한 현상이 결과적으로 체중 감소로 이어진 것입니다. 특히 중요한 점은 이러한 효과가 장속에 박테로이데스Bacteroides라는 특정 균이 있는 경우에만 나타났다는 사실입니다. 즉, 아세트산염과 박테로이데스 균주의 황금 조합이 비만 감소의 열쇠였던 것입니다.

이 특별한 조합은 장 내에서 탄수화물 발효를 촉진하여 포도당의 흡수를 줄였으며, 결과적으로 지방 연소를 촉진하고 간에서 포도당이 글리코겐으로 저장되는 것을 줄여 비만을 효과적으로 감소시켰습니다. 일반 식초도 아세트산을 포함하고 있어 식후 혈당을 천천히 오르게 하거나 식욕을 억제하는 데 일부 도움이 될 수 있습니다. 하지만 이번 연구처럼 장 끝부분까지 아세트산이 도달해야 강력한 효과가 나타나므로, 일반 식초만으로는 같은 결과를 기대하기는 어렵습니다. 그럼에도 불구하고, 채소나 나물처럼 섬유질이 풍부한 음식과 함께 식초를 섭취하면 아세트산이 장까지 도달할 가능성이 조금 높아집니다.

AceCel 같은 특수 식이섬유는 아직 상용화되지 않았지만, 일상에서 나물에 식초를 넣어 무쳐 먹거나 샐러드 드레싱에 식초를 더하는 등의 작은 실천은 분명 가능합니다. 매일 반복되는 작은 식사 습관이 장 속 생태계를 바꾸고, 그 변화가 체중과 대사 건강에 긍정적인 영향을 주어 우리 몸의 기적을 만들어 낼 수 있습니다.

당뇨병: 유형, 증상, 합병증 및 장-췌장 신경 연결

당뇨병은 몸의 인슐린 생성과 요구의 불균 형으로 인해 혈중 당이 높아지는 고혈당증hyperglycemia 상태가 특징인 만성 대사 질환이며, 탄수화물, 지방, 단백질 대사의 기능 장애를 동반합니다. 장기간의 고혈당증은 신부전, 신경병증neuropathy, 망막병증retinopathy, 심혈관 및 뇌혈관 질환 등 여러 당뇨 합병증을 일으켜 병적 상태나 사망 위험을 높입니다. 혈당이 높아지면 췌장의 베타 세포에서 생성된 인슐린이 세포에 신호를 보내 혈당을 흡수하게 하는데, 당뇨병은 면역계가 베타 세포를 파괴하거나제1형, 인슐린 저항성과 부족으로 당이 세포에 제대로 전달되지 못하거나, 지방 분해가 증가하고 간에서 당 생산이 증가하는 등의 기전으로 발생합니다. 뇌 혈류, 조직의 온전성integrity, 그리고 혈장 포도당plasma glucose을 떨어뜨리는 속도 역시 당뇨병 발병에 영향을 미칩니다.

당뇨병은 제2형성인형, 제1형, 임신성 당뇨병, 그리고 당뇨병 전 단계prediabetes 등으로 분류됩니다. 제2형 당뇨병은 미국 성인의 11.3%진단된 3,730만 명, 진단 안 된 850만 명에서 발병하고 있으며, 미국 어린이들에게서는 10만 명당 13.8명, 흑인 청년에게서는 37.8명으로 발병률이 높습니다. 한국에서도 최근 도시화, 고령화, 비만 등으로 급격히 증가하여 2020년에는 인구의 13.9%에서 발생하고 있습니다. 당뇨병은 몸이 에너지를 위해 사용할 혈당 조절에 장기간 문제가 있어 서서히 갈증 증가, 식욕 증가, 빈번한 소변, 피로, 시야 흐림, 잦은 염증, 상처의 더딘 치유, 손발의 감각 저하, 겨드랑이 및 목 피부의 착색 등의 증상을 보입니다.

제2형 당뇨병은 췌장에서 인슐린 호르몬을 충분히 만들지 못하거나 세포가 인슐린에 저항하여인슐린 저항성 발생하며, 정확한 원인은 알 수 없으나 비만, 내장 지방, 비활동적인 생활 습관 등이 주요 위험 요소입니다. 특히 살집이 있는 사람이 당뇨병 걱정을 더 하는 것은 당연한데, 지방이 많아질수록 췌장의 베타 세포는 인슐린 생산이라는 과도한 업무에 시달리게 됩니다.

최근 놀라운 연구는 이 베타 세포 증식이라는 비상 상황의 스위치가 예상과는 달리 장, 그중에서도 대장에서 시작된다는 것을 밝혀냈습니다. 비만해질수록 대장에는 눈에 보이지 않는 염증이 생기고 장벽이 느슨

해져 마치 틈이 생긴 물탱크처럼 변하는 '새는 장leaky gut' 현상이 나타납니다. 이로 인해 장 속 물질들이 걸러지지 않고 몸속으로 스며들어 혈액을 타고 간으로 향하게 되고, 간에서는 세포 성장과 증식에 중요한 역할을 하는 'ERK' 단백질이 활성화됩니다.

놀라운 점은 이 신호가 간에서 췌장으로 직접 가는 것이 아니라, 신경망을 통해 은밀하게 전달된다는 것입니다. 간에서 시작된 이 신경 신호는 췌장에 도착하여 베타 세포 내의 'FoxM1'이라는 특별한 경로를 작동시키는데, FoxM1은 베타 세포가 스스로를 복제하고 숫자를 늘리는 데 중요한 단백질입니다. 다시 말해, 비만 → 대장 염증/장벽 허술 → 간 ERK 성화 → 신경 신호 → 췌장 FoxM1 작동 → 베타 세포 증식이라는 일련의 과정은 우리 몸이 인슐린 저항성이라는 위기에 맞서 혈당을 조절하기 위해 베타 세포를 늘리려는 필사적인 움직임을 보여줍니다.

이처럼 장 건강이 간과 췌장의 건강에 직접적인 영향을 미친다는 사실은 당뇨병 치료 방식에 새로운 관점을 제시합니다. 이제 단순히 혈당 수치만 볼 것이 아니라, 장 건강을 세심하게 돌보고 몸속 염증을 줄이는 것이 췌장 베타 세포를 보호하고 당뇨병 발병을 늦추는 새로운 치료 전략이 될 수 있음을 시사합니다. 당뇨병은 단순히 혈당이 높다는 문제가 아니라, 대장과 같은 사소해 보일 수 있는 곳에서부터 시작되는 염증에도 신경을 써야 하는 전신 질환이며, 이번 연구는 장 건강이 우리 몸 전체 건강의 토대라는 오래된 지혜를 과학적으로 더욱 명확하게 증명한 것입니다.

첨단 당뇨병 진단 및 관리: AI, CGM

"밥 먹고 바로 누우면 소가 된다"는 속담은 게으름을 경계하는 의미 외에도 현대 의학적으로 두 가지 중요한 의미가 있습니다. 첫째는 역류성 식도염으로, 식후 바로 눕게 되면 위산이 식도로 역류할 위험이 커지기 때문입

   건강과 신앙_마흔에 시작하는 질병예방

니다. 하지만 더 주목해야 할 것은 '혈당 스파이크'입니다.

식사 후 심한 졸음이 몰려온다면 혈당 스파이크 때문일 수 있는데, 이는 혈당이 급격히 올라갔다가 빠르게 내려오는 현상으로, 겉보기에는 멀쩡해 보여도 몸속에서 당뇨병의 씨앗이 자라고 있다는 조기 신호일 수 있습니다. 혈액 검사에서는 아무 문제가 없어 보여도 몸의 균형은 이미 깨지기 시작한 상태일 수 있습니다.

최근 미국 스크립스 연구소는 이 혈당 스파이크를 인공지능AI으로 분석해 당뇨병 위험을 조기에 찾아내는 연구를 진행했습니다. 참가자들은 연속혈당측정기CGM를 착용하고 식사, 운동, 수면, 장내 미생물 등 다양한 데이터를 기록했습니다. 단 10일간의 측정만으로도 AI는 혈당이 오르내리는 속도, 밤새 혈당 변화, 운동량과 장내 환경의 영향 등을 정밀하게 분석했습니다. 그 결과, 비슷한 혈당 수치를 가진 사람들 사이에서도 당뇨병 위험도는 극명하게 다를 수 있다는 사실이 밝혀졌습니다.

가장 눈에 띄는 차이는 '혈당 회복 속도'였습니다. 건강한 사람은 혈당이 서서히 오르고 빠르게 원래 수준으로 돌아왔지만, 당뇨병 환자는 혈당이 급격히 상승하고 회복하는 데 오래 걸렸습니다. 특히 당뇨병 전 단계로 분류된 사람들 중 일부는 이미 당뇨병 환자와 유사한 혈당 패턴을 보였습니다. AI는 이러한 미세한 차이를 포착하여 조기에 병원 진료가 필요한 사람과 생활 습관만으로 조절 가능한 사람을 구분해 냈습니다. 이 연구는 AI와 CGM 기술이 혈당 패턴의 미묘한 이상 징후를 조기에 발견하여, 당뇨병 예방 및 개인 맞춤형 관리에 중요한 역할을 할 수 있음을 시사합니다.

우리 몸의 대사 시스템은 마치 댐과 같아서 겉으로 보기에는 수위가 일정해 보여도 내부에서는 물이 넘칠 듯 요동칠 수 있습니다. 지금까지는 평균 수위인 당화혈색소HbA1c만 보고 건강 상태를 판단했다면, 이제는 연속혈당측정기CGM와 AI 분석을 통해 물결 하나하나의 움직임, 즉 혈당 패턴까지 관찰할 수 있게 된 것입니다. 이 연구는 당뇨병이 어느 날 갑자기 시작되는 것이 아니라, 식사 후 혈당이 천천히 내려가는 미세한 변화에서 출발하며, 진단 기술은 점점 더 정밀해지고 우리 몸은 이제 숫자가 아닌 '패턴'으로 말하기 시작했다는 것을 시사합니다.

감자 섭취와 당뇨병의 관계: 요리 방식의 중요성

한편, 그동안 학계에서는 감자와 당뇨병의 연관성에 대해 의견이 분분했는데, 최근 미국에서 대규모 코호트 연구 3개를 종합하고 다른 연구들을 메타분석한 결과가 발표되면서 이 궁금증이 명확하게 풀렸습니다.

결론적으로, 감자 섭취와 제2형 당뇨병 위험 증가는 주로 '프렌치프라이' 때문인 것으로 밝혀졌습니다. 구운 감자, 삶은 감자, 으깬 감자처럼 튀기지 않은 감자만으로는 당뇨병 위험이 크게 증가하지 않았습니다. 그러나 프렌치프라이를 일주일에 3번 이상 먹을 경우 당뇨병 발생률이 20% 증가하는 것으로 나타났습니다. 이는 프렌치프라이의 높은 혈당 지수glycemic index뿐만 아니라, 튀기는 과정에서 첨가되는 지방과 소금, 그리고 고온 조리 시 생성되는 해로운 물질들 때문에 당뇨병 위험을 높이는 것으로 추정됩니다.

이 연구에서는 또한 감자 대신 다른 탄수화물 음식을 먹었을 때 당뇨병 위험이 어떻게 달라지는지를 시뮬레이션했습니다. 감자 대신 현미나 통밀 같은 '통곡물'을 먹었을 때는 당뇨병 위험이 낮아졌으나, 흰쌀로 바꿨을 때는 오히려 위험이 올라갔습니다. 특히 튀긴 감자를 통곡물로 바꾸면 위험이 무려 19% 낮아지는 것으로 나타났습니다. 통곡물은 식이섬유와 각종 영양소가 풍부하여 혈당 조절에 도움을 주지만, 흰쌀은 통곡물보다 섬유질이 적고 혈당을 빠르게 올릴수 있기 때문입니다. 따라서 감자가 꼭 나쁜 음식이라고 생각할 필요는 없으며, 감자 자체에는 식이섬유, 비타민 C, 칼륨, 폴리페놀, 마그네슘 같은 좋은 영양소가 많이 들어 있습니다.

중요한 것은 감자를 어떻게 요리하고, 어떤 음식과 함께 먹느냐 하는 것입니다. 앞으로 감자를 먹을 때는 프렌치프라이보다는 굽거나 삶아서 먹고, 이때 통곡물이나 채소 같은 건강한 음식을 곁들인다면 감자의 영양학적인 이점을 충분히 누리면서 당뇨병 위험까지 낮출 수 있을 것입니다.

설탕을 과다하게 섭취하는 것이 당뇨병의 직접적인 원인은 아니지만 위험 요인임은 분명하며, 특히 수크로스나 과당이 포함된 탄산음료soda를 규칙적으로 마시는 것은 큰 위험을 초래합니다. 당뇨병 예방을 위해서는 가공식품, 설탕, 소금, 흰 밀가루, 포화 지방이 많은 음식을 피하고, 규칙적인 적당한 운동과 충분한 수분 섭취 등 건강한 생활 습관을 유지해야 합니다. 제2형 당뇨병은 심장병, 뇌졸중, 발,눈, 신장병 등 당뇨 합병증 외에도 췌장, 유방, 자궁, 장, 간 및 방광암의 위험성을 증가시킵니다.

제2형 당뇨병의 치료와 예방

제2형 당뇨병 치료의 핵심 목표는 합병증을 예방하는 것입니다. 이를 위해 생선, 콩, 선과류, 날갈 위주의 균형 잡힌건강 식사와 힘께 매일 30분, 주 5일의 규칙적인 유산소 운동 및 비만 방지 생활 습관이 필수적입니다. 약물 치료에는 다양한 기전의 항당뇨제가 사용됩니다.

간에서 포도당 생성을 줄이는 비구아나이드 계열 약Metformin, 지방세포 수용체에 작용하는 치아졸리딘디온TZD 계열 약Pioglitazone, 탄수화물 소화 및 흡수를 늦추는 alpha-글루코시다아제 억제제 등이 있습니다. 또한, 소변으로 당을 배출시키는 SGLT2 억제제Invokana, Jardiance, 인슐린 분비를 높이고 글루카곤을 낮추는 DPP-4 억제제Saxagliptin, Sitagliptin,

Linagliptin, 그리고 인슐린 작용을 모방하고 위 배출을 늦춰 체중 감소에도 도움을 주는 주사약인 GLP-1 수용체 작용제Semaglutide/Ozempic, Dulaglutide, Tirzepatide가 있습니다. 이외에도 심장 보호 효과가 있는 Dapagliflozin, Empagliflozin, Canagliflozin 등의 항당뇨제, 간의 콜레스테롤 생성을 억제하는 Atorvastin, 그리고 혈당을 직접 낮추는 인슐린 주사Glargine, Detemir, Lispro 등이 사용됩니다.

제1형 당뇨병의 특성과 치료제1형 당뇨병은 췌장의 베타 세포가 면역계에 의해 파괴되어 인슐린을 만들지 못하는 자가면역 질환으로, 원인은 분명하지 않으나 특정 바이러스나 GCK, HLA, PTPN22, IDDM2, LYP 유전자 등이 발병에 관여하는 것으로 알려져 있습니다. 보통 성인 이전에 발병하며 가족력이 위험을 높입니다. 증상은 목마름과 배고픔의 빠른 증가, 잦은 소변어린이의 경우 야뇨증, 체중 감소, 피로, 허약감, 기분 변화, 땀, 구역질, 흐릿한 시야, 두통, 졸음 등이 빠르게 나타납니다.

치료는 인슐린 주사와 함께 저지방 고섬유질 위주의 균형 잡힌 식사 및 주당 최소 150분의 규칙적인 적당한 유산소 운동을 반드시 병행해야 합니다.

근력 운동의 강력한 당뇨 예방 효과

당뇨병이 있다고 하면 가장 먼저 권고되는 조언은 걷기와 같은 유산소 운동이며, 이는 혈당 관리에 기본이 됩니다. 그러나 최근 영국 바이오뱅크의 14만 명을 추적한 대규모 연구에 따르면, 단순히 걷기만 하는 것보다 근육을 키우는 일이 당뇨병 예방에 훨씬 강력한 방패가 된다는 사실이 밝혀졌습니다. 이연구는 손아귀 힘악력을 근력의 지표로 측정했는데, 근력이 약한 사람에 비해 근력이 강한 사람은 7~8년 사이 당뇨병에 걸릴 확률이 44%나 낮았습니다. 이러한 효과는 생활 습관이나 체중을 고려한 후에도 유지되었습니다.

더 놀라운 점은 당뇨병 고위험 유전자를 타고난 사람조차 근력이 좋으면, 유전적 위험은 낮지만 근력이 약한 사람보다 오히려 당뇨병 위험이 더 낮았다는 사실입니다. 이는 근육이 당뇨병 발병 위험을 크게 낮추는 핵심적인 요소이며, 유전적 취약성을 극복할 수 있는 강력한 보호 메커니즘을 제공합니다.

결국 우리의 몸은 단순히 주어진 조건만을 따라가는 것이 아니라, 매일의 작은 노력으로 건강의 방향을 새롭게 설정할 수 있습니다. 최근의 연구는 근육이 그저 움직임을 돕는 기관이 아니라, 몸속 혈당을 다스리고 병을 막는 적극적인 수문장임을 입증함으로써 단순한 운동 권장의 차원을 넘어섰습니다. 시작이 거창할 필요 없이 매일 조금씩 근육을 키우면, 근육이 늘어날 때마다 병이 스며들 틈은 사라지고 몸은 점점 더 단단한 성벽이 될 것입니다. 오늘 만든 근육이 내일의 혈당을 지키고 훗날의 건강을 지키는 든든한 보험인 셈입니다.

당뇨병 합병증 예방: 스마트 깔창

한편, 이처럼 중요한 당뇨병 합병증을 예방하기 위한 첨단 기술로 스마트 깔창이 개발되었다는 소식이 논문을 통해 알려졌습니다. 연구진은 당뇨병 합병증 중 가장 무서운 것 중 하나인 발이 썩는 당뇨병성 족부 궤양을 예방하기 위해 이 깔창을 개발했습니다. 당뇨로 인해 신경 기능이 저하되면 발의 감각이 둔해지고, 특정 부위에 압력이 지속적으로 가해져 궤양이 생기기 때문에, 환자들에게는 발의 어느 부위에 압력이 집중되는지를 실시간으로 감지하는 것이 매우 중요합니다.

스마트 깔창은 이러한 고위험 부위를 조기에 감지하여 궤양을 예방할 수 있도록 설계되었습니다. 이 깔창은 기술적인 진보를 보여주는데, 운동 중이거나 걷거나 뛸 때 몸이 지면을 누르는 힘인 지면 반발력GRFs은 부상 예방 및 회복 모니터링에 매우 중요한 지표입니다. 기존에는 이 데이터를 측정하려면 '호스 플레이트'라는 크고 무거운 장비가 필요해 일상생활에서는 활용이 어려웠습니다. 포츠머스대학교가 개발한 스마트 깔창은 이러한 한계를 극복하고자, 단순한 압력 측정 기능을 넘어 인공지능 기반 예측 모델을 통해 3차원 지면 반발력을 정밀하게 추정할 수 있게 되었습니다. 깔창에 내장된 압력 센서와 관성 측정 장치에서 수집한 데이터를 기반으로 인공지능 모델을 학습시켜, 대형 장비 없이도 깔창 데이터만으로 지면 반발력을 예측하는 수준에 도달했습니다. 예측 오차율은 4.16%로 기존 웨어러블 장비의 8-20%보다 훨씬 정밀합니다.

이러한 성능은 운동선수의 훈련 효율 향상은 물론, 고령자나 부상 후 회복 중인 환자의 재활 과정을 정밀하게 추적하는 데도 유용하게 쓰일 수 있습니다. 모든 데이터는 블루투스를 통해 PC로 전송되며, 시간 정보가 포함된 CSV 형식으로 저장되어 다양한 분석 소프트웨어와 쉽게 연동됩니다. 앞으로 이 기술이 더욱 발전하고 확대된다면, 깔창은 단순한 신발 액세서리가 아닌 우리 몸의 움직임과 건강 상태를 실시간으로 읽어내는 중요한 인터페이스로 자리 잡게 될 것입니다.

임신성 당뇨병

임신성 당뇨병은 임신 중에 혈당이 높아지는 상태를 말합니다. 정확한 기전은 완전히 밝혀지지 않았으나, 만성적인 인슐린 저항성과 췌장 베타 세포의 기능 장애가 복합적으로 작용하여 포도당 불내성glucose intolerance이 생기는 것이 주원인입니다.

이 질환은 전 세계적으로 임신부의 약 14%에서 발생하며, 미국에서는 지속적으로 증가하여 2021년 기준 임신부의 8.3%에서 발병했습니다. 특히 40세 이상 임신부에서는 발병률이 15.6%까지 증가합니다. 임신 24~28주 사이에 주로 발생하며, 대부분 분만 후 증상이 사라지지만, 주산기 합병증의 위험과 더불어 산모와 아이 모두에게 향후 당뇨병이 발전할 위험이 증가합니다. 특별한 증세는 없을 수 있으나, 평소보다 약간 더 목마름, 피로, 잦은 소변 등의 증상이 나타날 수 있습니다. 치료는 식생활 개선, 규칙적인 운동을 기본으로 하며, 경우에 따라 메트포르민Metformin과 같은 약물이 사용됩니다. 당뇨병 전 단계는 제2형 당뇨병으로 이어지는 위험한 상태를 의미합니다.

비만, 운동 부족, 건강하지 못한 식사, 그리고 당뇨병 가족력 등이 주요 위험 요소입니다. 미국에서는 1년에 300만 명 이상에게 새로 발생하고 있습니다. 보통은 증상이 없지만, 목, 겨드랑이, 사타구니 피부가 검어지는 증상이 나타나거나, 더 심한 목마름, 배고픔, 잦은 소변, 피로, 시야 흐림, 손이나 발의 무감각 또는 따끔거림 등이 나타날 수 있습니다. 당뇨병 전 단계에서 생활 습관을 바꾸면 제2형 당뇨병으로 진행되는 것을 예방할 수 있습니다. 예방을 위한 핵심적인 방법은 과일, 채소, 견과류, 통곡물, 올리브 오일 등을 위주로 한 균형 잡힌 식사, 걷기 또는 수영과 같은 유산소 운동, 금연, 과체중 감량 등이며, 경우에 따라 혈당을 낮추는 약물을 사용하기도 합니다.

제8장

건강, 수명, 행복, 믿음과 죽음

제8장
건강, 수명, 행복, 믿음과 죽음

호기심: 노년기 인지 건강의 윤활유

누구나 건강하게 오래 살고 행복을 누리기를 원한다고 아리스토텔레스는 말했습니다. 세계보건기구WHO는 건강을 단순히 질병이 없는 상태를 넘어, 육체적, 정신적, 영혼적, 그리고 사회적 안녕이 완전한 상태로 정의합니다. 행복은 안녕, 기쁨, 또는 만족의 느낌과 정서적 상태를 의미하며, 성공, 안전, 또는 행운을 느낄 때 발생합니다. 학자들은 즐거운 일pleasure, 활동에 대한 흥미와 타인과의 연결engagement, 그리고 하고 있는 일의 의미meaning 라는 세 가지 요소를 통해 행복이 만들어진다고 설명합니다.

우리는 나이가 들수록 세상을 더 잘 안다고 생각하지만, 역설적으로 '더 잘 아는 사람'일수록 질문이 많습니다. 무슨 질문이든 던지고, 되묻고, 궁금해하는 마음이야말로 오랜 세월을 견디는 뇌의 윤활유가 됩니다. 최근 발표된 대규모 연구는 나이 든 사람들의 '궁금증'이 단순히 남은 삶을 흥미롭게 만드는 감정이 아니라, 인지 건강을 지키는 중요한 열쇠임을 보여줍니다. 그리고 그 궁금증은 생각보다 더 오래 유지됩니다.

나이와 호기심의 변화: 중년의 위기와 노년의 깊이

UCLA를 비롯한 국제 공동 연구진은 20세부터 84세까지 다양한 연령의 성인을 대상으로 호기심이 나이에 따라 어떻게 변하는지 조사했습니다. 연구자들은 호기심을 '기질적 호기심'과 '상태적 호기심'으로 구분했습니다. 기질적 호기심은 성격처럼 비교적 고정된 특성인 반면, 상태적 호기심은 특정 정보나 자극을 만났을 때 순간적으로 생기는 궁금증을 뜻합니다. 예를 들어, 평소에는 조용한 사람이 퀴즈 프로그램에서 눈을 빛내는 장면이 상태적 호기심의 전형입니다. 연구 결과, 기질적 호기심은 나이가 들수록 서서히 감소하는 경향을 보였습니다. 그러나 상태적 호기심은 중년기에 잠시 낮아졌다가, 노년기에 오히려 증가하는 곡선을 그렸습니다.

중년기는 스트레스가 많고 시간도 부족한 시기인 반면, 노년기는 비로소 자신의 관심 방향을 스스로 선택할 수 있는 시간입니다. 인생을 책장으로 비유하자면, 젊은 시절은 다양한 책을 훑어보는 시기이고, 노년은 진짜 좋아하는 책을 천천히 음미하는 시기인 것입니다. 이때의 호기심은 더 깊고, 더 정제되어 있으며 뇌를 더 단단하게 붙잡습니다.

호기심의 힘: 뇌를 확장하는 학습 전략

실제 연구에 참여한 노인들은 역사나 과학, 음식에 관한 퀴즈 문제에 대해 젊은 층보다 더 강한 호기심 반응을 보였습니다. 이는 단순한 재미를 넘어 뇌가 이미 알고 있는 지식과 새로운 정보를 연결하려는 본능적인 활동일 수 있습니다. 기존 지식과 연관된 정보는 뇌에 부담을 덜 주면서도 더 쉽게 저장되고, 더 오래 기억됩니다. 호기심은 단순한 감성이 아니라 학습의 불씨이며, 노년기의 뇌가 외부 자극에 스스로 깨어나는 방식이기도 합니다.

결국, 나이가 든다는 것은 새로운 것에 대한 관심을 잃는 것이 아니라 관심의 방향이 정밀해지는 과정이며, 그 과정에서 뇌는 여전히 배우고 연결하며 확장될 수 있습니다. 무엇이든 새롭게 궁금해하고 나만의 관심사에 몰두하는 일은 단순한 취미가 아니라 뇌 건강을 지키는 실제 전략입니다. 지적인 갈증을 유지하는 사람은 나이가 들어도 생각이 마르지 않는 법이며, 우리의 뇌는 여전히 살아 있는 배움의 도서관입니다.

장수와 건강한 노화: 고대 기록부터 현대 과학까지

성경 구약 기록에 따르면, 구약시대 사람들의 평균 수명은 약 300년 정도로 알려져 있습니다. 그중 노아는 950년, 특히 그의 조부인 므두셀라Methuselah는 채소와 과일만 섭취하며 969년이라는 최장수 기록을 세웠습니다Methuselah syndrome. 반면, 믿음의 조상 아브라함은 175년, 홍해를 건너며 메추라기 같은 육식을 했던 모세는 120년을 살았습니다. 이는 현재의 최장수 연령과 유사합니다.

인간과 비슷한 DNA를 가진 초파리가 5시간, 쥐가 5년, 개가 15년의 수명을 갖는 것에 비추어 볼 때, 만물의 영장인 인간에게는 더 오래 살도록 하는 특별한 이유가 있는 듯합니다. 기독교인들은 각자에게 부여된 하나님의 전도 사명을 완수하기 위해 건강해야 하나님의 뜻을 살피고 제자도를 실행할 수 있다고 믿습니다.

60세를 넘기면 흔히 나이를 자주 잊게 되는데, 이는 단순히 기억력이 흐려지는 것이 아니라, 나이라는 숫자에 얽매이지 않고 현재의 상태와 가능성에 집중하려는 마음이 커진 탓일 수도 있습니다. 나이를 먹어도 기대 여명이 줄지 않을 것이라는 희망이 커지고 있으며, 단순히 오래 사는 것을 넘어 삶의 질과 기능적 독립성이 중요한 시대로 접어들고 있습니다.

지중해식 식단과 장수의 비밀: 이탈리아 칠렌토 마을의 CIAO 연구

"지중해식 식단이 몸에 좋다"는 말은 이제 상식이 되었습니다. 싱싱한 채소에 핵심적인 불포화 지방산이 많은 올리브 오일을 살짝 둘러 먹고, 생선과 견과류를 곁들이며, 저녁에는 와인 한 잔으로 속이 편안해지는 식사 방식입니다. 실제로 이러한 식단을 평생 이어온 사람들이 백세를 넘겨 건강하게 살아가고 있습니다.

이탈리아 남부의 바닷가 마을인 칠렌토Cilento에서 지난 10년 동안 진행된 CIAOCilento Initiative on Aging Outcomes 연구는 장수와 건강한 노화를 주제로 한 국제 공동 연구입니다. 2016년에 시작해 10년째를 맞은 이 연구에는 이탈리아와 미국의 여러 대학 및 기관이 참여하고 있으며, 이 지역의 백세 어르신들이 직접 참여했습니다. 이들은 단순히 오래 사는 것을 넘어, 약을 덜 먹고도 심장이 튼튼하고 기억력이 또렷한 건강한 삶을 누리고 있습니다.

그 비결 중 하나가 바로 우리가 익히 알고 있는 지중해식 식단이라는 사실이 다시 한번 입증되었습니다. 이들에게 음식은 단순한 영양 섭취가 아니라 삶의 방식이자, 문화이며, 관계의 언어입니다.

장수하는 삶의 방식: 유전자보다 중요한 매일의 선택

CIAO 연구는 식단 하나만을 들여다보지 않았습니다. 과학자들은 혈액 속 단백질부터 줄기세포, 장내 세균, 정신 건강, 회복 탄력성, 심지어 가족 관계와 종교까지 매우 다양한 요소들을 함께 분석했습니다. 노화라는 현상이 단 하나의 원인으로 설명되지 않기에 가능한 모든 조각을 모아 퍼즐을 맞추는 작업을 통해, 단순히 수명을 늘리는 것을 넘어 '어떻게 살아야 건강하게 나이 들 수 있을까'라는 질문에 대한 단서늘을 찾기 시작했습니다.

이곳 백세인들은 미래를 걱정하기보다 오늘 하루의 햇살을 더 소중히 여기며 살아갑니다. 이들의 혈관 미세순환 상태는 젊은 사람 못지않았고, 심장 질환도 적었으며, 우울이나 고독감도 낮았고 기억력 또한 훨씬 또렷했습니다. 연구팀은 이러한 결과가 유전자 때문이라기보다는, 매일의 식사와 움직임, 주변 사람들과의 관계에서 비롯된 것이라고 분석합니다.

지혜를 측정히는 심리 척도에서 삶에 대한 이해, 감정 조절 능력, 관용 같은 요소들이 실제 건강과 밀접하게 연관되어 있다는 분석도 나왔습니다. 결국 오래 살아온 시간 자체가 이들의 몸과 마음을 더 유연하고 단단하게 만든 셈입니다. 백세를 사는 것이 그리 특별한 일이 아닐 수도 있지만, '어떻게 살아가느냐'가 건강과 직결된다는 사실은 분명합니다.

아침 햇살을 조금 더 느긋하게 받아들이고, 이웃과 웃으며 대화를 나누는 일상 속에서 우리는 이미 장수를 향한 조용한 선택을 하고 있는 것입니다. 백세인을 꿈꾼다면 약장보다는 식탁과 마을 광장을 먼저 들여다보아야 할 것입니다.

현대 노년층의 기능성 향상과 장수의 비밀

최근 연구에 따르면, 오늘날의 노년층은 과거 세대보다 더 나은 신체적, 정신적 기능성을 유지하며 노화에 적응하고 있습니다. 이는 영양, 위생, 교육의 발전과 의료 기술의 진보가 가져온 놀라운 변화의 혜택입니다.

콜럼비아 대학 고령화 센터의 연구에서는 1950년에 태어난 68세 노인이 1940년에 태어난 62세 노인과 유사한 기능을 보였으며, 이전 세대와 비교할수록 더 큰 기능 개선이 관찰되었습니다. 그러나 이 연구는 비만과 만성 질환의 증가가 이러한 긍정적인 경향을 방해할 가능성이 있다고 경고하며, 건강한 생활 방식을 유지하는 것의 중요성을 강조했습니다.

이 연구는 단순히 오래 사는 것을 넘어 어떻게 더 잘 살아야 하는가에 대한 질문을 던지며, 나이를 숫자가 아닌 삶의 질과 기능성으로 바라보고 과거의 틀에서 벗어나 현재에 집중하며 자신의 가치를 재발견하여 더 나은 미래를 설계하는 과정을 가르칩니다. 장수란 평균보다 더 오래 건강한 삶을 의미하며, 이를 위해서는 식물성 식사, 금연, 스트레스 저하, 적당한 규칙적 운동, 충분한 수면 등의 건강한 습관이 필수적으로 이어집니다.

외로움은 비만보다 강력한 조기 사망 위험 요인 중 하나입니다. 최근 연구들은 사회적 관계의 질이 장수에 미치는 영향이 매우 중요함을 강

   건강과 신앙_마흔에 시작하는 질병예방

조하고 있는데, 외로움이 만성 질환과 조기 사망의 위험을 높이기 때문입니다. 2017년 메타 분석 연구에서는 외로움이 비만보다 더 강력한 조기 사망의 원인 요인으로 나타났습니다. 이후 연구들에서도 2018년 연구는 외로움이 치매 위험을 높이고, 2020년 연구는 당뇨병과도 연관이 있음을 밝혔습니다. 2024년 연구에서는 외로움이 뇌졸중 위험을 25% 높인다고 보고했습니다. 흥미로운 사실은 외로움을 느낄 때 뇌의 특정 영역이 활성화되는데, 이 영역이 배고픔을 느낄 때 활성화되는 곳과 같다는 점입니다. 이로써 외로움은 사회적 연결에 대한 배고픔으로 표현될 수 있습니다.

외로움을 느끼는 사람들은 신체 활동이 감소하고 가공식품 섭취가 늘어나며, 과음, 흡연, 약물 남용 등에 빠지기 쉽고 수면 위생이 나빠지는 경향이 있어 만성 질환의 위험을 높이는 원인이 될 수 있습니다. 외로움을 해소하지 못하면 우울증, 스트레스, 신체적 질병으로 이어질 가능성이 있습니다. 외로움을 극복하기 위한 첫걸음은 자신에게 친절해지는 것입니다. 현재의 상황을 받아들이고 스스로 해결할 수 있는 것들에 집중하는 것이 중요합니다. 혼자만의 시간을 긍정적으로 바꾸는 방법으로는 다음의 실천 전략들이 있습니다.

- ◉ 건강한 생활 습관: 충분한 수면, 규칙적인 운동, 건강한 식사 섭취
- ◉ 사회적 연결: 친구나 가족과의 적극적인 소통, 심리적 안정감을 주는
  좋은 환경 조성, 새로운 취미나 온라인 커뮤니티 또는 공동 학습 활동 참여
- ◉ 자연과의 접촉: 산책이나 등산을 통한 자연과의 교감

특히 교회 활동을 통한 성도의 교제는 심리적 안정감과 사회적 연결을 제공하며 건강에 큰 도움이 됩니다.

몸의 근본과 장 건강의 중요성: 히포크라테스의 지혜

우리의 몸은 물70-80%과 흙23개 원소으로 창조되었으며, 이 23개 원소 중 99%는 탄소C, 수소H, 산소O, 질소N, 칼슘Ca, 인P, 나트륨N), 염소Cl의 8가지 원소로 이루어져 있습니다.

기원전 3세기에 83세까지 살았으며 '의학의 아버지'라 불리는 그리스의 히포크라테스Hippocrates는 "모든 병은 장으로부터 시작한다"고 선언하며, "음식을 약으로 삼아라. 음식으로 고치지 못하는 병은 의사도 약도 못 고친다"고 강조했습니다. 장은 단순히 음식 섭취 기관을 넘어, 독소를 해독하는 '제2의 간'이자, 가장 큰 면역 기관이며, 뇌신경 전달 물질 등을 생산하는 '제2의 뇌'라고 알려져 왔습니다.

장에는 약 1.5kg으로 뇌 무게와 비슷한 무게의 균이 약 200조 개나 서식하며 뇌와 밀접한 관계를 맺고 있습니다. 유산균 같은 좋은 균을 프로바이오틱스probiotics라 하며, 이 유익균을 먹이는 섬유질 채소 음식을 프리바이오틱스prebiotics라 합니다. 한국의 김치는 이 두 가지 영양분을 모두 가지고 있습니다. 구약성경에 나오는 선지자 다니엘Daniel이 기름진 왕의 음식을 먹지 않고 채소와 물만 섭취하여 얼굴이 윤택했다고 기록된 것처럼, 소위 건강식인 지중해식 식단은 이러한 다니엘 식단Daniel diet에서 유래한 것입니다.

체중계의 배신: 심혈관 나이와 지방의 위치

몸무게가 늘면 걱정하고 줄면 안심하지만, 체중이 모든 것을 말해주지는 않습니다. 보통 건강검진에서 BMI체질량 지수를 통해 정상, 과체중, 비만을 판단하지만, BMI는 키와 몸무게로만 계산하기 때문에 근육과 지방을 구분하지 못하는 한계가 있습니다. 이로 인해 겉보기에는 말랐는데 내장 지방이 많은 사람이나, 운동선수처럼 근육이 많아 체중이 높은 사람을 정확히 평가하지 못합니다. BMI가 비슷하더라도 어떤 사람은 건강하고, 어떤 사람은 심혈관 질환 위험이 높은데, 그 이유는 바로 지방이 어디에 있느냐는 것입니다. 최근 연구에서는 MRI와 AI를 이용하여 이 비밀을 밝혀냈습니다. 인공지능이 예측한 심장과 혈관의 실제 나이, 즉 '심혈관 나이'를 분석한 것입니다.

연구팀은 영국 바이오뱅크 등록자 2만 1,241명을 분석하여 AI로 심혈관 나이를 예측하고, 실제 나이와 비교해 에이지-델타라는 개념을 만들었습니다. 값이 플러스면 심장이 나이보다 늙은 것이고, 마이너스면 더 젊은 것을 의미합니다. 분석 결과, 남녀 모두에게 공통의 적은 바로 내장 지방이었습니다. 뱃속 장기를 감싸는 이 지방은 심혈관 노화를 강력하게 촉진했으며, 근육에 스며든 지방이나 간에 쌓인 지방도 마찬가지였습니다. 단순히 몸무게가 아니라 지방의 위치가 중요하다는 사실이 드러난 것입니다.

남녀 간에는 흥미로운 차이가 있었는데, 남성은 내장 지방뿐만 아니라 복부 지방, 상체에 몰리는 남성형 지방이 문제였고, 여성은 내장 지방은 여전히 위험했지만, 엉덩이나 허벅지에 쌓이는 여성형 지방은 오히려 심혈관 노화를 늦췄습니다. BMI는 근육과 지방을 구분하지 못하여, 과체중으로 분류된 여성 중 31%는 실제로는 정상 지방량이었고, 과체중 남성 중 23%는 실제로는 비만이었습니다. 또한, 비만이라도 꾸준히 운동하는 사람은 그렇지 않은 사람보다 심혈관 나이가 젊었습니다.

하지만 내장 지방이 많으면 운동만으로는 한계가 있어, 최근에는 내장 지방을 줄이는 약물, 예를 들어 GLP-1 작용제 같은 치료법이 주목받고 있습니다. 이제는 단순한 체중 감량보다. 어떤 지방을 줄이느냐가 더 중요하다는 시대가 온 것이며, 건강의 비밀은 체중계가 아니라 지방의 위치에 있습니다.

노화와 지방조직: 면역세포 균형의 붕괴

나이가 들면 뱃살이 쉽게 빠지지 않고 몸속 염증이 늘어나는 이유는 단순히 운동량이 줄거나 칼로리를 많이 섭취해서만은 아닙니다. 지방조직 속에 살고 있는 특별한 면역세포들의 변화가 큰 역할을 합니다. 특히 신경 옆에서 함께 지내는 대식세포라는 세포가 중요한데, 이 세포는 원래 죽은 세포나 세균을 먹어 치우는 청소부 같은 역할 외에도 지방조직 안에서 신경과 직접 신호를 주고받으며 지방 대사를 섬세하게 조절하는 조절자 역할까지 합니다. 젊을 때는 이 신경 연관 대식세포가 마치 체온 조절기처럼 작동하여 지방이 잘 분해되도록 돕지만, 나이가 들면 점차 줄어듭니다. 대신 염증을 일으키는 대식세포가 늘어나면서 상황이 나빠집니다.

이 중요한 대식세포가 사라지면 지방세포는 신경에서 오는 신호에 점점 둔감해집니다. 지방을 분해하라는 신호가 과도하게 들어오다 보니, 아예 반응을 거의 하지 않게 되는 저항성이 생겨, 결국 지방은 계속 쌓이고 염증은 심해지는 악순환이 반복됩니다. 이 과정은 노화가 단순히 세포가 늙는 것이 아니라, 몸을 지켜주던 좋은 세포가 점점 사라지고 문제를 일으키는 세포가 늘어나는 과정임을 보여주며, 실제로 지방조직 속 면역세포의 균형이 무너지면 비만이나 당뇨 같은 대사 질환에 큰 영향을 줍니다.

앞으로 이 특별한 대식세포의 기능을 보존하거나 회복시키는 방법이 개발된다면, 단순히 체중 감량에 도움이 되는 수준을 넘어, 건강하게 나이 드는 방법을 찾는 열쇠가 될 수 있습니다. 지방은 단순한 에너지 창고가 아니라, 신경과 면역이 만나는 중요한 장인 것입니다.

   건강과 신앙_마흔에 시작하는 질병예방

장 건강: 면역의 사령부와 고지방 식단의 위험성

'장 건강'이라는 단어를 들으면 단순히 소화를 돕는 기관으로 생각하기 쉽습니다. 하지만 장은 단순한 소화 공장이 아니라, 몸 전체의 면역을 책임지는 중요한 사령부입니다. 이곳에는 외부 침입자를 막아내는 든든한 파수꾼들이 촘촘히 자리 잡고 있습니다.

최근 연구에 따르면, 무심코 즐기는 고지방 식사가 이 섬세한 장 건강에 생각보다 큰 균열을 낼 수 있으며, 심지어 단 며칠간의 고지방 식단만으로도 장이 큰 타격을 입을 수 있다고 경고합니다.

고지방 식사와 면역세포(ILC3)의 붕괴

최근 연구는 고지방 식사가 우리 장 속의 중요한 수호자인 제3형 선천성 림프구ILC3의 기능을 망가뜨린다는 사실을 밝혀냈습니다.

평소 ILC3는 장내 미생물이 만들어내는 폴리아민이나 단쇄 지방산 같은 '좋은 친구들' 덕분에 튼튼하게 제 역할을 수행합니다. 이 ILC3는 'IL-22'라는 보호 물질을 분비하여 장 점막을 튼튼하게 하고 해로운 세균의 침입을 막는 항균 펩타이드를 만들도록 돕습니다. 그러나 고지방 식사를 시작하면 이러한 유익한 물질들이 줄어들고, ILC3의 기능이 약해지면서 장벽이 허물어지고 염증이 쉽게 생기는 취약한 상태로 변하고 맙니다. 지방산 종류에 따른 장 건강 영향이 연구는 지방산의 종류에 따라 ILC3가 받는 영향이 다르다는 사실도 함께 밝혀냈습니다.

불포화 지방산예: 올레산, 올리브유에 많음은 ILC3 내부에 '지방 방울'을 만들어 오히려 IL-22 생산 능력을 유지하는 데 도움을 줍니다. 포화 지방산예: 팔미트산, 육류 비계나 가공식품에 많음은 ILC3의 기능을 직접적으로 억제하여 장 염증을 부추기는 주범이 됩니다. 이는 특정 지방산 자체가 우리 장 속의 면

역 세포에 직접적인 '독'으로 작용할 수 있음을 의미합니다. 단순히 살이 찌고 안 찌고의 문제를 넘어, 고지방 식단이 장내 미생물 환경을 교란하고, 더 나아가 핵심 면역 세포인 ILC3의 작동 방식을 직접적으로 방해하여 장 건강의 근간을 흔든다는 것입니다.

따라서 당장의 맛과 편리함보다는 장 건강을 지키는 식단을 선택하는 것이 먼 미래의 건강을 위한 가장 확실한 투자이며, 장 건강이 곧 우리의 삶의 질을 결정하는 핵심입니다.

피부 가스 분석: 비접촉 건강 모니터링의 시작

우리가 거울을 통해 피부를 보지만, 피부는 사실 몸속 건강을 비추는 거울입니다. 피부 트러블이나 여드름 같은 변화는 장내 세균의 균형과 밀접하게 연결되어 있으며, 장내 세균은 면역 반응과 염증 조절, 피부 장벽 유지에 중요한 역할을 합니다.

이 미세한 생태계가 흔들리면 피부가 가장 먼저 신호를 보내며, 몸속에서 시작된 작은 불균형이 피부라는 창을 통해 조용히 드러나는 것입니다. 인체는 숨을 쉬고 땀을 흘리듯이 피부를 통해서도 다양한 기체를 자연스럽게 내보냅니다.

최근 노스웨스턴대학 연구진은 이러한 피부 가스를 정밀하게 측정하는 세계 최초의 비접촉 웨어러블 장치를 개발했습니다. 이 장치는 피부에 직접 닿지 않아도 수증기, 이산화탄소, 휘발성 유기화합물VOC과 같은 물질을 감지하여 피부의 상태는 물론 전신 건강까지 평가할 수 있습니다.

피부 가스 분석: 비접촉 웨어러블 장치의 혁신

기존의 피부 수분 손실 측정 장치들은 크기가 크고 고정형이어서 의료기관 내에서만 사용이 가능했습니다. 하지만 최근 노스웨스턴대학 연구진이 개발한 비접촉 웨어러블 기기는 이러한 한계를 극복했습니다.

　　　이 장치는 약 2cm 크기로, 피부 위를 몇 밀리미터 떠서 부유하듯 작동합니다. 피부에서 자연 발생하는 기체의 농도를 시간에 따라 정밀하게 분석함으로써, 피부의 상태와 전신 건강을 평가할 수 있게 되었습니다. 이 장치는 수증기, 이산화탄소, 휘발성 유기화합물voc과 같은 피부 가스를 감지합니다. 피부 수분 손실 증가, 이산화탄소 및 VOC농도 상승은 감염이나 조직 손상의 조기 징후입니다. 이러한 데이터를 실시간으로 분석할 수 있다면 상처 관리, 감염 조기 발견, 수분 손실 모니터링에 강력한 도구가 되어 치료를 앞당길 수 있습니다. 특히 당뇨병성 궤양 환자에게 큰 도움이 될 전망입니다.

　　　이 기술은 모기에 잘 물리는 사람의 특성을 분석하거나, 화장품이 피부에 얼마나 효과적으로 흡수되는지를 측정하는 등 다양한 분야로 확장될 잠재력을 가지고 있습니다. 향후 연구팀은 pH 센서 추가, 특정 화학 물질에 대한 선택적 감지 능력 강화 등 기술 고도화를 계획하고 있습니다. 피부를 통한 가스 분석은 단순한 피부 상태 모니터링을 넘어 조기 질병 진단 및 전신 건강 평가로 이어지는 새로운 지표가 될 가능성을 열어주고 있습니다. 인체가 끊임없이 자신을 알리는 신호를 과학적으로 읽고 해석하는 새로운 창이 열린 것입니다. 피부는 더 이상 단순한 보호막이 아니라 몸속 변화를 가장 먼저 포착하는 정밀한 관측소가 되고 있습니다.

pH 균형: 알칼리성과 뼈 건강

우리 몸은 pH7.35-7.45의 약알칼리성일 때 가장 건강하며, 산성pH 7.0 이하이 되면 질병이 발생하고 신하면 사망에 이를 수 있습니다. 대부분의 채소는 알칼리성인 반면, 대부분의 동물성 고기와 탄산음료soda는 산성입니다. 골다공증은 몸의 산성화를 막기 위해 뼈에 저장된 칼슘이 빠져나오는 현상으로 볼 수 있습니다. 40세 이후부터 뼈를 만드는 조골세포는 줄어들고 뼈를 파괴하는 파골세포가 증가하므로, 비타민 D가 풍부한 우유milk나 Milk Basic Protein을 적당히 섭취하고 햇볕을 쬐어 비타민 D를 활성화시켜야 뼈를 튼튼하게 유지할 수 있습니다.

산소의 역설과 활성 산소

우리 몸을 산성으로 만드는 물질 중 하나는 우리가 호흡하는 산소입니다. 우리는 산소 없이는 살 수 없지만, 또 산소 때문에 노화되는 산소의 역설oxygen paradox이 존재합니다. 스트레스 등으로 인해 세포의 산화 작용에서 지나치게 많이2% 이상 생성되는 활성 산소는 우리 DNA 자체를 손상하여 노화 및 모든 질병의 근본 원인이 됩니다.

히포크라테스의 전인 의학과 깊은 사고의 힘

'의학의 아버지'인 히포크라테스Hippocrates는 "병 자체를 아는 것보다 병을 앓고 있는 사람을 아는 것이 더 중요하다"고 말하며 전인 의학holistic medicine을 강조했습니다. 동양의 사례를 보면, 중국을 최초로 통일한 진시황은 당시 평균 수명20-25세보다 오래인 49세까지 살았지만, 당시 유교 사상가였던 공자73세, 맹자82세, 순자60세는 더 오래 살았는데, 이는 깊은 사고가 장수나 건강에 연관이 있음을 시사합니다.

전 남아프리카 공화국 대통령 넬슨 만델라Nelson Mandela는 반anti 아파르트헤이트 운동으로 무기징역을 받아 27년 만에 석방될 때도 건강한 모습을 유지했습니다. 그는 그 이유를 매일 아침을 마지막 날로 생각해서 할 일을 정리하고 매일 밤 살아있는 것에 감사했기 때문이라고 고백했으며 95세까지 살았습니다.

영국의 이론 물리학자 스티븐 호킹Stephen Hawking은 22세에 평균 3년밖에 살지 못하는 루게릭병amyotrophic lateral sclerosis 진단을 받았지만 76세까지 살았습니다. 그는 그 이유를 매일 아침 바그너 음악을 들으면서 깊은 생각 내지 묵상을 한 덕분이라고 말했는데, 이는 그들에게서 엔도르핀보다 4,000배 정도 더 강력한 효능을 가진 디도르핀didorphine이 분비되어 초인간적인 능력을 발휘했을 가능성을 시사합니다.

묵상의 건강 효과: 뇌와 신체를 젊게 유지하는 비결

한 연구에 따르면, 꾸준히 탁월한 묵상을 하는 사람들은 사망률이 25% 감소하고, 심혈관 질환 발병률이 30% 감소, 암으로 인한 사망률이 49% 감소한다고 발표되었습니다.

묵상은 단순히 마음을 안정시키는 것을 넘어 뇌와 몸을 젊게 유지하는 데 큰 도움을 줍니다. 염증을 줄이고 장 건강을 증진시킵니다. 뇌 연결을 원활하게 하여 알츠하이머 치매 발병을 지연시킵니다. 50세에는 대조군보다 7.5세 더 젊은 뇌를 갖게 합니다.스트레스 호르몬 수준을 낮추고 텔로미어telomere와 미주신경vagus nerve의 기능을 돕습니다. 또 산화 스트레스와 혈압을 낮추고 면역계를 향상시킵니다.

인체의 구성과 정신의 힘: 영혼의 여정

우리의 몸은 육체, 정신, 영혼이 한데 뭉쳐진 존재입니다. 흙에서 창조된 인간은 영원히 살지 못하고 약 80여 년을 살다 죽음을 맞이하며, 살과 피, 신경, 섬유소 등으로 구성된 육체는 흙으로 돌아갈 수밖에 없습니다. 무궁한 작은 우주인 혼지성, 감정, 의지를 종합한 마음도 결국 자취를 감추지만, 기독교인들은 영은 인체를 떠나 영생의 나라로 돌아간다고 믿습니다.

　　　지성을 주관하는 대뇌에는 약 1천억 개의 신경세포가 있으며, 한 신경세포가 다른 만 개의 신경세포와 연결network되어 기억 재생, 상상, 이성적 사고와 판단을 수행합니다. 감정을 담당하는 대뇌 변연계는 본능적 감성을 대뇌와 연계하여 고차원적인 감성을 조절하며, 해마hippocampus와 편도체amygdala가 있어 분노, 공포, 짧은 새 기억 등에 관여합니다. 의지에 관여하는 시상과 시상하부는 여러 호르몬을 분비하여 의지나 욕구를 갖게 하는 작용을 합니다.

　　　너무나도 정교하고 신비하게 지어진 우리 몸속에는 약 10조 개의 세포가 있는데, 각 세포 안에 있는 염색체 끝의 텔로미어telomere라는 성분이 텔로머레이스telomerase라는 효소로 인해 점점 녹아 짧아지면서 노화하고 결국 죽음에 이르게 됩니다. 현대 의학은 약물로 텔로머레이스를 약화시켜 125세까지 생명을 연장시킬 수 있다고 주장하지만, 정신이 건강하지 못하면 '사람답게' 살지 못하기에 많은 사람들은 90세 이상 살기를 원하지 않습니다.

　　　사람답게 사는 것은 건강하여 아름답게 늙고 또 행복하게 웃으며 죽는 것입니다. 우리가 절제하며 항상 기뻐하고 작은 일에 감사하는 삶을 살면 병도 잘 걸리지 않고 치료도 잘 되어 행복한 삶을 누릴 수 있습니다.

웃음 치료의 효과: 불안 해소와 삶의 만족도 향상

최근 발표된 메타 분석 연구에 따르면, 웃음 치료가 성인의 불안감 해소와 삶의 만족도 향상에 상당한 효과가 있는 것으로 나타났습니다. 이 연구는 여러 무작위 대조군 연구들을 종합적으로 분석한 결과이며, 특히 웃음 요가가 불안감 감소 및 삶의 만족도 향상에 가장 효과적이었습니다. 웃음 치료는 의도적으로 웃음을 유도하는 활동으로, 웃음 요가, 유머 훈련, 병원

　　　　　　　　　　건강과 신앙＿마흔에 시작하는 질병예방

광대 공연, 온라인 웃음 치료 등 다양한 방법이 사용됩니다. 웃음 요가는 웃음과 호흡 운동을 결합한 요법으로, 특별히 재미있는 상황이 없어도 웃음을 유도하여 큰 효과를 보였습니다.

병원 광대 공연은 훈련을 받은 광대가 유머와 놀이를 통해 환자의 불안감을 덜어주는 치료법인데 온라인 웃음 치료는 상대적으로 효과가 미미했습니다. 웃음 치료는 건강한 사람뿐 아니라 수술 환자, 암 환자, 파킨슨병 환자 등에게도 긍정적인 영향을 주었습니다. 웃음은 단순히 안면 근육 운동이 아니라, 뇌와 호르몬, 자율신경계에 영향을 주는 강력한 생리 반응입니다.

웃으면 스트레스 호르몬이 줄고, 긍정적인 감정이 늘어나면서 사고가 유연해지고 문제 해결 능력이 좋아집니다. 힘든 상황도 도전 과제로 바라보게 되고, 주위 사람과의 유대감이 깊어짐으로써 불안이 완화되고 '살 만하다'는 느낌이 강해집니다. 물론 웃음이 모든 문제를 해결하진 않지만, 하루에 10분만이라도 의도적으로 웃는 시간을 만든다면 뇌와 몸은 그 변화를 차곡차곡 쌓아갑니다. 거울 앞에서 혼자 웃거나, 재미있는 영상을 보거나, 웃음 요가 동영상을 따라 하는 것도 좋은 방법입니다. 건강을 위해 걷기나 식단 조절을 하듯, 웃는 습관을 만드는 것은 부작용이 없고, 어디서나 누구나 할 수 있는 무료 처방입니다.

질병의 원인과 만성 질환의 난제

질병은 크게 네 가지, 즉 감염성, 결핍성, 유전성, 그리고 생리학적 질병으로 분류되며, 전염성 질환과 비전염성 질환으로도 나눌 수 있습니다. 우리 몸 안에서 좋은 물질과 나쁜 물질의 평형을 깨는 요인은 매우 많으며, 그중 스트레스가 가장 잘 알려져 있습니다. 이 평형을 유지하는 데 가장 중요한 요소는 육체적 운동입니다.

개인별 치료의 한계와 변이모든 인간은 DNA 안의 네 가지 염기 배열이 각기 다르기 때문에, 약 3만 개의 유전 인자를 통해 부모로부터 물려받은 변할 수 없는 독특한 성품과 기능을 가집니다. 따라서 똑같은 사람은 존재할 수 없고, 같은 진단명의 질병이라도 개인마다 특성이 달라 같은 치료에 대한 반응은 모두 다르게 나타납니다. 이 때문에 일률적인 치료가 불가능하며, 아무리 경험이 많은 전문의라도 치료 효과를 정확히 예측하기는 힘듭니다. 또한, 세균, 바이러스, 암 등 생물체는 생존을 위해 주어진 환경에서 끊임없이 변이mutation를 일으킵니다. 매 순간 달라지는 변화무쌍한 만성병들은 같은 치료를 계속 효과적으로 유지하기 어렵게 만듭니다.

만성병 연구의 난제는 세계적으로 인간의 수명이 연장되고 인간으로 인해 변이된 세균, 바이러스들이 생겨나면서 모든 질병이 증가하는 추세라는 점입니다. 지난 수십 년 동안 엄청난 자금으로 각종 만성병에 대한 연구를 해왔지만, 아직도 근본적인 원인, 기전, 또는 치료법이 특별히 달라지지 못하고 있는 것은 안타까운 일입니다.

노화의 메커니즘과 건강 유지 전략: 불변의 체온과 세포 재생 능력

인류가 알려진 이래 어느 곳에 있든 우리 몸 내부 온도는 신기하게도 36.5°C로 고정되어 있습니다. 또한, 우리 몸의 각 장기 세포가 계속해서 죽고 재생되는 것 역시 신비롭습니다. 하지만 나이가 들어갈수록 이 재생 능력이 약화되므로, 근육과 신경 세포에는 더 많은 자극이 필요합니다.

우리 인생은 약 1/4은 성장 기간이고, 나머지 3/4은 퇴화기라고 할 수 있습니다. 세포 증식은 약 29세까지 고조를 이루다가, 40세부터는 우리 몸에서 분비되는 각종 필요한 효소 및 호르몬 등이 적게 나오기 시작합니다. 따라서 이 시기부터 점점 적게 먹는 것이 건강을 유지하는 기본적인 방법입니다. 거의 1천억 개의 뇌 신경 세포 중 하루에 10만 개가 죽고 재생되지만, 60세부터는 재생 능력이 10% 이상으로 떨어집니다. 이로 인해 70세부터는 판단력이 흐려지고 성격 등이 변하게 됩니다. 근육 세포 또한 70세가 되면 30% 이상 재생이 되지 않아 기능이 약화됩니다.

질병 촉진 요인질병의 원인이 되는 요인은 매우 많습니다. 그중 스트레스가 가장 잘 알려져 있습니다. 감기 등 많은 바이러스 감염이 위암, 간암, 자궁암 등을 유발하고 있으며, 삼겹살 등에 있는 동물성 포화 지방은 만성 염증을 일으켜 모든 질병의 원인과 연관되거나 질병을 촉진합니다.

골다공증: 뼈의 흡수와 재생 불균형

우리 몸은 항상 뼈 조직을 흡수하고 재생시키는데, 나이가 들면서 새로운 뼈의 창조 속도가 오래된 뼈 재건 속도를 따라가지 못해 골다공증이 발생합니다. 골다공증은 특히 백인과 아시아 여성에게서 가장 위험하며, 50세가 넘은 미국인의 12.6%에서 발생하고, 여성19.6%이 남성4.4%보다 훨씬 더 흔하게 나타납니다. 2025년에는 골다공증과 연관된 골절로 인해 25.3조 원의 경비가 예상되고 있습니다.

한국의 유병률은 계속 증가하여 2020년에는 70세 이상에서 47.9%에 달하며, 여성은 남성보다 약 5배37.3% 대 7.5% 더 높습니다. 골다공증의 원인으로는 노화, 비만적은 근육, 비활동, 흡연니코틴은 뼈 생산을 서해하고 칼슘 흡수를 낮춤, 과음, 비타민 D, 칼슘, 과일 및 채소 부족, 낮은 성호르몬, 스테로이드 및 발작 약물 섭취, 갑상선 기능 과잉, 류마티스 관절염, 부갑상선 기능 항진증 등이 있습니다.

특히 한국인, 특히 여성분들은 우유 섭취 부족으로 인한 비타민 D 결핍 때문에 골다공증이 발생하는 경우가 많습니다. 뼈 손실의 초기 증상은 없지민, 뼈기 약해지면 등 통중, 키 감소, 구부정한 자세와 함께 쉽게 부러지는 뼈가 생깁니다. 또한, 렙틴leptin 저항으로 인해 비만, 신장 기능 저하 및 불면증이 발생하기도 합니다. 골다공증의 진단은 비타민 D, 칼슘, 성호르몬 등의 혈액 검사 외에 DEXA scan을 이용한 뼈 밀도BMD 측정으로 이루어집니다. 정상과 비교한 T-score가 -1에서 -2.5 사이이면 골감소증osteopenia으로, -2.5보다 더 낮으면 골다공증으로 진단됩니다.

무릎 통증의 진실: X-ray의 양면성과 올바른 이해

무릎이 아파 정형외과에 갔을 때 가장 먼저 하는 검사는 X-ray입니다. 그런데 X-ray를 찍고 그 사진을 보는 것만으로 환자의 생각이 크게 바뀐다는 사실이 호주 연구팀의 실험을 통해 밝혀졌습니다. X-ray를 본 환자들은 그렇지 않은 환자들에 비해 "결국 인공 관절 수술이 필요할 것"이라고 믿는 경향이 강했습니다. 이는 X-ray 사진에서 좁아진 관절 간격이나 뼈의 돌기골극를 보고 '내 관절이 닳아서 망가졌다'고 단정하기 때문입니다. 자연스레 '이건 저절로 나아지지 않겠구나, 결국 수술해야겠네'라는 생각으로 이어지기 쉽습니다.

하지만 실제로는 X-ray가 심각해 보여도 통증이 없는 경우가 많고, 반대로 X-ray가 깨끗한데도 통증이 심한 사람도 흔합니다. 통증은 단순히 뼈나 연골만의 문제가 아니라 심리적, 사회적 요인이 얽힌 복잡한 현상이기 때문입니다.

대부분의 관절염은 적절한 운동과 체중 조절만으로도 오랜 기간 통증 없이 잘 지낼 수 있습니다. 물론 골절이나 다른 심각한 질환이 의심되는 특수한 경우라면 X-ray가 필수적입니다. 그러나 단순한 무릎 통증에서 X-ray가 반드시 필요하지 않음에도 많은 의사와 환자가 X-ray를 당연시하는 이유는 '눈에 보이는 확신'을 주기 때문입니다. 문제는 이 확신이 오히려 불안을 키우고, 불필요한 수술을 서두르게 만들 수 있다는 점입니다. 무릎의 미래는 X-ray 사진이 아니라, 올바른 이해와 올바른 움직임에 달려 있습니다.

골다공증의 치료와 예방: 생활 습관 및 약물 요법

골다공증 치료의 핵심은 뼈 골절을 예방하는 것입니다. 이를 위해 건강한 식사, 무게를 주는 유산소 운동weight-bearing aerobic exercise, 그리고 약물 복용을 신경 써야 합니다.

생선 위주의 식단, 충분한 과일과 채소 및 수분 섭취, 포화 지방, 설탕 및 소금 줄이기, 아침 식사를 거르지 않는 것이 중요합니다. 특히 비타민 D가 풍부한 달걀과 칼슘이 많은 멸치, 우유 등을 섭취하도록 합니다. 또 망막을 자극하는 아침 햇살을 쬐면서 걷기, 홉핑hopping, 스쿼트 등의 무게를 주는 운동을 꾸준히 해야 합니다.

골다공증에 흔하게 사용되며 도움을 주는 약물은 다음과 같습니다. 비타민 D를 공급하는 콜레칼시페롤Cholecalciferol, 칼시트리올Calcitriol, 비타민 D 보충제vitamin D supplements, 골다공증을 치료하거나 예방하는 랄록시펜Raloxifene, 이반드론산Ibandronic acid, 알렌드론산Alendronic acid, 리세드론산Risedronic acid 등의 비스포스포네이트 계열과 폐경 후 여성에는 결합형 에스트로겐conjugated estrogens 등입니다.

햇빛의 재발견: 면역의 리듬을 조절하는 신호

햇볕을 쬐면 건강에 좋다는 말은 명백한 사실이며, 햇빛이 우리 몸에 미치는 좋은 영향은 단순한 비타민 D 생성에 그치지 않습니다. 최근 발표된 면역학 연구에서는 햇빛이 피부에 닿는 순간부터 면역세포의 분자 시계가 작동하며, 면역세포의 살균력까지 조절한다는 사실이 밝혀졌습니다. 즉, 우리 몸의 면역 시스템 자체가 햇빛의 신호를 받아 움직인다는 의미입니다.

연구에 따르면, 특히 낮 시간대에 자외선 B$_{UVB}$를 받은 피부의 호중구는 세균을 훨씬 더 효과적으로 제거했으며, 이러한 호중구의 살균 능력은 해가 진 뒤에는 뚜렷하게 떨어졌습니다. 이는 면역세포의 활성도가 하루 중 시간에 따라 달라지며, 햇빛이 그 핵심적인 조절자임을 시사합니다. 낮 동안 빛에 반응하는 유전자$_{per2}$가 'hmgb1a'라는 항균 분자의 발현을 증가시켜 호중구가 박테리아를 더 효과적으로 제거하도록 돕습니다. 이처럼 빛에 의해 활성화되는 유전자와 항균 분자는 비타민 D만큼 널리 알려지지는 않았지만, 면역 시스템에 지대한 영향을 미치는 중요한 물질임이 밝혀진 것입니다. 밤에 인공 조명만 접한 경우에는 이러한 반응이 나타나지 않았습니다. 즉, 면역계에도 일종의 '하루 주기 생체 리듬'이 존재한다는 것을 알 수 있습니다.

물론 햇볕을 무조건 많이 쬐는 것이 좋다는 뜻은 아닙니다. 자외선은 피부 노화, 색소침착, 피부암 등의 원인이 될 수 있으므로, 자외선 차단제$_{선크림}$ 사용이 중요합니다. 하지만 요령이 필요합니다. 대부분의 선크림은 UVB를 일정 부분 걸러내는데, 전신에 과도하게 바르면 피부에서 빛에 반응하는 면역 유전자의 활성도 함께 낮아질 수 있습니다. 따라서 전신을 완전히 가리기보다는, 팔뚝이나 다리 등 일부 부위는 짧은 시간 동안 직접 햇볕에 노출되도록 하는 방식이 더 적절합니다.

결론적으로, 햇빛은 비타민 D를 선물하는 것을 넘어 우리 몸의 복잡한 생체 시계에 정확한 신호를 보내는 정보원입니다. 선크림을 현명하게 사용하고, 하루 중 면역 반응이 가장 활발한 시간에 햇볕을 쬔다면, 일상 속에서도 과학적으로 면역의 리듬을 맞춰 건강을 지킬 수 있습니다. 매일 우리를 비추는 햇살은 단순한 빛이 아니라, 면역의 리듬을 맞춰주는 중요한 신호인 것입니다.

멀미의 과학: 뇌가 준비한 영리한 생존 작전

멀미의 원인과 '예측 불가능성'

어지러움은 근심, 스트레스, 편두통, 선회vertigo, 전정 신경염vestibular neuritis, 메니에르병 등, 멀미, 저혈당, 저혈압, 탈수, 과음, 열, 빈혈 등 다양한 원인으로 발생합니다. 이 중 멀미는 뇌가 감각 정보의 불일치로 혼란을 느낄 때 발생합니다. 운전자는 멀미를 거의 하지 않지만, 조수석이나 뒷자리에 앉은 사람은 멀미를 쉽게 하는 이유는 바로 '예측할 수 있느냐'에 달려 있습니다. 운전자는 차가 언제 속도를 줄이고 방향을 틀지를 미리 알고 몸을 준비시키지만, 조수석 사람은 이러한 정보를 예측하지 못합니다. 몸은 가만히 있는데 귀 안쪽의 전정 기관은 계속 움직임을 감지합니다. 이렇게 시각 정보와 전정 기관 정보가 서로 다르게 입력되면서 뇌가 혼란에 빠지고 그 결과 울렁거림과 어지러움 같은 멀미 증상이 나타납니다. 즉, 멀미는 뇌가 우리를 보호하려다 생긴 일종의 '해프닝'입니다.

멀미와 에너지 대사: 다이어트 스위치

이 흔한 멀미가 생각보다 훨씬 더 깊은 비밀을 품고 있다는 연구가 발표되었습니다. 미국의 과학자들이 생쥐를 대상으로 실험한 결과, 흔들리는 자극을 받은 생쥐들의 체온이 내려가고 움직임이 줄어드는 현상을 발견했습니다. 이는 멀미를 느끼는 순간 뇌가 "지금은 가만히 있어야 해"라고 몸을 진정시키고 에너지 사용을 줄이는 쪽으로 작동했음을 의미합니다.

더 흥미로운 사실은, 멀미를 담당하는 뇌 속 신경세포를 꺼버리자 체온이 올라가고 활동량이 늘어났으며, 먹는 양은 많아졌음에도 오히려 살은 덜 찌는 결과가 나왔다는 점입니다. 마치 뇌 속에 다이어트를 조절하는 스위치가 숨어 있었던 셈입니다. 이 연구는 멀미가 단지 울렁거림이 아니라 몸 전체의 에너지 사용과 체중 조절에 영향을 줄 수 있는 중요한 생리 반응일지도 모른다는 생각을 갖게 합니다. 뇌는 멀미를 통해 에너지를 아끼고, 움직임을 줄이며, 나아가 체온까지 조절하고 있었던 것입니다. 아직은 생쥐 실험에 불과하지만, 이 회로를 잘 활용하면 비만을 치료하는 새로운 방법, 즉 멀미약이 다이어트약이 되는 날이 올 수도 있을 것입니다.

결론적으로, 우리가 불편하게만 느끼는 멀미도 사실은 뇌가 보내는 꽤 똑똑한 생존 신호이자 영리한 작전일지도 모릅니다. 불편함 속에 숨겨진 과학, 그 중심엔 언제나 뇌가 있습니다.

만성 피로와 신경계 질환: 원인과 치료 전략

만성 피로증후군과 부신 피로증

부신 피로증Adrenal Fatigueness은 미국인의 1.5%에서 발생하는 만성 피로 증후군 중 하나입니다. 스트레스, 빈혈, 우울, 공포, 커피, 수면 장애, 영양 부족, 활성 산소 등이 주요 원인으로 알려져 있으며, 어지러움, 근육 허약, 기분 저하, 피로 등의 증상을 유발합니다. 갑상선 기능 저하증과의 구분을 위해 호르몬 혈액 검사가 필요합니다. 치료는 심호흡, 안정, 마사지, 규칙적인 움직임 등을 포함합니다.

자율신경 실조증

자율신경 실조증Dysautonomia은 자율신경계 기능 장애로 인해 심박동, 혈압, 체온 등 비자발적인 신체 기능에 문제가 생기는 질환입니다. 경미한 증상부터 심한 어지러움, 두통, 구역질, 삼킴의 어려움, 지나친 땀, 낮은 근육 긴장도, 시력 문제, 혈압과 심장 박동 변화, 성기능 저하, 위식도 역류 및 얼룩덜룩한 붉은 피부 증상 등이 나타날 수 있습니다. 전 세계적으로 7천

    건강과 신앙_마흔에 시작하는 질병예방

만 명 이상이 겪고 있으며, 코로나19COVID-19를 오래 앓은 경우 위험이 높아지는 것으로 보고되었습니다70% 위험 증가.

　　일차적 자율신경 실조증은 뇌와 신경계의 유전성 또는 퇴행성 질환으로 발생하며, 이차성은 외상성 뇌 손상, 바이러스 감염, 만성 당뇨, 루푸스lupus, 류마티스 관절염, 셀리악병celiac disease 등의 만성 질환이나 항암/방사선 치료, 오피오이드opioids, 벤조디아제핀benzodiazepine) 등의 약물이 유발하기도 합니다. 식이 요법, 과음, 탈수, 꽉 끼는 옷, 독소 노출 등도 증상을 유발trigger할 수 있습니다. 치료는 짠 음식 섭취, 수분 보충, 위치 변동 시 주의, 규칙적인 운동, 비타민 D 보충, 혈압을 올리는 약물Midodrine, GABA 억제제Lorazepam, 염증 및 면역 억제제Prednisone 등이 사용됩니다.

기능적 신경 장애와 뻣뻣한 사람 증후군

기능적 신경 장애Functional Neurologic Disorder는 뇌가 정보를 받고 다른 곳으로 보내는 네트워크 문제로 인해 허약함, 운동 장애, 감각 증상, 기절 등의 증상이 나타납니다. 과거에는 외상으로 인한 심리적 장애로 간주되었으며, 물리적 손상, 전염병, 예방 접종, 공포, 편두통 등을 유발할 수 있습니다. 스트레스, 육체적 또는 심리적 상처, 아동 학대나 무시, 만성 피로, 통증 등이 원인이 되며, 치료는 인지 행동 치료, 물리/직업 치료, 언어 치료, 스트레스 감소 등을 포함합니다. 만성 통증에는 모르핀Morphine), 옥시코돈Oxycodone, 하이드로코돈Hydrocodone 등이 쓰입니다.

　　뻣뻣한 사람 증후군Stiff Person Syndrome은 드물지만 증가하는 신경성 자가면역 질환으로, 등과 복부 근육의 지속적인 경직이 특징입니다. 소음이나 스트레스 등으로 인해 발작적인 통증 경련 또는 간질이 생기거나 소뇌 운동 실조증이 발생할 수 있습니다. 뇌의 글루타민성 경로glutaminergic pathway는 증가하고 동시에 억제 경로inhibitory pathway가 소실되는 기전으로 알려져 있으며, 진단은 증가된 글리신 수용체 항체GAD65 IgG 수치와 증세로 판단하며, 현재는 증세 완화 치료를 주로 합니다.

행복의 본질과 건강한 삶의 태도

행복의 의미와 요소

행복은 기쁨, 만족, 긍정적 감정의 느낌뿐만 아니라 의미 있고 가치 있는 삶을 이루는 마음 상태이자 활력소입니다. 누구나 행복을 원하지만아리스토텔레스, 행복은 주관적이며 내 안에 있고헬렌 켈러, 스스로 만들어내야 하며 현재의 작은 일에 감사함에서 비롯된다고 합니다.

랍비 하이먼 샤크텔Rabbi Hyman Schachtel은 행복은 "원하는 무엇을 갖는 것이 아니라 가지고 있는 무엇을 원하는 것"이라고 말했습니다. 10여 년 전 파이낸셜 타임스Financial Times는 돈으로는 작은 행복도 살 수 없고 복권에 당첨되는 것도 행복을 만들 수 없으며 행복은 전염된다고 보고했습니다. 더 행복해지기 위한 전략더 행복해지기 위해서는 다음의 전략들이 권장됩니다. 스트레스 수준을 관리하고, 스스로 즐거워하며, 자존심을 높이고, 예기하고 나누며, 회복력을 키워야 합니다.

또한 영양식을 섭취하고, 하루 7-8시간 충분히 자며, 규칙적인 운동과 의미 있는 일을 매일 하면서 남을 위해 좋은 생각을 해야 합니다. 과잉 뉴스를 피하고 좋은 사람들을 만나는 것도 중요합니다. 심사숙고하는 많은 생각은 흔히 부정적이어서 걱정이 많고, 완벽주의자의 60%는 부적응적이어서 행복을 저해한다고 합니다. 연구에 따르면, 걱정의 40%는 절대 일어나지 않는 일이고, 30%는 이미 일어난 일이며, 오직 4%만 걱정으로 바꿀 수 있다고 합니다. 결국 걱정의 대부분은 쓸데없는 것이며, 싫은 일은 잊어야 하고 피할 수 없으면 즐기라고 조언합니다.

성경의 잠언 17장 22절은 "마음의 즐거움은 양약이나 심령의 근심은 뼈를 마르게 한다"고 기록하고 있습니다. 심리학자 존 티에나John Tiena는 나쁜 경험 1개를 극복하려면 좋은 경험 4개가 필요하다는 '4법칙'을 이야기했습니다. 장수하는 서양의 노인들은 돈을 즐겨 쓰고, 건강과 재정 관리를 하면서 사소한 일에 관심이 없고 관대하며 명랑하게 현재에 만족하고 취미와 사랑 생활을 한다고 합니다. 극작가 조지 버나드 쇼George Bernard Shaw는 "나이 들어서 놀지 않는 게 아니라 놀지 않기에 나이든다"고 말했습니다.

종교 활동과 질병 예방 : 믿음과 건강의 상관관계

2001년 리더스 다이제스트 특집에 발표된 연구는 여러 대학에서 정기적으로 교회를 다니는 사람들을 조사하여 다른 사람들과 비교한 결과, 교인들이 병원을 덜 다니고, 병 회복이 3배나 빠르며, 혈압이 낮고, 7년 수명을 더 연장하고, 우울증이나 외로움이 적었다는 것을 보고했습니다. 고치기 어려운 암이 과학적이나 상식적으로 이해가 안 되는 기적으로 고쳐지거나 진행이 중단되는 경우가 종종 있는데, 이러한 기적은 자기를 포기하거나 철저히 내려놓은 환자에게서 볼 수 있었습니다.

질병을 예방하는 특별한 방법은 없지만 건강한 생활 습관, 예방 접종, 비누로 손을 자주 씻는 좋은 위생을 유지하는 것이 중요합니다. 또한, 가족력을 살펴 집안 내력이 있는 질병에 관심을 갖고 집중적으로 정기 검사를 하며, 건강한 식사, 적당한 규칙적 운동, 흡연과 술 절제, 그리고 마음을 다스리는 것이 가장 좋은 방법입니다. 일차 예방은 병이 생기기 전 위험 노출을 막는 교육, 입법 및 예방 주사 등이고 이차 예방은 재발을 막기 위한 정기 검사, 소량의 아스피린 복용, 알맞게 수정된 일들이며 삼차 예방은 만성병 및 직업 재활 프로그램, 잘 사는 전략 지원 그룹 등으로 질병의 장기적 영향을 완화하는 것입니다.

수녀들의 수명이 제일 길고, 코미디언이나 음악가들이 병에 제일 안 걸리는 것을 볼 때, 즐거움과 공동체의 중요성을 알 수 있습니다. 고故 송해 선생, 영국의 물리학자 스티븐 호킹, 현존하는 김형석 교수처럼 살 수 있다면 아름답고 가치 있는 삶을 산다고 생각합니다. 이 세상에서 영원한 것은 아무것도 없고, 우리가 죽은 뒤에 어떻게 될지는 아무도 알 수 없지만, 기독교에서는 영원한 세계가 있다고 믿으며, 이 믿음은 마음을 편안하게 해 줄 수 있습니다. 믿음belief은 진실이라고 믿고 있는 마음 상태로 선입견과 소원에 근거하나, 신앙faith은 선입견 없이 깊은 신뢰와 사랑으로 자유주의의 성숙인 다원주의와 연관되어 바른 삶을 인도합니다.

신앙은 논리가 아닌 느낌이며, 인생에서 가장 강한 것은 정의보다 사랑이며, 사랑은 희생과 봉사를 통해 행복을 만듭니다. 성경은 우리가 어떻게 살아야 하는지를 가르치는데, 나를 비우고 하나님을 채우는 것을 강조하고 있습니다. 기독교는 역사적 신앙이며 서구 인문학과 휴머니즘의 기초가 된 것은 기정사실입니다.

죽음, 잘 죽는 법 그리고 자살에 대한 이해

죽음의 정의와 접근 증상

죽음은 생명 유지에 중요한 심장, 폐 또는 뇌 기능이 돌이킬 수 없게 중지된 상태를 의미합니다. 죽음의 원인은 병의 진전율, 의료 자원 접근성, 나이 등 개인차에 따라 결정되며, 흔한 원인으로는 심혈관 질환, 폐 색전증, 뇌동맥류 파열, 기계적 및 화학적 손상 등이 있습니다. 죽음에 접근하는 증상으로는 피 순환 및 심박동 감소, 뇌 산소 감소, 호흡 패턴 및 체온 변화, 그리고 삼킴 및 기침 반사의 저하 등이 있습니다. 개인의 생리학적육체적,

정신적심리학적, 사회적 죽음은 서로 다른 시간에 발생할 수 있습니다.

잘 죽는 것(Well Dying)과 좋은 죽음(Good Death)

잘 죽는 것well dying이란 의학적, 정서적, 사회적, 영혼적 요구가 충족되는 동안 통증과 두려움 없이 죽음을 맞이하는 것입니다. 이는 죽음이 오는 것을 알고 무엇을 기대해야 하는지 아는 것을 포함합니다. 그리스 철학자들의 견해는 다음과 같습니다.

아리스토텔레스Aristotles는 "좋은 죽음good death은 잘 산 삶의 결과"라고 말했습니다. 플라톤Platon은 "철학은 죽음을 위한 훈련"이라고 정의했습니다. 잘 죽기 위해서는 가능한 완전한 삶을 살다가 생의 마지막 단계를 잘 준비해야 합니다. 이는 유서 작성, 소원 생각, 장례 준비, 금전 관리, 사랑하는 이들과의 대화 등을 고려하는 것을 포함하며, 어떤 사람은 집에서, 어떤 사람은 병원이나 요양원에서 죽음을 맞이하고 싶어 합니다. 살아 있을 때의 장례식Living Funeral, 산活 장례식living funeral은 잘 살아온 삶을 축하하고 사랑하는 사람들에게 의미 있는 작별 인사meaningful farewell를 하는 행사입니다. 이 자리에서 기억을 나누거나 노래 및 개인 영상 등을 사용할 수 있으며, 미리 초청장, 장식, 음식, 음악, 기억할 만한 활동, 장소 등을 준비해야 합니다.

자살은 스스로를 해치거나 생명을 끝내려는 생각의 정신 건강 문제이며, 시상하부-뇌하수체-부신 축hypothalamus-pituitary-adrenocorticotropic axis의 과잉 반응, 세로토닌 시스템 기능 부전 또는 노르아드레날린 시스템의 과잉 반응 등으로 기전이 설명됩니다. 2021년도에 미국에서 10만 명 중 14.1명이 자살했고 2000년과 2018년 사이에 36.7%나 증가했으며 10-20세 연령군에서는 두번째 사망 원인이었고 85세 이상이 가장 많고 55세 이상에서는 남자가 상대적으로 더 많았습니다.

2021년 한국에서는 자살 사망자 수가 1만 3,352명으로 전년 대비 4.2% 증가했으며, 10만 명 당 26명으로 자살률이 OECD 국가 평균11.1명보다 2.1배 더 높습니다. 특히 20-30대 여성들의 자살 시도율이 남성보다 1.4배 높은데, 이는 기분 및 불안 장애 외에 사회, 경제적 문제가 원인이 되며, 목맴47%, 낙상25%, 약물11%, 연탄가스8% 등이 사용되었습니다.

자살 사망자의 90%가 기분 장애 등 정신 질환을 앓고 있으며, 위험 요소는 우울증, 양극성 장애bipolar disorder, 정신 분열증, 약물 남용, 간질, 외상 등입니다. 기독교에서는 자살을 나쁘고 죄스러운 행위로 보지만, 용서할 수 없는 죄unforgivable sin로 생각하지 않습니다. 오히려 치료되지 않은 우울증, 통증 등의 결과로 인식하여 자살자를 비난하지 않고, 위험에 처한 사람, 생존자, 가족들을 돌보아 자살을 예방하고자 노력해야 할 것입니다.

제9장

습관

제9장
습관

습관의 정의와 긍정적 및 부정적 영향

우리는 모두 습관을 가지고 있습니다. 습관이란 일상생활에서 거의 생각 없이 자동적으로 이루어지는 반복적인 행동으로, 매일의 삶의 일부를 구성합니다. 이러한 습관은 그 결과에 따라 크게 좋은 습관과 나쁜 습관으로 나눌 수 있습니다.

좋은 습관은 긍정적인 신체적, 정서적, 또는 심리적 결과를 가져오는 반복적인 활동이나 행동을 의미합니다. 이러한 습관은 뇌의 작업 부하를 줄여 업무를 더욱 효율적으로 처리하도록 돕습니다. 예를 들어, 규칙적으로 치실을 사용하는 행위는 건강에 긍정적인 결과를 가져오는 좋은 습관인 반면, 이를 거르는 것은 나쁜 습관에 해당합니다.

학생들에게 좋은 습관으로는 규칙적인 수면 일정을 유지하고 매일 학습하며 건강한 음식을 섭취하는 것, 취미를 위한 시간을 확보하는 것, 매일 운동 또는 명상을 실천하는 것, 자기 점검, 긍정적인 자세 유지, 그리고 충분한 휴식을 취하는 것 등이 있습니다. 직장에서는 출퇴근 시간 엄수, 자신의 생각을 명확하게 표현하고 타인의 의견을 경청하는 태도, 일과 생활의 균형 유지, 시간 절약 도구tool 활용, 업무 정리 정돈, 좋은 팀원으로 기여, 새로운 기술을 선도적으로 학습하고 배우는 자세, 그리고 친절하고 웃는 긍정적인 태도 등이 좋은 습관으로 꼽힙니다. 나쁜 습관은 부정적인 결과를 초래하는 반복적인 행동입니다. 일부 나쁜 습관은 비교적 해가 적지만, 어떤 습관들은 더욱 깊고 장기적인 악영향을 미칠 수 있습니다. 예를 들어, 흡연은 부정적인 신체적, 정서적, 심리적 결과를 초래하며 미국인 사망의 주요 원인이 됩니다. 흡연은 사망 위험을 30~45% 높여 수명을 단축시키는 대표적인 나쁜 습관입니다.

나쁜 습관은 건강에 다양한 영향을 미칩니다. 운동 부족은 수면에 부정적인 영향을 미치고, 과도하게 앉아 있는 것은 나쁜 자세와 건강 문제로 이어집니다. 5시간 미만의 수면은 사망률을 최대 15%까지 높일 수 있으며, 나쁜 영양 섭취, 가공식품 또는 너무 많은 열량 섭취는 만성 질환과 조기 사망을 유발할 수 있습니다. 또한, 외로움을 느끼는 사람은 7년 더 일찍 사망할 위험이 26% 이상 높습니다. 새로운 걱정이 너무 많은 사람은 두통, 위통, 호흡 곤란 및 전반적인 정신 건강에 영향을 받을 수 있습니다.

직장에서의 나쁜 습관으로는 너무 많은 일을 한꺼번에 하려다가 시간이 더 오래 걸리는 경우, 업무를 회피하거나 미루는 것Procrastination으로 스트레스를 유발하고 생산성을 저하시키는 행위가 있습니다. 험담Gossiping 은 스트레스 상황과 불안감을 조성하며, 소셜 미디어나 일과 관계없는 전화 통화 등으로 시간을 낭비하는 주의 산만Distractions도 나쁜 습관입니다. 부정적인 직업윤리Work Ethics는 생산성, 신뢰성, 책임감 부족을 비롯하여, 부정적인 태도, 불평, 스트레스 과장, 또는 도움이 필요할 때 이를 포기하거나 숨기는 분위기를 만드는 것을 포함합니다.

습관의 원리, 개선 전략 및 뇌 과학적 이해

습관은 좋든 나쁘든 뇌가 특정한 활동을 반복을 통해 더욱 효율적으로 수행하도록 학습하는 습관화habituation 과정을 거치기 때문에 변화시키기가 어렵습니다. 이 과정 덕분에 매일의 활동이 자동적으로 처리되어 뇌는 절약된 에너지를 다른 일에 활용할 수 있게 됩니다. 흡연이나 잦은 간식 섭취 같은 나쁜 습관은 부정적인 영향을 미치지만, 좋은 습관은 건강과 안녕을 증진시키고 효율성을 높입니다. 긍정적인 습관은 규칙성과 안정성을 부여하여 예측 가능한 일상routine을 확립하고, 이는 훈련과 자기 통제 능력 향상으로 이어집니다. 또한, 많은 습관은 장기 목표 달성을 지원합니다. 더 큰 목표를 달성 가능하고 지속 가능한 작은 습관으로 세분화함으로써 성취도를 높일 수 있습니다.

규칙적인 운동, 균형 잡힌 식사, 충분한 수면 등의 건강 습관은 신체적, 정신적 안녕에 기여하며 심장병, 암, 당뇨병 등의 위험을 낮춥니다. 시간을 효율적으로 사용하고 생산성을 높이며 일과 삶의 균형을 개선하는 데에도 습관이 필수적이며, 짜임새 있는 루틴은 불확실성과 스트레스를 줄여 삶에 조정감과 안정감을 창조합니다. 일관된 관행은 악기 연주, 새 언어 학습, 직업 기술 연마 등 기술 발전을 위한 핵심적인 습관 형태입니다.

나쁜 습관 극복 및 새로운 습관 형성

새로운 루틴을 시작하려면 먼저 달성하고자 하는 목표와 도움이 될 습관을 명확히 설정해야 합니다. 예를 들어, 건강 증진이 목표라면 운동을 새로운 습관으로 정하고 '하루 30분씩 주 5회 운동'과 같이 구체적이고 측정 가능한 목표를 설정해야 합니다. 이러한 노력에는 작고 서서히 할 수 있는 범위 내에서 동기 부여 요소를 찾아야 합니다. 새로운 습관을 위한 시간을 확보하고 이를 달력에 기록하여 일상생활의 일부가 되도록 합니다. 행위를 반복할수록 더 쉬워지므로 포기하지 말고 계획을 고수해야 하며, 다른 사람들에게 알려 지원 네트워크를 구축하는 것이 도움을 받을 수 있는 좋은 방법입니다.

새로운 습관을 자동적으로 만드는 데는 연구 결과 평균 66일이 걸리며, 개인마다 18-254 시간까지 소요될 수 있습니다. 일단 나쁜 습관을 인정하면 극복할 수 있으며, 첫 번째 단계는 나쁜 습관이 부정적인 영향을

 건강과 신앙_마흔에 시작하는 질병예방

미치는 것을 인지하고 변화를 결정하는 것입니다. 나쁜 습관은 전형적으로 특정 상황에 의해 촉발trigger되므로, 식사 후 흡연처럼 루틴화된 경우, 음식이 행위를 유발하는 촉발 요인입니다. 나쁜 습관은 긍정적인 행동으로 대체하여 바꿀 수 있으며, 흡연 대신 걷기, 친구에게 전화하기, 또는 설거지를 하는 등의 대안 행동을 선택할 수 있습니다. 습관을 깨기는 힘들고 오래된 패턴으로 돌아가기 쉬우므로, 새로운 루틴에 집중하고 변화하려는 것을 스스로 상기해야 합니다. 마음챙김mindfulness은 스스로를 집중시키고 동기 부여를 유지하는 좋은 방법입니다.

알코올이 뇌의 선택 회로에 미치는 영향

금주 후에도 판단력이 흐려지거나 비합리적인 선택을 반복하는 것은 단순한 의지 문제를 넘어 뇌 안에서 일어난 변화 때문일 수 있습니다. 최근 존스 홉킨스 대학 연구팀의 논문에 따르면 알코올은 뇌의 결정 회로 자체를 왜곡시키며, 그 영향은 금주 후 몇 달이 지나도 지속됩니다.

연구팀은 알코올에 노출된 수컷 쥐들이 복잡한 선택 과제에서 상황 변화에 적응하지 못하고 이전의 보상 패턴에만 집착하는 것을 발견했는데, 이는 기억이 아닌 새로운 상황에 맞춰 계획을 바꾸는 전략 능력 자체가 손상되었음을 시사합니다. 이러한 이상한 고집스러움은 뇌의 배내측 선조체dorsomedial striatum 영역에서 비롯됩니다. 원래 이 영역은 이익이 될 선택을 계산하는 회로인데, 알코올을 경험한 뇌에서는 선택보다는 과거의 '결과'에 과도하게 반응하도록 변형됩니다. 이는 이전의 보상이 너무 강하게 각인되어 똑같은 행동을 반복하면서도 결과가 바뀌었음을 눈치채지 못하는 상태에 빠지게 만듭니다.

반면, 암컷 쥐는 이 영향을 거의 받지 않았고, 일부는 선택 전략을 더 섬세하게 조정한 것으로 나타났습니다. 이 연구는 알코올 중독이 단지 술을 마시는 행위 자체보다는 그렇게 변해버린 뇌의 구조를 가리키며, 진정한 회복은 단지 술을 끊는 것에서 끝나는 것이 아니라 '다시 선택할 수 있는 뇌'를 회복하는 데서 시작될 수 있음을 시사합니다.

치매 예방을 위한 뇌 활성화 및 장수 건강 습관

뇌 활성화를 위한 7가지 집중 자극법

기억력과 집중력을 높여 치매를 예방하고 뇌를 활성화하기 위해 일상에서 실천할 수 있는 간단한 자극 운동이 권장됩니다. 의자에 편안히 앉아 아래의 일곱 가지 동작을 1~2분씩 하루 두 번 실행하면 효과를 볼 수 있습니다. 운동에 앞서 미지근한 물 한 잔을 마시고 깊게 숨을 쉬며 고전 음악을 듣거나 명상, 기도를 병행하면 더욱 좋습니다. 특히 신앙생활을 하는 경우, 새벽 기도에서 하나님의 은혜에 감사하고 보호와 인도하심을 구하며 쓰임받기를 요청하는 것은 심적인 안정과 믿음 생활에 도움이 됩니다.

첫째, 손가락 끝을 마사지^{지압}하면 전두엽이 자극되어 인지 능력이 향상됩니다. 둘째, 발바닥 중앙을 누르고 발가락을 당김으로써 뇌 각성 중추에 산소 공급이 원활해져 수면의 질 개선에 도움을 줍니다. 셋째, 귓바퀴를 상하 및 옆으로 돌려 소뇌를 자극하면 균형 감각과 자세 유지를 돕습니다. 넷째, 눈 주변과 눈 사이를 지압하여 시야를 확장합니다. 다섯째, 혀를 돌려 움직이는 동작은 뇌의 언어 중추를 자극하여 말과 사고 능력을 증진합니다. 여섯째, 콧방울을 상하 및 원형으로 마사지하여 기억 중추인 해마를 활성화시킵니다. 일곱째, 입술 주변을 마사지함으로써 뇌의 감각 운동을 통합적으로 자극합니다. 난청이 있는 경우 코를 막고 입을 벌려 하품하여 이관을 열거나, 노래를 크게 부르는 등의 활동으로 귀와 뇌 부분을 자극하는 것이 도움이 됩니다.

온탕(溫湯)이 심혈관 및 면역에 미치는 영향

최근 오리건 대학교 바우어만 스포츠 과학 센터의 연구는 온탕Hot Water Immersion, HW이 전통 사우나와는 다른 중요한 건강 증진 효과를 제공함을 입증했습니다. 일본 호텔의 욕조가 한국의 욕조보다 길이가 짧더라도 깊어 온몸을 담글 수 있게 설계된 점은 건강에 긍정적인 영향을 미칠 수 있습니다. 물은 공기보다 열전도율이 24배 높기 때문에 온탕은 심부 체온을 가장 효과적으로 높이고, 물속에서는 땀을 통한 열 발산이 어려워 체온 상승 효과가 극대화됩니다. 그 결과, 심박출량이 가장 크게 증가하여 혈액 순환이 좋아집니다.

특히 온탕은 면역 반응에 긍정적인 영향을 미칩니다. 온탕에 있을 때에만 인터루킨-6IL-6 수치와 자연 살해NK 세포 및 세포 독성 T 세포의 수가 증가했는데, 이는 운동이 만성 염증을 줄이는 것과 유사한 면역학적 기전입니다. 전통 사우나와 원적외선 사우나는 이러한 염증 및 면역 반응을 거의 유발하지 않았습니다. 규칙적인 운동이 가장 중요하지만, 운동이 어려운 상황에서는 온탕이 효과적인 대안이 될 수 있음을 시사합니다. 따라서 공간 활용 측면에서 욕조를 없애는 추세에 있지만, 건강 증진이라는 관점에서 욕조의 필요성을 재고해 볼 필요가 있습니다.

91세 현역 의사가 권하는 장수를 위한 5가지 아침 습관

건강하고 장수하는 삶을 위해 91세 현역 의사가 권하는 5가지 아침 습관은 신체와 뇌를 깨우는 데 중요한 역할을 합니다. 첫째, 미지근한 물 2~3잔에 비타민 C가 많은 레몬과 항산화 및 항염증 성분이 있는 시나몬 가루를 타서 마시는 올바른 물 마시기입니다. 둘째, 기지개 3회, 어깨 돌림 5회, 발 오르내림 10회 이상으로 구성된 1분 혈액순환 운동을 합니다. 셋째, 다리와 허리 근육을 지키기 위해 두부, 두유, 달걀 등 30g 이상의 단백질을 섭취합니다. 넷째, 발목 돌림, 발가락 움직임, 무릎 굽히기, 어깨 돌림 등 부드러운 관절 운동과 심호흡을 합니다. 다섯째, 눈을 감고 기억을 재활성화하거나 독서를 합니다. 이는 뇌를 활성화하고 정리하는 습관을 갖게 해줌으로 건강한 장수에 중요하고 도움이 됩니다.

2부

제10장

운동

제10장

운동

운동 유형별 건강 효과: 마이오카인과 자가포식의 역할

운동은 크게 유산소 운동, 근력 운동, 유연성 운동 세 가지로 나뉘며, 이들은 골격근에서 분비되는 다양한 마이오카인 호르몬과 세포 내 청소 과정인 자가포식을 활성화하여 근육뿐만 아니라 전신 장기의 건강에 영향을 미칩니다. 운동은 자가포식을 촉진함으로써 노화와 질병을 예방하는 핵심적인 역할을 합니다. 신체의 항상성Homeostasis 유지에 필수적인 이 세 가지 유형의 운동을 균형 있게 병행하는 것이 건강 관리의 핵심입니다.

유산소 운동(Aerobic Exercise)의 효과

걷기, 달리기, 수영, 자전거 타기 등 유산소 운동은 근육에서 IL-6 마이오카인을 가장 흔하게 분비하여 에너지 대사 촉진, 지방 분해 유도, 항염증 및 면역 조절 작용을 수행합니다. 또한 이리신irisin 호르몬이 분비되어 백색 지방을 갈색 지방으로 전환시켜 열 발생과 에너지 소비를 촉진합니다. 섬유아세포 성장 인자 21FGF21 역시 분비되어 간, 지방 조직과 함께 에너지 균형을 유지하는 데 기여합니다.

유산소 운동은 주로 AMPK 활성화를 통해 자가포식을 촉진하며, 특히 간과 근육 세포에서 손상된 미토콘드리아를 제거하여 에너지 효율을 높입니다. 이는 심혈관 건강을 개선하고 인슐린 민감성을 향상시키는 데 중요한 역할을 합니다. 유산소 운동은 강도에 따라 저, 중, 고강도로 나눌 수 있으며, 최대 심장박동수220-나이의 51~70%를 유지하는 중강도 운동걷기, 수영 등과 71~85%를 유지하는 고강도 운동조깅, 단식 테니스 등이 있습니다. 고강도 운동은 중강도보다 더 큰 효과를 주며, 저강도 운동이라도 운동하지 않는 것보다는 훨씬 좋습니다.

걷기 운동은 최고의 유산소 운동으로, 허리 디스크와 무릎 관절염 치료에 도움을 주며 수명 연장 효과를 가져옵니다. 최근 연구에 따르면 40세 이상이 매일 걷기를 실천하면 약 5년의 수명 연장 효과를 얻을 수 있으며, 걷기는 골밀도 보존, 근력 향상, 체지방 감소, 심혈관 기능 개선, 기분 및 인지기능 개선에 기여합니다. 걷는 시간만큼 수명이 늘어나므로 허리를 꼿꼿하게 펴고 턱을 치켜드는 자세로 경쾌하게 걸어야 합니다. 일상에서 가까운 거리는 걸어서 이동하고 엘리베이터 대신 계단을 이용하거나 식사 후 가벼운 산책을 하는 등 자연스럽게 활동량을 늘리는 것이 좋습니다.

근력 운동(Resistance Exercise)의 효과

아령이나 역기를 드는 근력 강화 저항성 운동은 인슐린 유사 성장 인자-1IGF-1 분비를 통해 근육 성장을 촉진하고 단백질 합성을 증가시킵니다. 또한 섬유아세포 성장 인자 2FGF2가 근섬유 재생과 조직 회복에 기여하며, SPARCSecreted Protein Acidic and Rich in Cysteine가 분비되어 항염증 효과를 유도합니다. IL-15 역시 분비되어 근육 성장과 지방 분해를 동시에 촉진하여 근육과 지방 조직의 상호작용에 중요한 역할을 합니다.

근력 운동은 근섬유의 미세 손상을 복구하고 근육 재생을 지원하기 위해 mTOR 억제를 통해 자가포식을 활성화합니다. 이는 손상된 세포 소기관과 단백질 제거를 가속화하여 근육 회복 속도를 높이고 근육 세포의 단백질 대사 및 조직 안정성을 유지합니다.

유연성 운동(Flexibility Exercise)의 효과

요가나 스트레칭과 같은 유연성 운동에서는 IL-10 마이오카인이 분비되어 항염증 작용을 유도하고 신경 및 조직 안정성을 지원합니다. 또한 뇌 유래 신경영양 인자BDNF가 분비되어 신경 건강을 촉진하고 부드러운 근육 수축을 유도하며, 데코린Decorin이 근육 조직의 유연성과 구조적 안정성을 지원하는 마이오카인을 강화합니다.

유연성 운동은 자가포식을 직접적으로 지원하기보다는 간접적으로 도움을 줍니다. 스트레스와 자율신경계를 안정화시켜 코르티솔 분비를 저하시키며, 신경계와 세포 수준의 노폐물 제거를 통해 세포 건강을 증진시키는 방식으로 작용합니다.

건강을 위한 일일 걸음 수와 첨단 웨어러블 기술

사망 위험 감소를 위한 최적의 일일 걸음 수 연구

하루에 몇 걸음을 걸어야 건강에 도움이 되는지에 대한 구체적인 연구 결과가 발표되었습니다. 네덜란드 네이메헌 라드바우드 의대와 스페인 그라나다대 공동 연구팀은 총 111,309명이 참여한 12개 국제 연구를 분석하여 최적의 일일 걸음 수를 도출했습니다. 이 연구를 통해 기존의 정설로 여겨지던 1만 보보다 훨씬 적은 걸음만으로도 사망 위험을 줄일 수 있음이 확인되었습니다.

연구 결과, 하루 2,517보를 걸으면 2,000보를 걷는 사람보다 모든 원인에 의한 사망률이 8% 감소하는 것으로 나타났습니다. 약 200보를 더한 2,735보에서는 심혈관계 질환에 의한 사망률이 11% 감소했습니다. 심혈관 질환에 의한 사망률을 가장 크게 떨어뜨릴 수 있는 최적의 일일 걸음 수는 7,126보로, 사망률을 약 51%까지 낮췄습니다. 모든 원인에 의한 사망률을 가장 효과적으로 줄일 수 있는 일일 걸음 수는 8,765보로 확인되었으며, 사망 위험을 60% 정도 감소시키는 것으로 나타났습니다. 그 이상 걸었을 때는 사망 위험이 크게 감소하지 않았습니다. 성별에 상관없이 이 걸음 수로 비슷한 건강 효과를 얻을 수 있었지만, 총 걸음 수와는 별개로 빠르게 걸을수록 사망 위험은 감소했습니다.

이번 연구의 주저자인 그라나다대 스포츠학과 프란시스코 오르테가 교수는 건강 효과를 위해 1만 보를 걸어야 한다는 생각은 1960년대에 나온 아이디어일 뿐이라며, 이번 연구를 통해 7,000보에서 9,000보를 걷는 것만으로도 1만 보와 같은 좋은 건강 효과를 볼 수 있고 부상 위험은 낮출 수 있음을 확인했다고 밝혔습니다. 이 연구 결과는 미국 심장학회지인 'Journal of the American College of Cardiology'에 최근 게재되었습니다.

불가사리 구조를 모방한 웨어러블 심장 모니터

운동 중 스마트워치를 착용하고 심박수나 칼로리를 확인하는 것이 일상이 되었지만, 몸을 움직일수록 심박수 측정이 불안정해지는 불만이 공통적으로 제기되어 왔습니다. 심장은 격렬하게 뛰는데 측정 숫자가 멈추거나 갑자기 튀어 오르는 현상 때문입니다. 이러한 문제의 해결 실마리는 바닷속 생물인 불가사리의 유연한 구조에서 발견되었습니다.

연구진은 다섯 개의 팔을 자유자재로 움직이는 불가사리의 유연함에 영감을 얻어, 움직이면서도 신호를 안정적으로 포착할 수 있도록 센서들이 독립적으로 움직이는 불가사리 형태의 웨어러블 심장 모니터를 개발했습니다. 이 장치는 다섯 개의 부드러운 팔이 독립적으로 움직이며, 팔 끝에 달린 센서들이 병원에서도 민감하게 빈응하는 심진도ECG 신호를 감지하여 걷거나 뛰는 사람에게서도 정확한 심전도를 얻어냅니다.

이 불가사리 웨어러블의 핵심은 움직임과 심장 신호를 분리하여 측정하는 것입니다. 다섯 개의 센서 중 하나는 심장 가까이에서 심전도를 정밀하게 감지하고, 나머지 네 개는 몸의 움직임만을 측정합니다. 움직임 센서들이 수집한 데이터를 인공지능AI이 분석하여 어떤 부분이 '노이즈'인지 계산하고, 이를 심장 신호에서 제거합니다. 또한, AI는 사용자가 앉아 있는지, 걷는지, 뛰는지를 실시간으로 판단하여 그에 맞는 필터를 적용함으로써 노이즈를 줄입니다. 이 기술은 마치 시끄러운 거리에서 사람 목소리만 정확히 골라내는 스마트 마이크처럼 움직임 속에서도 순수한 심장 소리만을 정확히 추출해낼 수 있습니다.

이 웨어러블은 센서 여러 개가 역할을 나누고 AI가 이 정보를 조합하여 순수한 심장 신호를 완성하는 방식으로 작동하며, 심방세동, 심근경색, 심부전 같은 심장 질환을 91% 이상의 정확도로 구분해냅니다. 무게는 고작 1.7g에 불과하며, 10시간 이상 연속 사용과 방수 기능까지 갖췄습니다. 연구팀은 초기 버전에서 특수 젤을 사용했던 피부 부착 방식을 앞으로는 숨 쉬는 소재로 개선하여 착용감을 높일 예정입니다. 비행기가 새의 날개에서, 벨크로가 도꼬마리 열매에서 영감을 받았듯이, 이 기술 역시 자연 모방Biomimetics을 통해 혁신을 이룬 사례입니다.

목적 없는 활동이 뇌 학습에 미치는 영향과 효과적인 운동 전략

무감독 학습(Unsupervised Learning)의 중요성

찰스 다윈이나 알베르트 아인슈타인, 니콜라 테슬라와 같은 위인들이 산책을 통해 아이디어를 다듬었던 것은 단순히 몸을 움직인 것을 넘어, 뇌가 스스로 주변 환경의 패턴을 학습하고 연결하도록 허용한 행위였을 수 있습니다. 우리는 흔히 특정 목표를 설정하고 보상을 추구하는 '감독 학습

Supervised Learning'만이 지적 성장을 견인한다고 생각하지만, 최근 연구는 목적 없는 탐색과 경험이 뇌 학습 메커니즘의 기초적인 역할을 수행할 수 있음을 시사합니다.

연구팀이 생쥐가 가상 현실 복도를 탐험하는 동안 수만 개의 뉴런 활동을 기록한 결과, 보상을 주거나 특정 과제를 부여하지 않았음에도 생쥐의 시각 피질 뉴런들이 주변 환경의 시각적 특징을 스스로 엔코딩하는 현상을 발견했습니다. 이는 마치 뇌가 아무런 지시 없이도 주변 세계에 대한 지도를 그리고 필요한 정보를 축적하는 것과 같으며, 이를 '감독되지 않은 학습'이라고 부릅니다. 더욱 놀라운 사실은 이러한 감독되지 않은 사전 훈련이 이후의 목표 지향적 학습에 '지름길'을 제공한다는 점입니다. 감독되지 않은 훈련을 받은 생쥐들은 과제만 훈련받은 생쥐들보다 보상을 훨씬 더 빨리 찾았습니다. 이는 목적지 없이 자유롭게 탐험하며 지형을 익힌 사람이 나중에 특정 목적지를 찾아갈 때 수월한 것과 유사합니다.

뇌는 특징을 추출하는 무감독 요소와 그 특징에 의미를 부여하는 감독 요소를 동시에 활용할 가능성이 높으며, 이는 거대한 퍼즐의 조각을 무작정 맞춰 윤곽을 파악한 후 설명서를 보고 정확한 위치에 끼우는 것과 같습니다. 이 연구는 뇌가 얼마나 능동적이고 효율적으로 학습하는지 일깨워 주며, 명확한 목표가 없는 무심코 흘려보내는 듯한 시간 속에서도 뇌는 주변 환경을 흡수하며 성장하고 있음을 의미합니다. 따라서 때로는 목적 없는 산책을 즐기거나 멍하니 풍경을 바라보는 시간이 뇌를 더욱 똑똑하게 만들 가능성이 있습니다.

근력 및 코어 운동 시 유의사항

성인은 하루 30분간 중강도 혹은 15분 고강도 운동을 해야 하며, 노인은 움직임과 운동량을 늘리는 것이 권장됩니다. 심폐 기능, 척추, 관절 기능이 허락한다면 달리기, 계단 오르기, 등산 등 강도가 높은 운동을 하는 것이 좋으며, 근력 강화 운동 시 저중량 고반복 프로그램이 안전하면서도 충분한 근력 강화 효과를 제공합니다. 초보자는 30회 정도 반복하면 스스로 중지할 정도의 무게로 시작하여 점차 무게를 올리고 반복 횟수를 줄이는 방식으로 진행하면 됩니다. 근육 운동은 필연적으로 근육에 미세한 손상을 입히지만, 이러한 좋은 근육 손상이 근육을 키우는 데 필수적입니다.

그러나 운동 시 통증이 있다면 주의해야 합니다. 어깨 통증은 관절 속 활액낭의 염증, 어깨 관절을 보호하는 회전근개 힘줄에 생긴 석회 또는 찢어짐 등이 복합되어 발생하는 경우가 많습니다. 병든 회전근개 힘줄에 직접적으로 회전근개 근육 운동을 가하면 병이 심화될 수 있으므로, 회전근개 힘줄을 보호하는 견갑골 주변 근육을 강화하는 것이 중요합니다. 석회성 건염의 경우, 작은 결절에는 운동이 약이 될 수 있으나 큰 결절은 주사기로 흡인하는 것이 유리합니다. 견갑골 가동 운동으로 시작하여 견갑골 딥스를 거쳐 견갑골 푸시업까지 점진적으로 단계를 높이면 취미 수준의 스포츠 활동은 무리 없이 소화할 수 있습니다.

허리 통증은 허리 디스크 손상의 신호일 수 있으므로 특히 조심해야 합니다. 복근, 복사근, 등 근육 등 허리 주변 근육을 강화하는 코어 운동은 디스크를 압박할 수 있으므로 안전도를 충분히 인지하고 자신의 몸에 맞는 운동을 하는 것이 중요합니다. 또한, 스트레칭에 과도하게 집착하는 것은 척추에 해로울 수 있으므로, 운동 전후에는 몸을 가볍게 풀어주는 정도로 정리하는 것이 바람직합니다.

근육별 안전한 운동법과 전신 건강에 미치는 운동의 생리적 영향

근골격계 통증 관리 및 안전한 근육 강화 운동

운동 중 엉덩이 통증이 발생하면 허리나 엉덩관절고관절 문제의 신호일 수 있으므로 통증이 심해질 경우 전문의의 진료를 받아야 합니다. 엉덩이 근육은 우리 몸에서 가장 중요한 근육 중 하나이나, 이를 강화하는 동작 시 허리를 다치기 쉽습니다. 가장 안전한 운동은 앉아서 다리를 벌리는 힙 어브덕션Hip Abduction이며, 허리 문제가 없는 경우 엉덩이를 뒤로 빼는파티 스쿼트Potty Squat나 레그 프레스Leg Press가 권장됩니다.

상체 근력의 근본은 활배근에서 나오는데, 척추나 관절 문제가 없다면 아래로 당기기Pull-down나 수평으로 당기기Rowing 운동이 좋습니다. 허리가 약한 사람은 아래로 당기기, 어깨가 약한 사람은 수평으로 당기기가 좋으며, 회전근개 힘줄 손상이 있는 경우 약하게, 역기 무게와 운동 범위를 줄여 어깨 근육 운동을 해야 합니다. 이때 역기 손잡이를 몸의 앞쪽에서 잡는 것이 손상 예방에 유리합니다. 상완이두근은 나이가 들면서 파열 가능성이 높아지므로 팔 구부리기 동작의 속도와 강도를 줄이는 것이 손상 예방에 도움이 됩니다. 상완삼두근은 튼튼해서 손상되는 경우가 드물지만, 어깨나 허리에 부담이 적은 운동을 선택하는 것이 중요합니다.

허벅지 근육, 특히 대퇴사두근 강화는 무릎을 튼튼하게 만드는 데 매우 중요합니다. 무릎이 아픈 사람에게는 걷기 운동과 무릎 펴기레그 익스텐션가 도움이 됩니다. 종아리 근육 중 가장 중요한 것은 걷기, 뛰기, 점프에 핵심 역할을 하는 뒤 종아리 근육하퇴삼두근이며, 이는 기립성 저혈압 환자에게도 큰 도움을 줍니다. 종아리 앞과 옆 근육은 발목의 움직임을 정확하게 조정하는 역할을 하므로, 세 가지 방향머리 쪽, 안쪽, 바깥쪽 모두를 강화하는 운동이 바람직합니다.

아래팔 근육은 따로 운동하지 않아도 되지만, 테니스 엘보나 골프 엘보와 같은 힘줄병이 있는 경우에는 편심성 수축이 포함된 아래팔 운동을 천천히 수행할 필요가 있습니다. 햄스트링과 내전근은 주말 스포츠를 즐기는 사람들에게 중요한 근육이지만, 내전근 근력 운동은 허리에 부담을 줄 수 있으며 일상적인 걷기 동작에는 크게 기여하지 않습니다.

언제 어디서나 할 수 있는 네 가지 기본 맨몸 운동엉덩이 뒤로 빼는 스쿼트, 턱걸이, 뒤꿈치 들기, 팔굽혀펴기은 신이 내린 축복이라 불리며, 플랭크, 견갑골 딥스, 견갑골 푸시업, 벤치 딥스, 거꾸로 턱걸이 등을 추가하면 더욱 풍성한 운동이 됩니다.

운동의 생리학적 메커니즘과 전신 시스템 적응

자발적 운동은 단순한 근수축을 넘어 여러 요소를 포괄하는 복합적인 활동입니다. 뇌의 운동 피질에서 시작된 의지적 노력은 척수에서 운동 단위를 활성화하여 특정한 움직임 패턴을 초래하고, 골격근의 신경 신호와 병행하여 강력한 피드포워드Feedforward 신호를 심혈관, 호흡, 대사 및 호르몬계에 발생시켜 증가된 대사 요구를 항상성에 맞게 유지하도록 합니다.

짧고 강한 등각isometric 또는 정적 근수축은 근육 내 혈관을 압박하여 혈류를 제한하고 혈압을 높일 수 있으나, 달리기와 같은 지속적이고 리듬 있는 운동에서는 근수축 시간이 짧아 근혈류 방해와 혈압 변동이 최소화됩니다. 운동 시 동원되는 근육량은 산소 유량과 연료 요구량을 결정하는 데 중요하며, 유산소 운동에 활동적인 근육량은 조정이나 크로스컨트리 스키 선수처럼 더 크고 무거운 선수들에게서 훨씬 더 높습니다. 노벨상 수상자 A.V. Hill은 개인의 최대 산소 흡수량VO 2 max을 유산소 운동으로 처리할 수 있는 최고 에너지 요구량의 지표로 제안했으며, 이는 육체적 운동에 대한 여러 장기의 적응을 정량화하는 가장 좋은 단일 측정치입니다. 5분 이상 지속되는 운동의 강도는 VO2max의 백분율로 표현되며, 저강도는 45% 미만, 고강도는 75% 초과로 분류됩니다.

근육 수축을 지원하는 세포 과정의 연료는 아데노신 삼인산ATP입니다. 근육 내 ATP는 비교적 적지만, ATP 재생산 대사 경로는 빠르게 활성화되어 광범위한 운동 강도와 기간에도 잘 유지됩니다. 단거리 달리기 Sprint와 같은 운동은 ATP 회전율을 휴식 시보다 100배 이상 증가시키며, 짧은 고강도 운동 중에는 크레아틴 인산 분해를 통한 기질 수준 인산화와 근육 내 글리코겐으로부터 포도당을 젖산으로 변환시키는 과정이 주를 이룹니다. 간은 글리코겐 분해와 포도당 신생합성을 통해 혈류로 포도당을 공급하고, 지방 세포는 저장된 중성지방의 가수분해를 늘려 혈중 비에스테르화 지방산을 증가시킵니다.

건강하고 젊은 성인의 휴식 시 산소 소비량은 약 3.5ml/kg/min이며 이 중 약 20~25%가 골격근에서 사용됩니다. 반면, 엘리트 지구력 훈련 선수들의 VO2max는 85ml/kg/min를 넘기도 합니다. VO2max는 운동 단위를 모집하는 중추신경계의 능력, 골격근 수축에 필요한 산소전달 능력폐와 심혈관계, 그리고 산화 대사 경로에서의 산소 소비 능력의 종합으로 결정됩니다. 연료의 이동과 사용은 sarcoplasmic Ca2+, 근육 내 ATP 분해 산물, 근육 내 온도, 기질가용성 등 국소적 요인과 에피네프린, 인슐린, 글루카곤 등의 호르몬 수준, 그리고 순환하는 대사 산물 등 전신적 요인이 합쳐져 결정됩니다. 이러한 요인들은 운동 중의 응급 반응을 조절할 뿐만 아니라, 규칙적인 운동에 대한 장기저인 적응을 위한 신호 경로를 활성화합니다.

운동의 장기적 건강 증진 및 수명 연장 효과

운동 시 골격근 충혈의 일차 기전은 활동적인 골격근 내의 혈관 확장이며, 이는 대사율과 근수축에서 발생하는 혈관 확장 신호와 밀접하게 연관되어 산소 요구량에 비례하여 근혈류가 증기합니다. 또한 운동 시 이차적으로 증가된 교감 신경 활동으로 인해 혈관 수축이 발생하여 혈류가 신장, 간 및 다른 내장 기관에서 멀어져 재배치됩니다. 중추신경계의 혈류는 변동이 없거나 약간 증가하며, 관상동맥 혈류는 증가하고, 운동으로 발생하는 열을 발산하기 위해 피부 혈류가 증가합니다. 폐 기관의 중요한 기능은 산화 대사 시 발생한 CO2 를 제거하여 동맥의 산소 공급을 유지하는 것입니다 이는 운동 강도에 따라 증가된 환기ventilation를 통해 이루어지며, 심한 운동 까지 동맥의 PO2 와 PCO2 는 휴식 수준으로 유지됩니다.

최근 연구들은 근육이 지방 조직, 간, 췌장, 뼈, 뇌와 소통하는 기전을 제공하며, 골격근의 항상성 유지 역할에 대한 새로운 관점을 제시하고 있습니다. 신체적 비활동은 최소 17가지 건강하지 못한 조건과 관련된 만성 질환 발병을 증가시키며, 낮은 운동 능력은 모든 원인에 의한 사망률과 질병률의 독립적인 예측 인자입니다. 운동은 심박동을 증가시켜 항상성 상태를 유지하며, 근골격계의 필요에 맞는 산소와 영양분 요구를 증가시키고 교감신경계를 자극하여 심박동, 혈압, 호흡이 증가합니다. 시간이 지남에 따라 운동은 심혈관 능력과 폐활량을 향상시키고 스트레스 대응 능력을 돕습니다. 운동은 체중을 줄이고 균형을 향상시켜 신체를 적절하게 만들며, 심장병, 뇌졸중, 암, 당뇨병 및 고혈압 등 주요 사망 원인의 위험을 줄입니다. 강도 높은 운동 훈련은 근골격을 튼튼하게 하여 뼈 손실을 늦춥니다. 한 연구에 따르면 육체적으로 활동적인 사람들은 대조군보다 사망 위험을 30~35% 낮추는 것으로 나타났습니다.

또한 운동은 노화와 관련된 근육 및 다른 조직의 염증을 줄이고 면역계를 지원하며, 스트레스와 불안을 조절하는 데 중요한 깊은 잠의 양을 늘릴 수 있습니다. 운동은 기분을 좋게 하고 불안과 우울증을 줄이는 엔도르핀 분비를 촉진하며, 시간이 지남에 따라 기분, 수면, 식욕을 조절하는 세로토닌 수준을 증가시킬 수 있습니다. 규칙적인 운동은 생애를 통해 인지 능력을 향상시키고 인지 저하를 예방하거나 치료하는 데 도움을 주며,

실제적인 세포 변화를 통해 신체를 더 젊게 만듭니다. 염색체 끝에 있는 텔로미어telomere는 나이가 들면서 짧아지는데, 활동적인 사람에게서 더 길다는 보고가 있으며 비교군에 비해 약 9년의 차이가 있었습니다. 또 다른 연구에서는 70세의 심장, 폐, 근육을 비교했을 때 활동적인 사람들이 30년 더 젊은 사람들의 것과 비슷하다고 보고했습니다. 규칙적인 신체 활동이 수명을 0.4년에서 6.9년 연장한다는 보고와 0.4년에서 4.2년 늘린다는 보고가 있으며, 테니스, 수영, 조깅, 체조, 라켓 스포츠, 걷기 등이 더 긴 수명과 연관 있는 운동으로 알려져 있습니다.

수년간 앉아서 지냈을지라도, 운동의 이점을 얻는 데에는 결코 늦지 않습니다. 연구에 따르면, 수년간 비활동적이거나 과체중이었던 사람들도 일상에 적절한 수준의 신체 활동을 추가함으로써 수명을 늘릴 수 있는 것으로 나타났습니다. 수명을 연장하기 위해 반드시 운동선수가 될 필요는 없으며, 규칙적인 걷기 같은 중강도 운동만으로도 생명을 몇 년 더 연장시킬 수 있습니다. 예를 들어, 몸무게, 나이, 성별, 건강 상태에 관계없이 매주 150분 이상의 규칙적인 중강도 운동은 약 7년의 수명을 늘려줄 수 있습니다.

제11장

음식

제11장

음식

고대 의학의 통찰과 음식의 기본 정의 및 종류

기원전 3세기 당시 평균 수명 25~30세를 훨씬 넘겨 83세까지 장수한 '의학의 아버지' 히포크라테스Hippocrates는 "음식을 약으로 삼으라. 약이 곧 음식이다. 음식물을 당신의 의사나 약으로 삼고, 음식으로 고치지 못하는 병은 의사도 약도 못 고친다"고 선언했습니다.

음식이란 유기체에 영양을 공급하여 힘을 내게 하는 성분으로, 날것이거나 가공될 수 있으며, 동물의 성장, 건강, 또는 기쁨을 위해 섭취됩니다. 음식은 주로 물, 지방, 단백질, 탄수화물로 구성되어 있습니다. 한편, 유기농 음식은 합성 화학품이나 유전자 변형 유기체GMO 없이 만든 것이며, 미국 농무부USDA는 유기농 작물을 수확 전 3년 동안 합성 농약, 제초제, 비료를 사용하지 않은 농장에서 자란 곡물이라 정의하고 있습니다. 또한 농장은 유전공학, 이온화 방사선, 하수 슬러지로부터 자유로워야 하며, 가축은 유기농 땅에서 살고 유기농 식사를 해야 하며, 항생제나 호르몬 없이 길러야 합니다. 유기농 농부는 승인된 자연 농약을 사용할 수 있습니다. 반면, 무기농 영양분은 탄소와 수소를 포함하지 않으며 창조되거나 파괴되지 않으나, 농약 잔재가 남아 인체에 위험할 수도 있습니다.

미네랄은 음식이 탈 때 남은 무기농 영양분입니다. 어떤 사람들은 유기농 음식이 심한 농사 방법을 덜 써서 환경 오염을 줄이기에 환경에 더 좋다고 주장하고, 다른 사람들은 유기농 음식이 더 안전하고 건강식이라고 말하지만, 유기농 식품이 건강에 더 좋다는 확고한 증거는 아직 없습니다. 다만, 일부 연구에서는 유기농 식품에 비타민 C와 E, 카로티노이드, 칼슘, 칼륨, 인, 마그네슘, 철분의 양이 약간 증가되어 있다고 보고했으며, 또 다른 연구에서는 불임, 선천적 결함birth defect, 알레르기 등이 적다고 보고했습니다.

음식물의 소화 및 에너지 생성 과정

섭취된 음식물의 효소들은 큰 분자를 소화digestion라는 과정을 통해 더 작은 글루코스glucose 같은 하위 단위로 분해합니다. 이후 유기체는 산소를 이용하는 해당 과정glycolysis pathway과 산소 없는 과정인 발효fermentation의 세포 호흡cellular respiration을 거쳐 아데노신 삼인산ATP 형태로 에너지를 생산합니다. 시트르산 회로Citric acid cycle는 아세틸기acetyl group를 이산화탄소로 산화시켜 NADH를 생산하며, 전자 전달계electron transport는 세포 내 대부분의 ATP 생산을 유도합니다.

ATP와 글루코스가 너무 많으면 간은 그들을 글리코겐glycogen으로 전환시켜 나중에 사용하도록 저장하고, 또 과도한 에너지를 복부 내, 피하, 혈관 내와 다른 조직 내 지방으로 저장합니다. 위와 소장은 글루코스를 흡수하여 혈액 속으로 내보내는데, 이는 즉시 에너지로 사용되거나 나중에 쓰노록 서장되며 이때 인슐린이 필요합니다.

단백질 섭취와 기대수명에 관한 글로벌 연구 결과

우리는 흔히 식탁에서 '건강'을 논하며 채소를 곁들이거나, 기름과 설탕을 줄이자고 하지만, 정작 중요한 "그릇 위 단백질이 어디서 왔느냐"는 질문을 놓치곤 합니다. 시드니대학교 연구진은 1961년부터 2018년까지 60년간 식량 공급과 인구 통계를 바탕으로 101개국의 자료를 분석한 대규모 연구 결과를 발표했습니다. 이 연구는 전 세계 사람들이 어떤 단백질을 먹는지 조사하고 그 식단이 수명에 어떤 영향을 미치는지를 분석했습니다. 그 결과, 인구 규모와 경제 수준 같은 변수를 보정한 후에도 식물성 단백질을 많이 섭취하는 국가일수록 기대수명이 길다는 경향이 확인되었습니다.

이 분석에서 식물성 단백질에는 병아리콩, 두부, 완두콩 등이 포함되었고, 동물성 단백질에는 고기, 계란, 유제품 등이 포함되었습니다. 흥미롭게도, 5세 이하 어린이에게는 동물성 단백질 섭취가 사망률을 낮추는 데 긍정적인 영향을 주었지만, 성인의 경우에는 오히려 식물성 단백질 섭취가 전체적인 수명을 늘리는 데 더 유리했습니다. 이는 연령에 따라 단백질의 효과가 다르게 나타나며, 성인의 건강과 장수 측면에서는 식물성 단백질이 더 효과적이라는 결론을 뒷받침합니다.

이러한 결과는 기존 의학 연구와도 일치하는데, 동물성 단백질, 특히 가공육이나 적색육은 심장병, 당뇨병, 일부 암과 같은 만성 질환의 위험을 높일 수 있는 것으로 알려져 있습니다. 반면, 콩류나 견과류, 통곡물에서 얻는 식물성 단백질은 혈관 건강과 면역 기능을 유지하는 데 긍정적인 효과를 줄 수 있으며, 전반적인 사망률도 낮추는 경향을 보입니다. 연구팀은 일본 오키나와, 그리스 이카리아, 미국 로마린다 같은 장수 지역의 공통점으로 식물성 식단을 강조하기도 했습니다. 이 연구는 단백질 섭취가 단지 개인의 취향 문제가 아니라 한 사회의 기대수명과 직결될 수 있다는 점을 보여주며, 식물성 단백질은 심혈관 질환이나 만성 질환의 위험을 낮추는, 소리 없이 건강을 지지하는 기둥과 같습니다.

단백질 섭취와 사망률: '평소 섭취량' 보정의 중요성

하지만 최근의 또 다른 연구에서는 동물성 단백질이 암 사망 위험과 관련하여 '약간의 보호 효과'를 보이는 미묘한 상관관계를 제시했습니다. 이 연구팀은 미국에서 1988년부터 1994년까지 진행된 대규모 건강 영양 조사를 이용하여 1만 5천 명이 넘는 사람들의 식단과 18년간의 사망 데이터를 분석했습니다. 이 연구의 핵심은 하루 이틀의 식사 기록으로는 평소 식습관을 알기 어렵다는 점을 감안하여, 통계 모델을 이용해 장기간의 '평소 섭취량'을 정확히 추정했다는 점입니다. 이 방법이 과거 연구와 결정적인 차이를 만들었는데, 분석 결과 동물성 단백질과 식물성 단백질 모두 사망률과 큰 관련이 없었으며 심혈관 질환 사망 위험 역시 마찬가지였습니다. 그러나 암 사망률에서 작은 차이가 나타났는데, 동물성 단백질을 조금 더 먹는 사람일수록 암으로 사망할 확률이 약간 낮았으며, 반대로 식물성 단백질은 뚜렷한 관계가 없었습니다.

한편, 단백질이 암을 유발한다고 지목된 성장 인자 IGF-1 역시 사망률과 관련이 없었으며, 이는 단백질을 섭취하면 IGF-1이 올라가 암 위험이 커진다는 가설을 뒷받침하지 못했습니다. 이 연구는 미묘한 상관관계를 보여줄 뿐, 고기의 종류나 조리법, 가공 여부에 따른 차이는 분석하지 않았습니다. 붉은 고기를 태워 굽거나 가공육을 많이 먹으면 발암물질이 생긴다는 사실은 여전히 유효합니다. 결국, 특정 음식 하나를 두고 '절대 좋다'거나 '절대 나쁘다'고 단정하는 것은 위험하며, 중요한 것은 균형입니다. 다양한 단백질원을 적절히 섞고, 채소와 통곡물을 충분히 곁들이는 식단이야말로 건강을 지키는 가장 확실한 방법입니다.

건강한 식단과 장수: 탄수화물 논쟁 및 다이어트의 성별 차이

'저탄수화물-대장암 위험 증가' 보도의 진실

건강한 식단은 하루의 선택이지만, 그 영향은 수십 년의 건강에 걸쳐 나타날 수 있습니다. 최근 "탄수화물 섭취 줄면 '대장암' 위험 껑충"이라는 자극적인 제목의 국내 신문 기사들이 보도되었는데, 이들은《Nature Microbiology》에 실린 토론토 대학 연구진의 쥐 실험 결과를 소개한 내용입니다. 제법 많은 언론사가 이 연구를 다루었지만 기사 제목들은 다소 자극적이었습니다. "저탄수화물 식단이 '암' 위험 높인다고?!"^{헬스조선}, "살 빼야지" 건강 위해 탄수화물 줄였는데…"대장암 위험" 경고^{머니투데이}, " 살 빼려고 탄수화물 덜 먹었더니 '암' 걸린다고?"^{서울경제}, "'탄수화물 안 먹어요'… 다이어트 하려다 '암' 위험 높인다^{서울신문}, "다이어트하다 암 걸릴 수 있대요"^{세계일보} 등 많은 기사 제목이 마치 저탄수화물 식단 자체가 암을 유발하는 것처럼 보도되었습니다.

한국 언론이 주로 '탄수화물' 부족에 초점을 맞춘 반면, 같은 연구를 다룬 캐나다 언론은 기사 제목에서 '섬유질_{fibre}'의 중요성을 강조하며 보도의 논조가 달랐습니다. 이 연구는 대장 폴립을 유발할 수 있는 장내 세균에 감염시킨 마우스에게 일반 식단_{탄수화물:단백질:지방 비율 58:24:18}, 서양식 식단_{43:40:17}, 저탄수화물 식단_{9:45:46}을 각각 먹였을 때의 차이를 분석했습니다. 그 결과, 저탄수화물 식단을 먹인 마우스에서 폴립이 더 많이 형성되었습니다. 일반적으로 '탄수화물' 하면 당_{sugar}과 녹말_{starch}을 떠올리지만, 식이섬유_{fibre}도 탄수화물의 한 종류입니다. 그런데 연구에서 저탄수화물 식단을 먹인 마우스에게는 불용성 섬유_{insoluble fibre}가 대량 포함된 사료가 제공되었습니다.

불용성 섬유는 대변의 부피를 늘리는 역할만 할 뿐 장내 세균에게는 큰 영향을 주지 않는 반면, 수용성 섬유_{soluble fibre}는 장내 유익균의 성장에 도움을 줍니다. 즉, 저탄수화물 식단을 먹인 마우스에서 대장암 위험이 증가한 진짜 원인은 탄수화물 섭취 부족 자체가 아니라, 유익균의 먹이가 되는 '수용성 섬유질_{soluble fibre}'이 거의 포함되지 않았기 때문이었습니다. 실제로 연구진은 저탄수화물 식단을 준 마우스에게 수용성 섬유질_{이눌}

린, inulin을 추가 보충하자, 폴립 형성이 줄어드는 것을 확인하여 이 사실을 입증했습니다.

연구에서는 또한 저탄고지 식단을 하는 사람들이 전반적으로 섬유질 섭취가 줄어들고, 이에 따라 장내 미생물 균형이 깨질 가능성이 높다는 점도 지적되었습니다. 섬유질은 식물성 식품에서만 들어 있고, 단백질과 지방에는 섬유질이 전혀 없기 때문에 저탄수화물 식사를 하는 경우, 섬유질, 특히 수용성 섬유질 보충이 필수적입니다. 밥이나 빵탄수화물:단백질:섬유질 비율 75:10:2을 먹는 사람과 고기단백질:지방:섬유질 비율 20:20:0만 먹는 사람을 비교하면, 전자가 섬유질 섭취량이 많을 가능성이 크지만, 탄수화물 섭취를 늘리면 혈당 스파이크, 인슐린 저항성 증가, 대사 질환 위험 증가 같은 더 큰 문제가 발생할 수 있습니다. 가장 현명한 방법은 탄수화물은 줄이되, 섬유질특히 수용성 섬유질 섭취를 늘리는 것입니다.

저탄고지 다이어트 효과의 성별 및 호르몬 차이

다이어트에는 유행이 있어 한때는 저지방 식단이 대세였고, 최근 몇 년은 저탄고지탄수화물은 줄이고 지방을 늘리는 방식로 살이 빠졌다는 분들이 많습니다. 하지만 어떤 사람은 효과를 보는 반면, 어떤 사람은 전혀 그렇지 않다는 경험적인 차이가 존재합니다. 최근 발표된 연구는 이 차이가 단순히 '체질'이나 '의지' 문제가 아니라, 성별과 호르몬의 차이 때문일 수 있음을 시사합니다.

쥐를 대상으로 한 실험에서, 수컷 쥐는 저탄고지 식단을 먹어도 체중이 크게 줄지 않았을 뿐 아니라 세포가 빠르게 늙어가는 현상이 나타났습니다. 특히 심장과 신장에서 노화 지표 단백질이 늘어나고, 산화 스트레스가 심해졌습니다. 반면, 암컷 쥐는 같은 식단을 먹고도 이런 변화가 거의 없었습니다. 이 비밀은 여성호르몬, 에스트로겐에 있었습니다. 에스트로겐은 단순히 생식 기능만 담당하는 것이 아니라, 강력한 항산화제 역할을 합니다. 실제로 수컷 쥐에게 에스트로겐을 보충하자 노화 현상이 줄었고, 암컷 쥐에게 에스트로겐의 작용을 막는 약을 투여하자 오히려 수컷과 비슷한 손상이 나타났습니다. 즉, 에스트로겐이 세포를 보호하는 방패 역할을 한 것입니다.

이러한 동물 실험 결과는 폐경 전 여성과 폐경 후 여성이 같은 식단에 다르게 반응할 수 있음을 짐작하게 합니다. 실제로 임상 연구에서도 폐경 전 여성은 저탄고지를 해도 염증 지표가 크게 오르지 않았지만, 남성이나 폐경 후 여성은 오히려 염증 지표가 올라가는 경향을 보여주었습니다. 이는 "모든 사람에게 통하는 완벽한 다이어트는 없다"는 사실을 다시 한번 확인시켜 줍니다.

저탄고지가 어떤 사람에게는 체중 감량과 대사 개선을 가져오지만, 다른 사람에게는 세포 노화라는 예상치 못한 부작용을 불러올 수도 있습니다. 따라서 저탄고지를 한다면 비타민 C, 알파리포산, N-아세틸시스테인 같은 항산화제나 신선한 채소와 과일을 충분히 섭취하여 항산화제를 보충하는 것이 도움이 될 수 있습니다. 다이어트를 고민할 때 단순히 유행이나 후기만 참고할 것이 아니라, 의학적 조언을 받아 자신에게 맞는 방식을 찾는 지혜가 필요합니다.

'어떻게 먹을까'의 과학: 식사 속도, 뇌의 보상 회로, 그리고 가공식품

비만은 '덜 먹는 기술'이 아닌 '천천히 먹는 기술'

한참을 기다려 배달된 음식을 정신없이 빨리 먹었을 때, 뇌는 아직 '먹었다'는 사실을 인지하지 못한 채 허기를 느껴 한 끼를 먹은 것이 아니라 그저 '때웠다'는 기분이 듭니다. 그런데 이 단순한 식사 속도가 우리가 생각

　　　건강과 신앙_마흔에 시작하는 질병예방

하는 것보다 훨씬 깊게 비만과 연결되어 있다는 사실이 일본 연구팀의 흥미로운 실험을 통해 밝혀졌습니다. 이 연구는 다이어트가 '덜 먹는 기술'이 아니라 '천천히 먹는 기술'임을 과학적으로 증명한 셈입니다. 즉, 빨리 먹는 사람보다 천천히 먹는 사람이 적게 먹는다는 것입니다. 하지만 "천천히 먹으세요"라는 말만으로는 행동을 바꾸기 어렵다는 한계가 있습니다. 이에 연구팀은 과학의 힘을 빌려 외부 리듬, 즉 메트로놈을 활용했습니다.

33명의 건강한 성인 남녀에게 피자 한 조각을 주고 각기 다른 박자0, 40, 80, 160bpm의 메트로놈을 들으며 먹게 한 후, 씹는 횟수, 씹는 속도, 입에 넣는 횟수, 총 식사 시간을 측정했습니다. 그 결과, 40bpm의 느린 박자를 들으며 식사했을 때 식사 시간은 평균 47초나 길어졌고, 씹는 횟수와 입에 넣는 횟수도 크게 증가했습니다. 이는 단지 리듬의 차이만이 아니라 음식과 관계를 맺는 방식 자체가 달라졌음을 시사합니다.

특히 여성은 남성보다 식사 시간이 길고, 더 많이 씹고, 더 자주 나눠 먹는 경향이 있었는데, 이는 비만 예방에 중요한 단서가 될 수 있습니다. 흥미롭게도, 실제로 체질량지수BMI나 씹는 '속도' 자체는 식사 시간과 큰 관련이 없었고, 대신 중요한 요소는 씹는 횟수와 한 입에 먹는 양이었습니다. 이는 조금씩 자주 씹으며 먹는 사람이 결과적으로 더 천천히 식사하게 된다는 의미입니다. 이러한 '천천히 먹기'라는 행동이야말로 과식을 막고 포만감을 더 일찍 느끼게 만드는 단순하면서도 효과적인 전략입니다. 연구팀은 이 단순한 원리를 '외부 리듬 조절'이라는 방식으로 적용함으로써, 누구나 쉽게 실천 가능한 건강 전략으로 제시하였습니다.

음악이나 메트로놈 같은 외부 자극을 활용하는 것은 비용도 들지 않고, 당장 적용할 수 있는 현실적인 아이디어입니다. 결국 다이어트는 음식의 칼로리를 줄이는 일이기도 하지만, 음식을 대하는 태도를 바꾸는 일이며, '무엇을 먹을까'가 아닌 '어떻게 먹을까'가 오히려 더 중요한 질문일 수 있다는 가능성을 보여줍니다. 하루 세 끼 중 단 한 끼라도 씹는 것에 집중하는 식사를 하도록 음악을 틀어놓고, 천천히 씹으며 식사의 감각을 되살려보는 것이 좋습니다. 맛을 느낀다는 것은 결국 삶을 느낀다는 일과 닮아 있기에, 잔잔한 클래식 음악을 들으며 한입 한입 음미하면서 밥을 먹도록 해야 합니다.

비만과 뇌의 보상 회로: 맛을 잃어버린 사람들

하루에 한 끼만 먹을 때 가장 좋은 점은 "뭘 먹어도 맛있다"는 것이지만, 반대로 "뭘 먹어도 맛이 없어"라는 말을 자주 하는 사람 중에는 의외로 비만이 많습니다. 예전에 감동을 일으키던 치즈버거가 어느 날 갑자기 골판지처럼 느껴진다면 그 이유는 단순히 입맛이 변해서가 아니라 '뇌'에 있다는 사실을 최근 과학자들에 의해 밝혀냈습니다. 《네이처》에 실린 연구에 따르면, 비만 상태의 뇌는 맛을 느끼는 회로 자체가 꺼져 있다고 합니다. 우리 뇌에는 도파민이라는 보상 회로가 있는데, 이 회로는 고지방, 고당분 음식을 자주 섭취할수록 점점 무뎌집니다.

처음에는 감자칩 하나에 불꽃놀이가 터지던 뇌가, 나중에는 같은 칩을 씹으며 무덤덤함에 빠지는 것인데, 이는 음식이 맛이 없어진 것이 아니라 맛을 즐기던 뇌의 회로가 지쳐서 꺼졌다는 것을 의미합니다. 이쯤 되면 식사는 기쁨이 아니라 습관이고, 손은 계속 음식을 입으로 옮기지만 머릿속은 딴생각을 하는 상태입니다. 하지만 이 꺼져버린 회로는 다시 켤 수 있습니다. 연구자들은 비만 생쥐에게 일반 식단을 몇 주간 먹였더니, 맛에 무감각하던 생쥐들이 다시 초콜릿과 땅콩버터에 환호하기 시작했다고 보고했습니다.

이때 중요한 역할을 한 것이 뉴로텐신이라는 뇌 속 분자입니다. 맛이 돌아오면 삶도 조금은 돌아오는 법이므로, 결국 중요한 것은 '덜 먹는

    건강과 신앙_마흔에 시작하는 질병예방

것'이 아니라, '다시 맛있게 먹는 것'입니다. 비만은 어쩌면 많이 먹는 사람의 이야기가 아니라, 맛을 잃어버린 사람의 이야기일지도 모릅니다. 무의식적인 폭식은 단순한 식탐이 아니라, 사라진 쾌감을 되찾기 위한 몸부림일 수 있으며, 진짜 다이어트는 체중계 위의 숫자를 줄이는 것이 아니라, 식탁 위의 즐거움을 회복하는 데서 시작되는 것일 수 있습니다.

초가공식품이 체중과 식욕에 미치는 영향

부드러운 식빵, 입안에서 바로 녹는 과자, 전자레인지에서 3분이면 완성되는 도시락 등 현대인의 식탁은 점점 더 '편리함'에 맞춰 진화하고 있습니다. 그런데 이렇게 편리하게 가공된 음식들이 체중 감량에 방해가 되고, 보기 좋고 먹기 쉬운 음식이 우리 몸의 대사 조절과 식욕에 미묘한 영향을 줍니다.

　　'얼마나 먹었나'보다, '어떻게 먹었나'가 체중과 건강에 더 중요한 변수라는 사실을 영국의 한 연구팀이 가공 수준이 다른 두 가지 식단을 비교한 연구를 통해 보여주었습니다. 두 식단은 열량, 단백질, 지방, 탄수화물, 나트륨, 당 함량이 동일했지만, 다른 점은 식품이 얼마나 가공되었는가, 즉 '초가공식품ultra-processed food, UPF'이냐, '저가공식품minimally processed food, MPF'이냐였습니다. 피실험자들은 두 식단을 각각 8주씩 섭취한 후 체중과 식욕, 대사 지표를 분석했는데, 저가공식품을 섭취했을 때 체중이 더 많이 줄었고, 체지방과 허리둘레 감소도 뚜렷했습니다. 식욕을 억제하는 호르몬인 PYY와 GLP-1이 저가공 식단에서 더 많이 분비되는 등 식욕 조절과 관련된 호르몬 변화도 관찰되었습니다. 흥미롭게도 두 식단 모두 영양적으로는 '건강식'이었지만, 가공 정도의 차이가 신체의 대사 반응과 식욕 조절에 분명한 영향을 준 것입니다.

　　초가공식품은 단순히 칼로리가 높아서 문제가 되는 것이 아니며,

칼로리와 영양소 비율을 같게 맞췄지만 여전히 저가공 식단이 체중 감량에 더 효과적이었습니다. 음식의 구조와 조리 과정, 섭취 속도, 섬유질 함량 등이 우리 몸의 대사 시스템에 중요한 신호를 주기 때문입니다. 편하게 씹을 수 있고, 빠르게 삼킬 수 있는 음식일수록 포만감을 느끼지 못해 과식으로 이어지기 쉽습니다. 즉, 식사는 단순한 칼로리 보충이 아니라 호르몬과 뇌를 움직이는 '정보'라는 뜻입니다. 가공되지 않은 신선한 재료를 선택하고, 집에서 직접 요리하는 습관은 체중 감량뿐만 아니라 음식에 대한 갈망을 줄여 장기적으로 건강을 유지하는 데 큰 도움이 될 수 있습니다.

히포크라테스의 통찰과 장-뇌 연결축의 중요성

히포크라테스는 2,500년 전에 "모든 병은 장으로부터 시작한다"고 말했는데, 인간의 장은 흡수 면적이 테니스 코트 면적인 약 200㎡에 달할 정도로 넓으며, 음식 섭취뿐만 아니라 해독시키는 '제2의 간'이자 가장 큰 면역 기관이며, 행복 호르몬인 세로토닌약 90% 등 뇌신경 전달 물질도 생산하여 '제2의 뇌'라고도 불립니다. 심장외과 의사 스티븐 건드리Dr. Steven Gundry는 그의 저서 《닥터 건드리의 다이어트 에볼루션Dr. Gundry's Diet Evolution》에서 식생활 개선으로 심장병과 당뇨병이 감소되고 심지어 치매를 포함한 많은 신경 질환들까지도 감소시킬 수 있다고 언급했습니다.

　　　뇌와 소화기관, 특히 장은 장-뇌 연결gut-brain connection이라는 밀접한 관계를 맺고 있습니다. 첫째는 신경 경로로, 장의 미생물과 면역 세포가 미주신경을 통해 신경 신호를 조절하여 감정, 기억, 스트레스 반응에 영향을 줍니다. 장이 불편할 때 불안감을 느끼는 것은 미주신경을 통한 신호 전달의 결과입니다. 둘째는 면역 경로로, 장내 세균의 불균형이 염증을 유발하면 사이토카인 같은 염증 신호가 분비되어 뇌로 전달되어 우울증 및 불안 장애 등을 유발할 수 있습니다. 셋째는 호르몬 경로로, 장에서는 행복 호르몬인 세로토닌의 약 90%가 생성되고, 도파민과 GABA 등도 생성되어 기분과 정신 건강을 조절합니다. 장내 세균이 부족하거나 균형이 깨지면 우울증, 불안 장애, 스트레스 증가로 이어질 수 있고 알츠하이머병이나 파킨슨병 같은 퇴행성 뇌 질환의 진행 속도도 빨라질 수 있습니다.

장-뇌 축을 건강하게 유지하기 위해서는 섬유질과 폴리페놀이 풍부한 음식을 다양하게 섭취하는 것이 가장 중요하고, 장내 세균의 균형을 깨뜨릴 수 있는 가공식품과 설탕의 섭취를 줄여야 합니다. 미주신경을 활성화시키는 명상, 요가, 심호흡이 도움을 주며, 장내 세균의 균형을 유지하기 위해 규칙적인 수면을 충분히 취하는 것이 좋습니다. 또한 가벼운 유산소 운동은 장내 유익균을 증폭시켜 장-뇌 축의 기능을 향상시킵니다.

장 건강과 뇌 기능: 현대인의 질병과 장내 미생물의 생태계

장내 유익균의 중요성 및 섭취 전략

장에 있는 유산균 같은 좋은 균을 잘 먹여 좋은 영양분을 공급해야 뇌 기능을 활발하게 잘 할 수 있습니다. 우리 장 속에는 약 20여 종의 균이 200조 가량 존재하는데, 이 중 60~80%는 유산균을 포함한 좋은 균입니다. 몸에 유익한 균을 프로바이오틱스probiotics라 하고, 그 균을 먹이는 섬유질인 채소 음식을 프리바이오틱스prebiotics라고 합니다.

한국의 전통 음식인 김치는 프로바이오틱스와 프리바이오틱스 두 가지 영양분을 모두 포함하고 있습니다. 예를 들어, 두두바이오Du Du Bio 회사에서 나온 콩을 특수 발효시켜 만든 'gut fine' 제품은 유익균을 증폭시켜 건강에 도움을 줍니다. 구약성경의 창세기를 보면 흙에서 나오는 채소와 과일을 먹던 노아의 할아버지 므두셀라는 969년을 향수享壽했는데, 출애굽한 이스라엘 사람들이 메추라기 등 동물식을 한 뒤로는 아브라함은

250년, 모세는 120년으로 수명이 짧아졌습니다.

그 당시 욕심으로 과식한 사람들에게서 소모성 질환이 발생했는데, 오늘날에는 가공된 음식과 생활 양식의 변화로 암, 신경정신병, 많은 자가 면역 질환 등 소위 문명인 혹은 현대인 병으로 나타나고 있습니다. 부적절한 음식, 조미료, 환경 오염, 독소, 심지어 지나친 약물, 특히 항생제 남용은 장 세포를 손상시켜 유익한 균을 죽임으로써 소위 장이 새는 증세leaky gut syndrome를 발생시킵니다. 이로 인해 영양분 흡수는 제대로 안 되고 독소가 흡수되어 모든 병을 일으킵니다. 과잉 음식 섭취로 인한 비만, 고혈압, 동맥경화증, 편식으로 인한 미세 영양 부족, 몸에 해로운 조미료, 자기도 모르는 환경 오염과 독소의 섭취 등 모든 것이 서로 상관되어 '제3의 당뇨병'이라는 치매까지도 일으킵니다.

서양식 식단이 장내 세균 생태계에 미치는 영향

햄버거, 스테이크, 감자튀김 등 바쁜 하루를 채우는 익숙한 메뉴들이 우리 몸속 미생물 생태계를 바꾸고 있다는 사실은 중요합니다. 최근 들어 배가 더 자주 불편하고, 면역력이 약해졌다고 느꼈다면 단순히 피로 때문만은 아닐 수도 있습니다. 최근 《Nature》에 발표된 한 연구는 '우리가 먹는 것'이 장내 세균의 운명을 결정하고 나아가 건강을 좌우하는 열쇠가 될 수 있음을 흥미롭게 보여주고 있습니다. 서양식 식단Western Diet, WD은 고지방·저식이섬유 식단으로, 장내 세균gut microbiome의 다양성과 대사 기능을 현저히 저하시키는 것으로 알려져 있습니다. 특히 항생제와 같은 급성 스트레스를 받은 후 미생물군이 얼마나 잘 회복되는가를 보여주는 "회복 탄력성resilience"에 중대한 영향을 미칩니다.

미국 시카고대학교 연구진은 쥐 실험을 통해 서양식 식단이 장내 세균 생태계에 미치는 영향을 정밀하게 관찰했습니다. 실험은 일부 쥐에게는 지방과 설탕이 풍부하고 식이섬유는 부족한 전형적인 서양식 식단을, 다른 쥐에게는 섬유질이 풍부한 지중해식 식단을 제공한 후 항생제를 투여하는 방식으로 진행되었습니다. 건강한 식단을 먹은 쥐들은 항생제 이후에도 빠르게 장내 세균 다양성을 회복한 반면, 서양식 식단을 먹은 쥐들은 마치 불탄 숲처럼 회복되지 못한 채 병원성 세균에 쉽게 감염되었습니다.

연구진은 이를 "숲의 생태계가 산불 이후 회복되는 과정"에 비유하며, 숲이 제 모습을 되찾으려면 특정 식물과 곤충, 미생물들이 순차적으로 자리를 잡아야 하듯이, 항생제라는 불길이 지나간 자리에는 회복을 위한 질서가 필요하다고 설명했습니다. 서양식 식단은 그 질서를 망가뜨립니다. 고지방, 고당류 음식은 특정 종의 미생물만을 키우고 회복을 도와야 할 다른 균들이 자랄 수 있는 환경을 허락하지 않습니다.

연구진은 좋은 미생물이 있는 '건강한 쥐'의 대변을 이식하는 방식도 함께 실험했는데, 놀랍게도 나쁜 식단을 먹는 쥐에게는 어떤 좋은 미생물을 넣어도 효과가 없었습니다. 이는 미생물의 종류가 아니라, 황폐한 땅에 어떤 씨앗을 뿌려도 꽃이 피지 않는 것처럼 건강하지 않은 식단은 유익한 세균이 자리를 잡을 수 없게 한다는 것을 의미합니다. 따라서 항생제를 쓸 일이 생기거나 감염에 취약한 상황에 처하기 전후에는 식단을 먼저 바꾸는 것이 회복의 핵심입니다.

다이어트를 결심하거나 채식주의자가 될 필요는 없지만, 지금 식탁 위에 채소 한 접시, 과일 하나, 통곡물 한 조각을 더 얹는 것만으로도 장내 미생물은 '복구 계획'을 시작할 수 있습니다. 장내 세균은 우리가 매일 먹는 음식에 따라 편안히 집을 짓기도 하고 떠나기도 하므로, 우리가 먹는 것은 단지 에너지원이 아니라 우리 몸속 생태계를 설계하는 설계도와 같습니다.

알칼리성 식단과 활성산소: 장내 미생물과 섬유질의 정밀 과학

건강의 pH 균형과 활성산소의 역설

우리 몸은 약알칼리성pH 7.35~7.45 상태에서 가장 건강한 기능을 유지합니다. 염증이 생기면 산성 상태가 되며, pH 7.0 이하의 산성에서는 생명을 유지할 수 없습니다. 또한 우리 몸은 공기로 들어오는 산소 없이 살 수 없지만, 고철이 산화 작용으로 녹이 슬듯이 산소 때문에 늙어가는데, 이를 산소 역설oxygen paradox이라고 합니다. 산화 작용으로 몸 안에서 생성된 활성산소free radical는 2% 미만일 경우 글루타치온glutathione으로 중화되지만, 스트레스 등으로 과잉 생산된 활성 산소는 세포 자체의 DNA를 손상시킵니다. 따라서 셀메드CellMed사의 폴란드 포도를 사용한 안토시아닌 푸코이단 나노콤플렉스anthocyanin fucoidan nanocomplex나 바이오트리Bio Tree사의 감태에서 채취한 씨놀SeaNol, 폴리페놀과 플라보노이드 같은 항산화제를 복용하는 것이 노화나 모든 질병 관리에 도움을 줍니다.

대부분의 채소는 알칼리성 식품이고 동물성 음식은 산성 식품생선과 오리고기는 알칼리성이기에, 편식은 좋지 않으며 식물성 80%와 동물성 20%로 음식 양을 조절하는 것이 좋습니다. 탄산음료소다수 역시 산성 음료이므로 깨끗한 물을 마시는 것이 권장됩니다. 우리가 흔히 "산성 식품", "알칼리 식품"이라고 말하며 고기를 많이 먹으면 산성 체질이 되고, 채소를 먹으면 알칼리 체질로 바뀐다고 하는 것은 사실 음식 자체의 pH가 아니라, 몸속에서 그 음식이 어떤 산이나 염기를 만들어내느냐가 기준입니다. 이를 수치로 계산한 것이 PRALPotential Renal Acid Load, 신장에서 걸러지는 잠재적 산성 부하입니다. PRAL 값이 클수록 우리 몸에 산성 물질이 많이 남는다는 뜻입니다. 고기, 치즈, 달걀처럼 단백질과 인이 많은 식품은 PRAL이 높고, 채소나 과일처럼 칼륨, 칼슘, 마그네슘이 풍부한 식품은 PRAL이 낮습니다.

최근 미국 연구에 따르면 저지방 비건 식단이 지중해 식단보다 PRAL 값을 훨씬 더 낮추는 것으로 나타났으며, PRAL 수치와 체중 변화는 정비례 관계였습니다. 이는 단순히 칼로리 섭취량이 줄어서가 아니라 음식의 산성-염기 특성이 체내 대사에 영향을 주어 "몸속 산성도를 낮추는 식단이 체중 감량에 도움이 된다"는 것을 시사합니다. 고단백, 고인산 식품이 대사 과정에서 황산이나 인산 같은 산성 부산물을 남긴다면, 채소와 과일은 염기성 물질을 만들어내 몸의 산성도를 낮춥니다. 특히 비건 식단은 체내 산성 부하를 줄이는 데 가장 효과적인 식단 중 하나입니다. 물론 단백질도 필수 영양소이므로 동물성 식품이 모두 나쁘다는 이야기는 아니며, 식단의 구조와 균형을 생각할 필요가 있습니다.

과일과 채소를 충분히 먹고 콩류나 통곡물을 활용한 식단으로 체내 산성도를 조절하면 만성 염증, 인슐린 저항성, 고혈압 같은 문제를 완화하는 데 도움을 줄 수 있습니다. 몸속 산성-염기 균형은 아직 명확히 규명되지 않은 분야이지만, PRAL이 몸의 여러 대사 과정에 영향을 줄 수 있음을 보여줍니다. 식단을 구성할 때 단순히 칼로리만 보는 것이 아니라, 음식이 몸에 남기는 '대사 흔적'까지 함께 고려해야 하는 이유입니다. 중년 이후에 잘 생기는 골다공증도 몸의 산성화를 막기 위해 뼈에 있는 칼슘이 빠져 나오기 때문이며, 채소 위주 식사를 하는 아프리카 여성들은 골다공증 없이 허리가 반듯합니다. 모세혈관을 손상시키는 당뇨병 예방에는 알칼리성 채소, 과일, 견과류와 모든 베리berries류가 권장됩니다.

지중해 식단의 장점 및 장 건강을 위한 조리법

소위 건강식으로 알려진 지중해 식단은 다니엘 식단Daniel diet에서 유래된 것인데, 구약성경에 나오는 선지자 다니엘은 왕의 음식보다 채소 식사와 물로 더 건강하게 보였다고 기록되어 있습니다. 지중해 식사는 과일, 채소,

콩과 식물, 통곡물과 견과류nut가 풍부한데, 비타민, 미네랄, 섬유질fiber과 항산화제가 많아 건강에 도움이 됩니다. 지중해 식사의 저당 음식은 섬유질과 건강 단백질이 많아 소화를 천천히 시켜 혈당을 조절하고, 인슐린 저항과 제2형 당뇨병 위험을 낮춥니다. 또한 폴리페놀, 항산화 및 항염증 영양분이 많아 적절한 심혈관 건강에 중요하고 심장병 위험을 낮춥니다. 지중해 식사는 항산화 및 항염증 성분 덕분에 뇌 건강과 인지 능력에도 연관되며, 만성병을 예방하여 장수를 증진시킵니다. 다른 이점으로는 면역 기능과 체중 감소를 증진시키는 것입니다.

건강 식품은 좋은 콜레스테롤을 높이고 건강치 못한 중성지방triglyceride은 낮추어 혈압 수준을 향상시켜 심장병, 뇌졸중, 당뇨 등 대사 증후군 및 고혈압을 예방합니다. 많은 섬유질을 포함한 식물성 식사는 장내 좋은 균을 도와 섬유질을 짧은 지방산으로 분해하여 면역 세포 활동을 자극합니다. 과일과 채소는 활성 산소로부터 세포를 보호하여 염증 질환과 암을 예방할 수 있습니다. 한편, 많은 곡식과 과일에는 장에 해로운 단백질인 글루텐gluten과 렉틴lectin 등이 있어 보리, 호밀, 토마토, 오이, 가지 등을 압력솥에 끓여 잘 요리해야 합니다. 등 푸른 작은 생선고등어, 꽁치, 멸치 등과 좋은 기름올리브, 생선, 코코넛 오일 등도 추천됩니다.

섬유질의 새로운 분류와 맞춤형 건강 관리

사과와 바나나는 둘 다 섬유질이 풍부한 과일이지만, 이 두 과일에 들어 있는 섬유질의 작용 방식이 전혀 다르다는 사실은 잘 알려져 있지 않았습니다. 똑같이 '섬유질'로 묶이지만, 사과의 섬유와 바나나의 섬유질이 우리 몸에서 하는 일은 완전히 다르다는 것을 호주의 식품 과학자들이 알아냈습니다.

현재까지의 섬유질 분류는 매우 제한적으로, 수용성 섬유질은 물에 녹아 점성을 띠며 장에서 발효되어 유익한 미생물의 먹이가 되고, 불용성 섬유질은 물에 녹지 않으며 변의 부피를 증가시켜 장 건강을 돕는 것으로 알려져 있었습니다. 하지만 이러한 단순한 구분만으로는 섬유질이 인체에서 어떻게 작용하는지 충분히 설명할 수 없습니다. 예를 들어, 전통적으로 불용성으로 분류되는 일부 섬유질도 발효성을 띠며, 수용성 섬유질이라 해도 장 내에서 발효되지 않는 경우도 있습니다.

RMIT 대학의 연구팀은 최근 발표한 논문에서 섬유질을 다섯 가지 핵심 특성에 따라 새롭게 분류하자고 제안했습니다. 이 다섯 가지는 섬유의 기본 골격 구조, 물 보유 능력, 전하 성질, 섬유 매트릭스, 그리고 발효 속도입니다. 연구진은 20가지 이상의 다양한 섬유질을 분석하여, 각각이 장내 미생물에 미치는 영향을 조사했습니다. 이는 이전까지 대부분의 연구가 소홀히 했던 섬유질-미생물 상호작용에 본격적으로 접근한 것이라 할 수 있습니다. 이 연구를 통해 특정 섬유질이 장내 미생물 군집을 변화시키고, 면역 반응을 조절하며, 체내 염증을 감소시키는 등의 다양한 역할을 한다는 점이 밝혀졌습니다. 특히, 특정 섬유질이 장내 미생물 군집의 조성을 변화시켜 대사 질환 예방에 기여할 수 있다는 점도 확인되었습니다.

이 새로운 분류 방식은 단순히 어떤 섬유가 물에 녹는지를 따지는 기존 분류보다 훨씬 세밀하게 각 섬유질의 생리학적 작용을 이해할 수 있게 해 줍니다. 예를 들어, 혈당 관리를 원한다면 발효 속도가 느린 섬유질을 섭취함으로써 혈당 상승을 완화할 수 있습니다. 장 건강을 개선하고 싶다면 수분 보유 능력이 높은 섬유질을 선택하여 변의 부드러움을 유지하고 장내 유익균의 성장을 돕는 것이 효과적입니다. 심혈관 건강을 위해서는 콜레스테롤 흡수를 줄이는 기능을 가진 섬유질을 섭취하는 것이 중요합니다. 이처럼 새로운 분류법을 활용하면, 단순히 "섬유질이 많다"는 기준이 아니라, 각자의 건강 목표에 맞춰 보다 정밀하게 섬유질을 선택할 수 있습니다.

　　현재 유럽과 미국을 포함한 대부분의 국가에서 섬유질 섭취량이 권장량_{하루 28-42g}보다 심각하게 낮으며, 이는 만성 질환의 증가와도 밀접한 관련이 있습니다. 섬유질은 혈당 조절, 체중 관리, 심장 건강, 심지어 암 예방까지 돕는 중요 영양소이므로, 이제는 '수용성' 혹은 '불용성'이라는 단순한 구분만으로는 부족하며, 더 정밀하고 목적 지향적인 접근이 필요합니다.

유전자가 결정하는 식단 반응: PPP1R3B와 간의 에너지 저장 방식

통곡물과 저지방 낙농 식품은 콜레스테롤 수준을 유지하는 데 도움을 줍니다. 또한 콩과식물은 장의 유익균 증식을 돕는 역할을 하며 요즘 저탄고지를 실천하는 사람이 많고 고기를 마음껏 먹어도 괜찮다고 하니 혹하는 마음이 드는 것도 사실입니다. 누군가는 "진짜 살이 빠졌다"고 하고, 누군가는 "오히려 더 피곤하다"고 말하는 것처럼 사람마다 식단에 대한 반응에 차이가 나는 것은 체질 때문일 수 있습니다.

　　최근 연구에서는 간 속에 있는 유전자가 이러한 차이를 설명할 수 있다는 흥미로운 사실이 밝혀졌습니다. 바로 PPP1R3B라는 유전자인데, 이 유전자는 간이 에너지를 어디에 어떤 방식으로 저장할지 결정하는 조절자 역할을 합니다. 간은 우리가 섭취한 탄수화물을 두 가지 형태로 저장할 수 있습니다. 하나는 글리코겐이라는 빠른 에너지원이고, 다른 하나는 지방입니다. 간이 포도당을 글리코겐으로 저장할지, 아니면 지방으로 바꿀지는 단순히 음식의 종류나 칼로리만으로 결정되지 않습니다. 최근 발표된 논문에 따르면, PPP1R3B 유전자의 활동 수준이 이 선택의 열쇠를 쥐고 있었습니다.

　　유전자가 활발하게 작동하면 간은 포도당을 글리코겐으로 효율적으로 저장하며, 혈당 조절도 수월해집니다. 반대로 유전자가 비활성 상태라면 간은 글리코겐 저장 능력이 떨어지고, 남는 포도당은 지방으로 바뀌어 저장됩니다. 그 결과 지방간의 위험도 높아지고, 체내 대사 흐름이 전반적으로 느려집니다.

식단에 대한 반응성 역시 여기에 따라 크게 달라집니다. PPP1R3B가 활발한 사람은 고탄수화물 식단을 비교적 잘 소화합니다. 밥이나 빵을 먹어도 포도당이 효율적으로 글리코겐으로 전환되기 때문에 혈당이 급격히 오르지 않고, 남는 에너지가 지방으로 전환되는 일도 적습니다. 반면 이 유전자가 낮게 작동하는 사람은 같은 음식을 먹었을 때 간이 포도당을 처리하지 못해 바로 중성지방이 됩니다. 이런 사람은 탄수화물이 많은 식단보다는 고지방, 저탄수화물 식단에 더 잘 적응합니다. 지방을 연료로 잘 활용하고 케톤체 생산도 활발합니다.

요즘은 병원에 가지 않아도 유전자형을 확인할 수 있는 다양한 서비스가 있어, 검사 기관에 타액이나 구강 상피 세포를 보내면 특정 유전자 변이 여부를 확인할 수 있습니다. PPP1R3 유전자에서 흔히 문제로 지목되는 변이rs4841132 G 또는 A는 이러한 검사로 쉽게 파악할 수 있습니다. 이 결과를 바탕으로 '나는 고탄수화물 식단이 잘 맞는 편인가?' 또는 '저탄고지가 내게 적합할까?' 같은 질문에 좀 더 과하적으로 접근할 수 있게 됩니다.

음식은 매일 먹는 것이기에 그 선택이 반복되면 결국 건강을 좌우하게 되며, 나에게 맞는 식단은 단지 기호의 문제가 아니라 유전자가 정한 내 몸의 사용설명서와 맞아떨어져야 합니다. 유전자 검사를 하지 않아도 간접적으로 내 몸의 특성을 추정할 수 있는 힌트는 있습니다. 예를 들어, 공복 혈당이 늘 100 이상으로 나오는 편이라면 간이 포도당을 글리코겐으로 잘 저장하지 못하고 있을 가능성이 있습니다. 중성지방 수치가 높거나,

체형은 마른데도 지방간 진단을 받았다면 역시 PPP1R3가 잘 작동하지 않는 사람일 수 있습니다. 운동을 열심히 해도 혈당 조절이 잘 안 되거나, 특히 20~30대에 지방간이나 당뇨 전단계 소견이 있었다면 이 유전자형을 의심해볼 만합니다. 물론 정확한 판단을 위해선 검사가 필요하지만, 이러한 신호들은 몸이 보내는 작은 힌트일 수 있습니다. 유전자를 몰라도, 내 몸은 이미 단서를 여러 번 보여주고 있었던 셈입니다.

식단을 바꾸는 일은 단순히 유행을 따라가는 것이 아니라 나에게 맞는 에너지 사용법을 찾아가는 과정입니다. PPP1R3는 간 속에 숨어 있지만, 우리 몸 전체의 에너지 흐름을 지휘하는 작은 스위치이며, 그 스위치를 이해하면 나에게 맞는 식사법이 보이기 시작합니다. 유전자를 알면 몸의 방향이 선명해지고, 내 몸의 방향을 알게 되면 어떤 음식을 먹어야 할지 더 이상 헤매지 않게 됩니다.

나트륨과 칼륨의 균형: 건강한 심혈관 관리를 위한 핵심 전해질

소금table salt, 나트륨 40%와 염소 60%로 구성은 동물 생활에 필수적인 미네랄로, 음식을 조미하고 보존하는 데 사용됩니다. 또한 수산화나트륨sodium hydroxide, 염산hydrochloric acid, 염소chlorine 등을 만드는 데도 요구됩니다. 그러나 나트륨을 너무 많이 또는 너무 적게 섭취하는 것 모두 건강에 해롭습니다. 대부분의 미국인들은 가공식품과 식당 음식을 통해 권장량보다 많은 나트륨을 섭취하고 있으며하루 평균 3,300mg, 청소년들에게는 하루 2,300mg찻숟가락 하나 이하가 권장됩니다.

세계보건기구WHO는 심혈관 건강유지를 위해 하루 나트륨 섭취량을 2,000mg 이하소금 5mg 이하로 제한하고, 칼륨potassium은 최소 3,510mg 이상 섭취하여 나트륨 대 칼륨 비율Na to K ratio을 1.0이하로 만들도록 권고하고 있습니다. 나트륨Sodium과 칼륨Potassium은 체액과 혈량을 유지하는 전해질이며, 세포막을 지나는 전기화학적 기울기electrochemical gradient를 유지하도록 함께 작용합니다. 칼륨은 신경 충격 조절, 심장 기능, 근육 수축 및 효소 활동에 중요한 반면, 나트륨은 혈량과 혈압을 조절하며, 염소chloride, 아미노산, 포도당glucose 및 물 흡수에 관여합니다. 칼륨은 물을 세포 안에서 머금게 하고 나트륨은 세포 밖에서 물을 머금게 하는데, 칼륨 섭취는 나트륨 배설을 증가시켜 혈압을 낮추고 신장 손상을 줄이는 효과가 있습니다.

나트륨 수치가 너무 내려가면 부신에서 알도스테론aldosterone 호르몬이 분비되어 소변으로 손실되는 나트륨을 줄여 몸 안의 나트륨 양을 높입니다. 짠 음식을 많이 섭취하는 것은 고혈압, 골다공증, 고나트륨혈증hypernatremia 등 여러 건강 문제를 일으킵니다. 많은 소금을 섭취하면 나트륨을 묽게 하려고 물을 붙잡아 두기 때문에 혈량과 혈압이 증가됩니다. 이로 인해 심장이 더 힘들게 작동하고, 심장, 신장, 뇌, 눈을 손상시키며, 심장마비, 뇌졸중, 신장병, 실명의 위험을 증가시킵니다. 골다공증 위험 증가: 많은 소금을 섭취하면 칼슘을 소변으로 내보내 골다공증을 유발하여 골절 위험을 증가시킵니다. 혈액 속 나트륨 수치가 145mEq/L 이상이 되면 고나트륨혈증hypernatremia 상태가 되어 심한 갈증이 생깁니다.

혈액 속 나트륨 양이 독성 수준으로 올라가면 세포에서 물을 제거하여 신경 전달을 방해하고, 이는 치명적인 발작과 심장 부정맥을 일으킬 수 있습니다. 우리 몸은 자연적으로 땀, 눈물, 소변을 통해 나트륨을 제거하지만, 칼륨이 풍부한 감자, 콩bean, 견과류nut, 시금치, 바나나, 아보카도 등의 음식은 나트륨의 효과를 낮추어 혈압을 조절하는 데 도움을 줍니다.

매운 음식의 건강 영향: 캡사이신과 대사 및 기분 조절

매운 음식은 여러 면에서 건강에 유익을 줍니다. 매운맛을 내는 캡사이시노이드capsaicinoid 성분은 혈압을 낮추고 콜레스테롤을 조절하는 데 도움을 줄 수 있으며, 소화기 내 유익균을 향상시켜 더 좋은 소화를 돕습니다. 또한 체온과 대사율을 증가시켜 적은 칼로리 섭취로도 만족감을 높여 체중 감소를 초래할 수 있습니다. 매운 음식은 몸에서 세로토닌serotonin 분비를 도와 기분을 좋게 하고, 근심과 행복 조절에도 연관이 있습니다. 식후 인슐린 수준을 낮춰 더 좋은 혈당 조절을 할 수 있게 합니다. 고추Chili pepper 같은 매운 음식에 들어 있는 캡사이신capsaicin은 입안의 통증 수용체에 붙어 뇌에 자연 통증제인 엔도르핀endorphin 분비를 촉진시키며 염증도 감소시킵니다.

일부 연구에서는 매운 음식이 심장병 사망 위험도 낮춘다고 보고했습니다. 하지만 매운 음식은 소화를 천천히 시켜 음식이 위에 더 오래 머물게 할 수 있어 소화기 질환 환자의 증상을 악화시킬 수도 있습니다. 또 아주 매운 음식은 식도염을 일으킬 가능성이 있고, 위식도 역류 증상GERD을 유발시키며, 복통, 속쓰림, 설사 등을 일으킬 수 있으므로 섭취량 조절에 주의가 필요합니다

플라보노이드의 다각적인 효능: 건강을 지키는 '다양한' 섭취의 중요성

건강을 지키는 가장 간단한 방법이 차를 마시고 초콜릿을 먹는 일이라면 믿을 수 있을까요? 최근 발표된 국제 공동 연구는 이보다 더 흥미로운 메시지를 전하는데, 단순히 많이 먹는 것이 아니라, '다양하게' 먹는 것이 훨씬 중요하다는 것입니다. 홍차나 녹차만 꾸준히 마시기보다는 여기에 사과와 블루베리, 딸기, 다크 초콜릿까지 더한다면 훨씬 건강한 선택이 될 수 있습니다.

과일 바구니처럼 다채로운 식단이 오히려 병을 막고 수명을 늘리는 데 도움이 될 수 있다는 사실이 대규모 데이터를 통해 확인되었습니다. 영국, 오스트리아, 호주의 연구진은 40세에서 70세 사이의 성인 12만 명 이

상을 10년 넘게 추적한 연구를 통해, 플라보노이드 섭취가 사망률과 질병 위험에 어떤 영향을 미치는지를 분석했습니다.

하루에 약 500㎎ 정도의 플라보노이드를 섭취한 사람은 전체 사망률이 16% 낮았고, 심장 질환과 제2형 당뇨병, 호흡기 질환의 위험도 10% 가량 낮았습니다. 그러나 가장 주목할 점은 같은 양을 섭취하더라도 플라보노이드를 '다양한 식품'에서 섭취한 경우에 그 효과가 더 크다는 사실입니다. 즉, 녹차만 마시는 것보다 녹차, 과일, 채소, 다크 초콜릿 등을 함께 섭취하는 것이 더 유익하다는 결론입니다. 플라보노이드는 식물에 자연스럽게 존재하는 생리 활성 물질로, 혈압 조절, 염증 억제, 콜레스테롤 감소 등 여러 가지 생리적 효과를 가지고 있습니다. 종류도 수천 가지에 이르며 각각 작용 방식이 다른데, 어떤 플라보노이드는 혈관을 확장시키고, 어떤 것은 장내 미생물에 작용하거나 인슐린 민감도를 높이는 방식으로 몸에 이롭습니다.

다양한 플라보노이드를 섭취할 때 비로소 몸 전체를 건강하게 유지하는 효과가 나타납니다. 이번 연구는 '얼마나 먹느냐'보다 '어떻게 구성하느냐'가 더 중요하다는 점을 과학적으로 보여줍니다. 음식은 약이 될 수도 있고 그저 입의 기쁨으로 끝날 수도 있습니다. 오늘의 식탁에 붉은 사과, 보라색 블루베리, 초록빛 차 한 잔을 더하는 것이 건강을 지키는 가장 쉬운 시작이 될 수 있으며, 다양한 색을 담은 식단이 몸을 지키는 방패가 되어줄 것입니다.

간헐적 단식과 소식의 과학: 대사 스위치와 뇌 건강

간헐적 단식intermittent fasting은 의학적으로 유익합니다. 몸이 저장된 당분을 모두 사용하면 지방질을 소모하는 대사 전환metabolic switching이 일어나, 당분 대신 지방산과 케톤체ketone body를 사용하여 에너지를 생산하게 됩니다. 이로 인해 대사 유연성metabolic flexibility이 좋아지고, 심장병의 위험 요소인 혈압, 혈당, 콜레스테롤 수준이 개선되어 건강이 좋아집니다.

케톤체는 카보닐 탄소carbon atom bound to oxygen atom와 두 개의 알킬 또는 아릴 그룹으로 구성된 작용기functional group이며, 에너지를 얻기 위해 간에서 탄수화물 대신 지방을 대사할 때케토시스, ketosis 생기는 수용성 화합물입니다. 케톤은 몸의 지방 저장이나 식사에서도 생길 수 있으며영양적 케토시스, nutritional ketosis, 케토 식단keto diet은 탄수화물은 낮추고 지방과 단백질은 높여 의도적으로 지방을 더 태우도록 하는 식단입니다. 일반적으로 칼로리의 75%-85%는 지방에서, 10%-15%는 단백질에서, 5%-10%는 탄수화물에서 섭취해야 케토시스로 들어갈 수 있습니다.

케토 식단을 따르는 사람들은 치즈나 버터 등 포화지방 음식을 더 먹는 경향이 있으므로, 아보카도, 견과류nut, 씨앗seed, 달걀 등 더 건강한 지방 음식을 먹는 것이 좋습니다. 너무 많은 케톤은 생명에 위험한 케토산증ketoacidosis으로 이어질 수 있습니다. 케토산증에 이르면 식욕 및 체중 저하, 나쁜 숨 냄새, 두통, 구역질, 뇌 혼미brain fog, 위장 장애, 흥분 등이 생길 수 있습니다. 혈중 케톤 수치가 0.5-3.0mmol/L이면 케토시스 상태로 봅니다. 케톤 생성 식단과 유사하게 저탄수화물 고지방을 강조하는 앳킨스 클래식 20Atkin classic 20 식단은 4단계로 나누어 체중이 줄어들면 다음 단계로 옮겨가며 탄수화물 섭취를 점차 늘리는 방식인데, 콩류, 과일, 요거트는 금해야 합니다. 앳킨스 40Atkins 40 식단은 40mg의 탄수화물 제한 내에서는 음식 제한이 없어 더 유연합니다.

"머리를 맑게 하려면 단식을 하라"는 이야기는 과학적으로 이유가 있습니다. 최근 《네이처》 연구에 따르면 단식이 뇌세포 안의 대사 회로를 바꾸고 신경 세포를 위험으로부터 보호하는 데 도움을 줍니다. 특히 알츠하이머병처럼 뇌에 나쁜 단백질이 쌓이는 질환에서도 긍정적인 효과를 낼 수 있다는 점이 중요합니다. 비만 그룹의 대사 적응력 저하단식은 모든 사람에게 똑같이 적용되는 만능 해결책은 아닐 수 있습니다.

　　　최근 연구에 따르면 몸의 상태에 따라 단식의 효과가 다르게 나타날 수 있습니다. 연구팀은 비만 그룹과 마른 그룹을 대상으로 48시간 동안 단식을 시켜 신진대사와 면역 체계의 변화를 관찰했습니다. 48시간 단식을 하면 몸은 저장된 지방을 태우고 케톤이 만들어지는데, 이 케톤은 단순한 에너지원이 아니라 염증을 줄이고 T세포 기능을 조절하는 신호 역할도 합니다. 그런데 비만이 있는 사람은 케톤 수치가 절반 정도밖에 오르지 않는데, 이는 지방산이 충분히 나와도 높은 인슐린 수치가 케톤 생산 효소를 억제하기 때문입니다. 결국 같은 단식을 해도 몸속 면역 세포가 받는 '케톤 신호'가 약해지는 셈입니다.

　　　T세포를 직접 분석한 결과, 날씬한 사람의 T세포는 단식 후 지방을 태우는 능력이 늘어난 반면, 비만이 있는 사람의 T세포는 지방을 태우지 못했습니다. 게다가 비만인 그룹은 염증을 유발하는 T세포의 비율이 높았고, 단식 후에도 염증성 신호를 계속해서 보냈습니다. 이는 비만인 사람의 몸이 단식이라는 변화에 효과적으로 대처하지 못하고, 염증 상태를 유지하려는 경향이 있음을 보여줍니다.

　　　이러한 차이를 이해하면, 단식 효과를 높이기 위해 식단 조절이나 운동, 인슐린 저항성 개선을 병행하는 전략을 세울 수 있습니다. 단식을 시작하기 전 며칠 동안 탄수화물 섭취를 줄여 인슐린을 낮추고, 규칙적인 걷기나 근력 운동으로 혈당 반응을 개선하는 것이 좋습니다. 간헐적 단식으로 몸을 케톤에 익숙하게 만들고, 생선, 채소, 과일을 충분히 먹어 염증을 줄이면, 단식이 단순한 '굶기'가 아니라 대사와 면역을 조절하는 강력한 도구가 될 수 있습니다.

　　　사람의 뇌세포는 평소에는 잘 쓰지 않고 글리코겐 형태로 당을 비축해 두는데, 문제는 이 '비축된 당'이 오래 머물러 있으면 산화 스트레스를 만들고 뇌세포를 손상시킬 수 있다는 점입니다. 특히 타우 단백질 같은 병적인 단백질이 뇌에 쌓이기 시작하면, 글리코겐 형태로 저장된 당이 분해되지 못하고 뇌세포 속에 고이게 되어 세포가 약해지고 결국 기능을 잃게 됩니다. 이때 단식이 작동합니다. 음식을 줄이면 몸 안에서 작은 대사 스위치들이 켜지는데, 그중 하나가 바로 글리코겐을 분해하는 효소입니다. 이 효소가 활성화되면 쌓여 있던 당이 서서히 풀려나오고 항산화 회로인 '펜토스 인산 경로'로 흘러 들어갑니다.

이 회로는 세포 속 활성 산소를 줄여주고 스트레스에 대한 저항력을 높여 결과적으로 뇌세포가 병적인 단백질로부터 덜 손상받게 됩니다. 이 메커니즘은 지방 세포, 간세포, 면역 세포 등 다른 세포들이 식이제한에 반응해 몸을 회복하고 정비하는 데 사용하는 방식과 유사합니다. 금식할 때 또한 세포의 청소 작업인 자가포식autophagy이 시작되어 기능이 장애된 단백질을 제거하여 알츠하이머 치매 및 암 예방에 도움을 줍니다. 또한 뇌 유래 신경영양 인자BDNF, brain-derived neurotrophic factor 수준을 높여 우울증과 뇌졸중 예방에도 도움이 됩니다. 2017년 연구에서 하루 건너 금식한 쥐는 수명이 13% 증가했고, 2019년 연구에서는 늙어가는 쥐에서 지방간병과 간암 발생을 늦춘다고 보고했습니다.

소식caloric restriction은 하루 섭취 칼로리를 줄이는 방식으로, 체중 감소, 비만 예방, 염증 완화, 심혈관 건강 개선, 그리고 세포 수준에서 노화 속도를 늦추는 효과가 있으며 노화와 관련된 질병을 지연시키는 데 기여할 수 있습니다. 우리가 무엇을 어떻게 먹느냐는 세포 성장, 에너지 균형, 대사 조절에 직접적인 영향을 미칩니다. mTORC1 경로가 활성화되면 노화가 진행되고, AMPK 경로가 활성화되면 노화가 억제되는데, AMPK는 적게 먹을 때 가장 활성화됩니다. 너무 자주 먹거나 과식하지 않고 몸의 신

    건강과 신앙_마흔에 시작하는 질병예방

호를 듣는 습관이 건강 수명을 늘리는 첫걸음이 됩니다.

현대인의 식단 위험 요소와 건강한 대안: 지방산 균형의 중요성

섭취를 줄여야 할 고위험 식품군과 그 위험성

◉ 가공육 ◉

세계보건기구WHO가 1군 발암 식품으로 지정한 햄, 소시지, 베이컨 같은 가공육은 건강에 여러 가지 악영향을 미칩니다. 방부제인 아질산나트륨은 위암과 대장암 유발 가능성을 높이고, 고온 훈제 과정에서는 발암 물질인 벤조피렌이 생성됩니다. 또한, 높은 염분 함량은 위 점막을 손상시켜 위암 위험을 증가시킵니다. 따라서 가공육 대신 닭 가슴살, 생선, 두부로 단백질을 섭취하고, 햄이 들어간 요리를 줄이며, 가공육을 꼭 먹어야 한다면 채소와 함께 섭취해야 합니다.

◉ 튀긴 음식 ◉

튀긴 음식은 고온에서 조리될 때 아크릴아마이드 같은 발암 물질이 생성되어 DNA 손상을 통해 암 위험을 증가시킵니다. 또한 트랜스 지방이 많아 혈관 염승을 유발하고 암세포 싱징을 촉진하며, 활성 산소 증가로 세포의 노화와 면역력 저하를 일으킵니다. 튀긴 음식 대신 구운 음식이나 에어프라이어를 활용하고, 기름 사용량을 줄이며 깨끗한 식물성 기름으로 조리하는 것이 좋습니다. 튀긴 음식을 먹을 때는 토마토, 녹차 등 항산화 식품을 함께 섭취하는 것이 도움이 됩니다.

◉ 설탕 ◉

설탕은 암세포가 성장하는 주요 에너지원이며, 인슐린 저항성을 증가시켜 염증 반응을 활성화하고 체내 독소를 증가시킵니다. 또한 혈당의 급격한 상승은 세포 손상과 면역력 저하를 일으킵니다. 설탕 대신 꿀, 스테비아, 메이플 시럽을 활용하고, 디저트 대신 과일과 견과류로 건강한 간식을 섭취하며, 탄산음료 대신 탄산수 또는 허브티를 마시도록 해야 합니다.

◉ 인스턴트 식품 ◉

라면, 즉석밥, 햄버거 같은 인스턴트 식품은 나트륨 과다로 위암 및 고혈압 위험을 증가시키고, 방부제와 첨가물 등으로 간 독성을 증가시키며 세포 손상을 일으킵니다. 높은 칼로리와 트랜스 지방은 체중 증가와 염증을 유발합니다. 라면 대신 수제 국수 또는 된장국으로 대체하고, 즉석밥 대신 현미밥과 잡곡밥을 직접 조리해 먹으며, 가공식품 섭취 후에는 물을 충분히 마셔 노폐물을 배출해야 합니다.

◉ 뇌 기능 향상에 도움을 주는 식품 ◉

기억을 증진시키는 좋은 음식으로는 플라보노이드의 일종인 안토시아닌 anthocyanin 성분이 많아 기억 및 인지 능력을 높이는 블루베리blueberry가 있습니다. 또한 기억에 필수적인 오메가-3 지방산이 풍부한 연어, 참치, 정어리 등 기름진 생선fatty fish, 그리고 카페인, 플라보노이드 및 항산화 성분이 있는 다크 초콜릿이 있습니다. 적합한 세포 기능에 쓰이는 콜린choline이 풍부한 달걀과 기억, 집중 및 알림을 증진시키는 카테킨catechin과 폴리페놀이 많은 녹차green tea 등도 기억력 향상에 도움이 됩니다.

◉ 오메가-3와 오메가-6의 균형 있는 섭취 전략 ◉

오메가-3는 건강에 이로운 지방이며, 오메가-6는 염증을 유발하는 지방이라는 인식이 널리 퍼져 있어 오메가-6가 많은 식용유는 피하고 오메가-3가 풍부한 들기름을 챙겨 먹는 경우가 많습니다. 하지만 최근 연구에서 오메가-6를 많이 먹은 사람이 심장병과 제2형 당뇨병에 덜 걸린다는 결과가 다수 발표되는 등, 오메가-6가 항상 해로운 것이 아니라 상황에 따라 건강에 긍정적인 역할을 할 수 있다는 사실이 밝혀졌습니다. 오메가-6는 해바라기씨유, 옥수수유, 콩기름 등의 식용유와 견과류, 달걀 등에 많이 들어 있으며 세포막 구성, 혈관 기능 유지, 인슐린 저항성 개선 등에 관여합니다. 미국과 유럽의 여러 연구에서 리놀레산_{오메가-6 지방산} 섭취가 많은 사람일수록 제2형 당뇨병과 심혈관 질환의 위험이 낮다는 경향이 관찰되었습니다.

문제는 오메가-3와 오메가-6가 같은 효소를 사용해 대사되기 때문에 한쪽이 지나치게 많으면 다른 쪽의 기능이 억제될 수 있다는 점입니다. 현재 한국인의 식단은 튀김류, 가공식품, 인스턴트 음식, 외식에 자주 사용되는 식용유 등으로 인해 오메가-6 비율이 지나치게 높아 체내 염증 반응을 조절하는 데 불균형을 일으킬 수 있습니다. 따라서 건강을 위해서는 두 지방산의 균형을 맞추는 것이 중요합니다.

등 푸른 생선_{연어, 고등어, 정어리, 청어, 꽁치 등}은 심혈관 건강과 뇌 기능 유지에 도움이 되는 오메가-3의 훌륭한 공급원입니다. 생선 섭취가 어렵다면 들기름이나 아마씨유와 같은 식물성 오메가-3_{알파-리놀렌산, ALA}를 나물 무침, 샐러드 드레싱 등에 가열하지 않고 생으로 사용하여 섭취량을 늘릴 수 있습니다. 현대인의 식단은 가공식품과 외식의 영향으로 이미 오메가-6를 과잉 섭취하고 있는 경우가 많으므로, 오메가-6 섭취를 줄이기보다 오메가-3 섭취를 의도적으로 늘려 균형을 맞추는 것이 현실적이고 효과적입니다. 조리용 기름을 바꾸고 식단에 견과류_{호두 등}와 해조류를 더하고 가공식품 섭취를 줄이는 등 작고 실천 가능한 변화만으로도 지방산 섭취 균형을 충분히 개선할 수 있습니다.

감정과 식사: 장-뇌 연결과 모유의 생체 시계

아무리 좋은 음식이 있어도 근심, 걱정, 불안이 있으면 몸에서 장운동을 방해하는 호르몬과 신경전달물질이 분비되어 소화에 부정적인 영향을 미칩니다. 장-뇌 연결Gut-brain connection로 인해 불안과 위 문제는 서로 연관되어 있습니다. 위나 장의 문제는 근심, 걱정 또는 우울증이 원인일 수도 있고, 반대로 위장병이 우울증의 원인이 될 수도 있습니다.

스트레스는 장내 균의 균형을 변동시켜 장내 세균 불균형dysbiosis을 유발하는데, 이는 항생제 남용이나 서구식 식단으로도 생길 수 있습니다. 비행 시 또는 비행반응 시flight-or-fight response 분비되는 아드레날린adrenaline은 당분 저장 형태인 글리코겐에서 에너지를 만들어 소화에도 영향을 줍니다. 이로 인해 포만감, 변비, 설사, 속쓰림, 체함, 식욕부진, 구역질, 구토 및 위경련 등을 일으키고, 기존에 있던 위궤양이나 흥분성 장 증후군IBS 증세를 악화시킵니다. 또한 코르티솔Cortisol 수치가 높아지면 위로 가는 혈류와 산소가 적어져 위경련을 일으킬 수 있습니다.

음식을 대하는 태도에 대한 철학적인 관점도 중요합니다. 그리스 철학자 소크라테스는 "우리는 살기 위해 먹는다"고 말했는데, 이는 먹는 근본 이유가 필요 영양분과 에너지 보급을 통해 생명을 유지하는 것이고 먹는 것이 삶의 중심이 아니라는 뜻입니다. 반면, '먹기 위해 사는 것'은 음식이 삶의 중심이자 즐거움과 만족의 주된 근원이 되어 사회 또는 문화의 행사로 여겨질 수 있습니다. 구약 성경 잠언 13장 25절에도 "의인은 살기 위해 먹고 악인은 먹기 위해 산다"고 기술되어 있으며, 신약 성경 고린도전서 8장 8절에도 "음식은 우리를 하나님 앞에 세우지 못하고 우리가 먹지 않아도 부족함이 없고 먹어도 풍성함이 없다"고 쓰여 있습니다.

맛있는 음식을 기억하고 추억하는 것을 푸드 노스탤지어food nostalgia라고 하는데, 이는 과거와의 강한 연결을 알 수 있는 강력한 정서 반응으로, 다른 사람들과 요리나 식사를 함께 경험하면서 성장하고 더 가까워질 수 있습니다. 우리 몸은 자연 치유력을 발휘하여 노폐물과 독소를 땀, 구토, 설사 등으로 내보냅니다. "호흡은 깊게 음식은 적게 먹어라"는 교훈처럼, 몸의 회복과 치유를 돕는 생활 방식이 중요합니다.

"모유는 약이다"라는 오래된 표현이 과학적으로 근거를 얻고 있습니다. 최근 연구는 모유가 단순한 영양 공급원을 넘어 아기의 건강과 성장 방향을 조율하는 '처방전 없는 약'과 같을 수 있음을 시사합니다. 오클라호마대와 미네소타대 공동 연구진은 당뇨병을 앓았던 엄마가 수유하는 경우, 그 모유 속에는 일반 모유와는 다른 대사체수백 가지 작은 분자들가 들어 있음을 발견했습니다. 놀랍게도 이 차이가 아기의 성장 방식에 긍정적인 영향을 미쳐, 특정 분자는 아기의 체지방률을 낮추고 키는 더 크게 자라게 만들었습니다. 이는 엄마의 건강 상태나 식습관이 분자 수준에서 모유에 반영되어, 아기의 비만 가능성을 줄이는 쪽으로 작용할 수 있다는 것을 보여줍니다. 모유는 단순한 칼로리 덩어리가 아니라 사랑과 유전, 건강과 삶의 흔적이 녹아든 액체 유산입니다. 또한 같은 엄마의 젖에서도 시간에 따라 성분이 달라진다는 사실이 확인되었습니다.

연구진은 하루 24시간 동안 여러 시각에 모유를 모아 호르몬과 면역 단백질을 분석했는데, 그 결과는 다음과 같습니다. 잠을 유도하는 멜라토닌은 밤에 높게 나타났고, 아침에 몸을 깨우는 코르티솔은 새벽에 가장 높게 나타났습니다. 모유는 아이의 미성숙한 생체 시계를 대신 맞춰주는 '시간 알람' 같은 기능을 하고 있었습니다. 면역 성분인 IgA와 락토페린은 아이가 아주 어릴 때 더 많이 들어 있다가 아이가 자라면서 점차 줄어드는 양상을 보였습니다. 또한 모유 속 세균도 낮과 밤에 따라 달라, 밤에는 엄마 피부에서 유래한 균이 많아지고 낮에는 환경에서 온 균이 늘어났습니다. 이런 균들은 아이 장 속에 들어가 초기 미생물 군집을 만드는 데 중요한 역할을 합니다.

결국 모유는 음식이자 백신이고, 동시에 아이 장 속 '씨앗'을 심어주는 생물학적 전달체인 셈입니다. 맞벌이 부모가 모유를 짜서 보관할 경우, 가능하다면 "아침, 낮, 밤" 표시를 해서 짠 시간과 맞춰 먹이는 것이 좋습니다. 모유는 단순한 영양소가 아니라 시간과 함께 움직이는 살아 있는 신호라는 사실을 기억해야 합니다.

식욕 상실(Anorexia)의 이해와 관리

배고픔을 느끼지 못하거나 음식을 먹고 싶은 생각이 없는 상태를 우리는 식욕 상실Anorexia이라고 부릅니다. 이는 배고픔을 느끼면서도 스스로 음식 섭취를 제한하는 신경성 식욕부진증Anorexia Nervosa과는 구별되는 현상입니다. 식욕 상실은 보통 음식에 대한 무관심, 좋아하는 음식만 골라 먹는 편식, 식사를 거르는 습관, 그리고 체중 변화 등의 징후로 나타납니다.

식욕 상실의 원인은 매우 다양하며, 신체적, 정서적, 그리고 기저 질환 문제로 분류할 수 있습니다. 신체적 원인으로는 특정 약물항생제, 항암제, 디곡신, 암페타민, 플루옥세틴, 오피오이드, 히드랄라진 등의 부작용, 통증, 탈수, 치통, 외상이나 손상, 냄새나 맛의 저하, 그리고 수술 후 회복 기간 등이 있습니다. 정서적 변화로는 근심, 우울, 스트레스 및 식사 장애가 식욕 상실을 유발할 수 있습니다. 또한, 심장병, 폐 질환, 간 질환, 신장병, 당뇨병, 치매, 전염병, 암 등 다양한 기저 질환이 식욕 상실의 원인이 될 수 있습니다.

식욕 상실의 치료는 복합적인 접근이 필요합니다. 먼저, 규칙적으로 소량의 식사를 자주 하는 습관을 들이는 것이 중요합니다. 이

때는 소화가 잘되고 부드러우며 섬유질이 적은low fiber 음식, 예를 들어 우유, 두부, 채소, 감자, 달걀 등을 섭취하는 것이 좋습니다. 가능하다면 가족이나 친구들과 함께 식사하는 분위기를 조성하여 식사에 대한 긍정적인 경험을 유도해야 합니다. 영양 보충을 위해 비타민과 미네랄을 액체로 섭취하거나 주사하는 방법도 사용될 수 있습니다. 의사의 처방에 따라 저용량 코르티코스테로이드, 사이프로헵타딘, 메게스트롤, 드로나비놀과 같은 약물을 사용하여 식욕을 촉진시킬 수도 있습니다. 나아가, 환자의 상태에 맞는 식단 계획과 심리적 지지를 위해 영양사 및 정신 건강 전문가와 상의하는 것이 필수적입니다.

식욕 상실을 예방하고 재발을 막기 위해서는 기저 질환을 철저히 관리하는 것이 중요합니다. 또한, 규칙적으로 가벼운 유산소 운동을 시키고, 환자가 식사를 미루거나 거르지 않도록 지속적으로 격려하고 충고해야 합니다. 결국 식욕 상실의 관리는 신체적 문제를 해결하는 것과 동시에, 정서적 안정을 도모하고 건강한 생활 습관을 유지하는 데 중점을 두어야 합니다.

제12장

수면

제12장

수면

수면의 필수적인 역할과 뇌 건강의 연관성수면은 우리 일생의 3분의 1을 차지하는 만큼, 음식과 물처럼 생존에 필수적입니다. 양질의 수면 없이는 새로운 기억을 창조하고 학습하는 뇌 안의 신경 경로pathway를 형성하거나 유지할 수 없어, 집중력과 빠른 반응 능력이 저하됩니다. 실제로 잠자는 동안 뇌와 몸은 매우 활동적이며, 신경세포들 간의 소통을 포함한 여러 뇌 기능에 중요합니다.

수면 중 뇌는 깨어 있는 동안 축적된 독소들을 제거하는 청소 역할가사을 수행하며, 이는 깊은 잠을 통해 이루어집니다. 비록 수면의 생리학적 목적이 아직 완전히 밝혀지지는 않았지만, 수면은 뇌, 심장, 폐뿐만 아니라 대사, 면역 기능, 기분, 질병 저항력 등 몸 안의 모든 조직과 시스템에 영향을 미칩니다. 만성적인 수면 부족이나 질이 나쁜 수면은 고혈압, 심혈관 질환, 당뇨, 우울증, 비만 등의 위험을 증가시킵니다.

특히 수면 문제는 치매 환자에게 흔하며경미한 치매 환자의 25%, 중증 치매 환자의 50%, 밤에 자주 깨거나 잠들기 힘들어하고 낮잠을 많이 자는 등의 증상을 보입니다. 또한 해가 지면서 불안, 흥분, 혼동이 생기는 일몰 증후군sundowning을 겪거나, 낮과 밤을 혼동하여 일찍 일어나는 현상도 나타납니다. 치매로 인한 뇌 변화는 수면-각성 주기sleep-wake cycle에 영향을 미치며, 알츠하이머 치매에서는 아밀로이드 단백질amyloid protein의 증가가 수면의 질 저하 및 기억 저장 문제와 연관이 있다는 연구 보고도 있습니다. 더욱이 충분한 잠을 자지 못하면 치매 위험이 증가하는데, 특히 50대에서 하루 6시간 이내의 수면은 훗날 치매 발생을 유발할 수 있습니다.

최근 연구는 수면 부족이 뇌에 미치는 조용한 균열을 밝혀냈습니다. 270명의 사람을 대상으로 장기간 잠을 관찰하고 뇌를 측정한 결과, 깊은 잠과 꿈꾸는 잠REM 수면이 줄어든 사람일수록 뇌가 작아졌으며, 특히 기억과 감정을 다루는 부위가 줄어들었습니다. 이 부위는 알츠하이머병이 가장 먼저 영향을 미치는 곳입니다. 깊은 잠은 뇌가 밤새 청소하는 시간인데, 이 시간이 줄어들면 뇌는 정리를 멈추고 시간이 흐르면 기능 장애가 발생합니다.

잠을 잘 자는 것은 뇌에게 가장 큰 기회이며, 수면은 충분히 바꿀 수 있는 습관입니다. 알츠하이머는 먼 병처럼 보이지만 그 변화는 아주 이른 시기부터 시작되므로, 스마트폰을 내려놓고, 불을 끄며, 커피를 줄이고, 정해진 시간에 잠자리에 드는 노력이 필요합니다. 오늘의 수면이 내일의 기억을 만들며, 잠은 뇌를 돌보는 가장 쉬운 방법입니다. 매일 밤 뇌에게 가장 필요한 것은 깊은 잠이며, 정상인의 20%가 깊은 수면을 취합니다. 수면의 질을 높이기 위한 방법으로는 요가 수면법에서 나온 4-7-8초 호흡법4초 동안 코로 숨을 쉬고 7초 동안 숨을 멈춘 다음 8초 동안 숨을 내쉼이 있으며, 이는 몸에서 가장 긴 부교감 신경인 미주 신경을 이완시키고 GABA, 세로토닌, 멜라토닌을 증폭시켜 깊은 수면을 30% 이상 증가시키는 효과를 보입니다.

수면의 단계와 뇌의 복잡한 조절 메커니즘

수면은 크게 눈을 빨리 움직이는 REM 수면Rapid Eye Movement sleep과 세 단계로 나뉘는 비REM수면non-REM sleep의 두 가지 형태로 나뉩니다. 각 단계는 특정한 뇌파와 신경 활동이 연결되어 있으며, 이 두 가지 형태가 여러 단계를 거치며 밤새 빈복적인 순환cycle을 이룹니다. 일반적으로 아침에 가까워질수록 REM 수면 기간은 더 길고 깊어집니다. 대개 기억 통합은

non-REM과 REM 수면 모두를 필요로 합니다.

REM 수면은 세 단계로 구성되어 있으며, 수면의 깊이가 점진적으로 깊어집니다. Stage 1 non-REM 수면은 깨어 있다가 잠으로 전환하는 아주 가벼운 잠 단계입니다. 몇 분 동안 지속되며, 심박동, 호흡, 눈 움직임이 느려지고 근육이 이완되기 시작하며, 뇌파도 깨어 있을 때와 달리 느리게 시작됩니다. Stage 2 non-REM 수면은 깊은 잠으로 가기 전의 가벼운 잠입니다. 심박동과 호흡이 더 느려지고 근육 이완도 더 심화되며, 뇌파 활동은 느려지지만 짧은 전기력의 터짐수면 방추 등이 나타납니다. 이 단계는 다른 단계보다 반복적인 주기를 더 많이 보냅니다. Stage 3 non-REM 수면은 아침에 몸을 새로 고치기 위해 필요한 가장 깊은 잠 단계입니다. 주로 밤의 첫 반중에 길게 발생하며, 심박동과 호흡이 가장 낮은 수준으로 느려지고 근육도 이완되어 깨우기가 가장 힘듭니다. 뇌파도 더욱 느려집니다.

REM 수면은 잠에 든 후 약 90분 후에 처음 나타나며, 수면 주기의 약 25%를 차지합니다. 눈이 좌우로 빠르게 움직이고, 호흡은 빨라지고 불규칙해지며, 심박동률과 혈압은 거의 깨어 있을 때의 수준으로 증가합니다. 뇌파 활동은 깨어 있을 때와 비슷한 혼합된 빈도를 보입니다. 대부분의 꿈은 이 REM 수면 사이에서 생깁니다. REM 수면 중에는 팔다리 근육이 일시적으로 마비되어 꿈을 행동으로 옮기지 않도록 방지합니다. REM 수면 기억을 정리하고, 감정을 조절하며, 문제 해결 능력을 높이고, 신경 회로 연결을 강화하는 등 뇌의 정보 처리와 회복에 중요한 역할을 합니다. 나이가 들수록 REM 수면 시간은 짧아집니다.

수면 중 뇌의 작동 원리 및 주요 조절 영역

수면은 복잡하고 여러 기능에 영향을 주는 과정인데 이제야 조금씩 이해하기 시작하고 있습니다. 뇌 속 깊은 곳에 있는 땅콩 크기의 뇌하수체 근처에는 잠과 각성을 조정하는 세포 그룹이 있는데, 그 안에 있는 시교차 상핵SCN, suprachiasmatic nucleus은 눈에서 직접 빛 노출 정보를 받는 수천 개의 세포 클러스터로 행동 리듬rhythm을 조정합니다. SCN에 손상이 생기면 circadian rhythm이 빛과 어둠의 주기light-dark cycle와 맞출 수 없고, 대부분의 맹인들은 어느 정도 빛 감각을 유지하여 수면-각성 주기sleep/wake cycle를 수정할 수 있습니다. 뇌 밑바닥에 있는 뇌간pons, medulla와 midbrain은 각성과 수면사이의 이행을 조정하기 위해 시상하부와 소통하며, 시상하부와 뇌간의 수면 장려 세포는 각성 센터의 활동을 낮추게 하는 화학물질인 GABA를 생산합니다. 뇌간은 rapid eye movementREM 수면에 중요한 역할을 하는데, 꿈을 행동으로 옮기지 않도록 몸 자세와 사지 움직임에 필수적인 근육 이완을 위한 신호를 보냅니다.

시상Thalamus은 감각 정보를 뇌 피질로 전송하는 역할을 하는데, 수면 중에는 조용해지나 REM sleep 중에는 꿈을 차지하는 영상, 소리, 다른 감각들을 전송하는 데 활발합니다. 뇌 반구 사이에 있는 송과선Pineal Gland은 SCN으로부터 신호를 받고 불이 꺼졌을 때 멜라토닌 호르몬 생산을 증가시키는데, 멜라토닌의 시간 경과에 따른 굴곡이 빛과 흑암의 외부 주기에 몸의 circadian rhythm을 맞추는 데 중요합니다.

뇌의 앞 아래에 있는 기저 전뇌는 잠과 각성을 촉진하고, 중뇌의 일부는 각성계로 작용하여 세포 에너지 소비의 화학적 부산물인 아데노신adenosine을 분비하여 잠을 자도록 유도하는데, 카페인은 아데노신 작용을 차단하여 잠을 자지 못하도록 합니다. 아몬드 모양의 편두엽 전하부에 있는 편도체 amygdala는 감정을 만드는 역할을 하는데 REM sleep 중에 더욱 활성적입니다. 동공의 변화는 신체의 각성 상태를 반영하며, 스트레스나 흥분 상태에서는 동공이 커지고, 이완 상태에서는 작아지는 경향이 있습니다. 밝은 환경에서는 동공이 작아지고, 어두운 환경에서는 커지며, 이는 빛의 양을 조절하여 시각 정보를 최적화하기 위한 역할을 합니다. 또한, 교감신경이 활성화되면 동공이 확장되고, 반대로 부교감신경이 우세할 때는 동공이 축소됩니다. 수면 중에도 사실 뇌는 활발하게 활동하고 있으며, 특히 꿈을 꾸는 단계인 렘REM 수면 동안 뇌의 각성 상태는 매우 높아지는데, 흥미롭게도 이때 동공의 크기는 매우 작아집니다. 일반적으로 동공 크기는 뇌의 각성 수준과 비례하여 커지는 경향이 있으나, REM 수면에서는 그 관계가 깨지는 독특한 현상이 나타납니다.

스위스 취리히 연방공과대학의 연구진은 REM 수면 동안의 동공 크기 변화를 정밀하게 측정한 결과 동공이 비렘 수면의 가장 깊은 단계와 비슷한 수준으로 작아진다는 사실을 발견했습니다. 이는 일반적인 기대와는 다른 결과로 REM 수면 동안 뇌가 활성화됨에도 불구하고 동공은 축소된 상태를 유지합니다. REM 수면에서는 심박수와 호흡이 불규칙하게 변하고, 빠른 안구운동이 발생하는 등 뇌의 활동성이 높아지는 특징을 보입니다. 그러나 교감신경의 활성이 낮아지고 부교감신경의 활동이 우세해지면서 동공 크기가 작아지는 현상이 나타나는 것으로 분석됩니다. 다시 말해, REM 수면은 뇌는 깨어 있는 상태와 비슷할 정도로 활발하지만, 신체는 깊은 수면과 유사한 생리적 상태를 유지하는 것입니다. 따라서 REM 수면은 단순히 얕은 잠이 아니라, 뇌의 정보 처리와 기억 정리에 중요한 역할을 하면서도 신체는 이완된 상태를 유지하는 독특한 단계입니다.

REM 수면 때 보통 꿈을 꾸게 되는데, 이때 기억을 정리하고, 감정을 조절하며, 문제 해결 능력을 높이고, 신경 회로 연결을 강화합니다. 꿈을 꿔야 뇌가 회복이 된다는 뜻입니다. 졸피뎀 같은 수면제나 수면 유도제가 비렘 수면은 늘리지만 REM 수면은 오히려 줄이기 때문에 뇌 건강에는 좋지 않습니다.

식습관, 수면, 그리고 악몽의 연관성 및 수면 조절 기전

밤마다 이어지는 무더위에 잠을 설치는 날이 많고 평소보다 악몽을 더 자주 꾸는 것 같기도 합니다. 배달 앱과 TV 광고에 쏟아지는 야식 유혹은 밤이 깊을수록 더 강해지는데, 문제는 그렇게 야식을 먹고 나면 악몽을 꿀 때가 많다는 점입니다. 서양에는 "자기 전에 치즈를 먹으면 악몽을 꾼다"는 오래된 속설이 있으며, 최근 발표된 한 연구는 이 속설에 과학적인 근거를 제시해 눈길을 끌고 있습니다.

건강한 식습관이 숙면과 긍정적인 꿈을 유도할 수 있으며, 특히 유제품 섭취가 악몽과 연관이 있을 수 있다는 흥미로운 결과입니다. 몬트리올 대학교의 토레 닐슨 박사 연구팀은 1,000명이 넘는 학생을 대상으로 수면의 질, 식습관, 그리고 이들 간의 연관성에 대해 조사했습니다. 그 결과, 악몽과 유당 불내증 사이에 뚜렷한 관련성이 있음을 관찰했는데, 유당을 제대로 소화하지 못하면 밤새 복통이나 가스 등 신체적 불편함이 발생하고, 이러한 자극이 꿈의 내용에 영향을 미쳐 악몽으로 이어질 수 있다는 것입니다.

유당 불내증뿐 아니라 다른 음식 알레르기도 악몽과 관련이 있는 것으로 나타났습니다. 연구의 핵심 결론은 식습관이 수면의 질과 꿈의 내용에 영향을 미칠 수 있다는 섬입니나. 건강하지 못한 식사를 하는 사람일수록 부정적인 꿈을 꾸거나 꿈 자체를 기억하지 못할 가능성이 더 높았습니다. 특히 늦은 시간 야식을 먹는 습관은 수면의 질을 떨어뜨리고 악몽을 증가시키는 경향이 있었습니다. 연구팀은 유제품 외에도 단 음식이나 매운 음식이 수면을 방해하고 악몽을 유발한다는 점을 밝혔습니다. 반면, 과일이나 채소, 허브차와 같은 건강한 식품은 숙면에 긍정적인 영향을 미쳤습니다. 물론, 식단과 수면, 꿈 사이의 관계는 매우 복잡하며, 더 많은 연구가 필요합니다. 이번 연구 결과만으로 "유제품은 무조건 악몽을 유발한다"

고 단정할 수는 없지만, 유당 불내증이 있거나 자주 악몽을 꾸는 분이라면, 자기 전 유제품이나 단 음식, 매운 음식섭취를 피하는 것이 도움이 될 수 있습니다.

잠의 기전에는 두 가지 내부 생리적인 생체 리듬circadian rhythm과 항상성homeostasis이 함께 작동하여 각성과 잠을 규제합니다. 생체 리듬은 매일 깨어 있을 때 몸 체온, 대사, 송과선의 멜라토닌 호르몬 분비 파동 등 여러 기능을 지시하는데, 이들은 시계 없이도 자는 시간과 깨는 경향을 조율하고 대략 하루 24시간에 근거하여 생리적 시계를 조정합니다. 빛, 온도 등 환경 단서들과 동기화해서 실제적 시간을 맞춥니다.

수면-각성 항상성Sleep-wake homeostasis은 일정 시간 후 잠자도록 상기시키고 잠의 강도를 조정하며, 수면 부족 후에는 시간마다 더 강하게 잠자도록 유인하여 더 오래, 더 깊은 잠을 자게 만듭니다. 수면-각성 주기에 영향을 주는 요인은 건강 상태, 약물, 스트레스, 잠 환경과 무엇을 먹고 마시는 것들이 있는데, 가장 큰 영향은 불빛 노출입니다. 눈 속 망막retina의 특별 세포는 빛을 처리해서 뇌에 낮이나 밤을 알리고 수면-각성 사이클sleep-wake cycle을 진전시키거나 늦추도록 알리며, 빛 노출은 잠들기를 힘들게 만듭니다.

밤일을 하는 사람들이 자주 잠으로 들어가기 힘들고 일하면서 각성하기 힘든 것은 자연적인 생체 리듬과 수면-각성 사이클이 깨졌기 때문입니다. 시차증Jet lag의 경우 생체 리듬circadian rhythm이 다른 시간 지역으로 여행할 때 동기화되지 않아 내부와 실제 시계가 맞추지 못하여 생깁니다.

수면의 필요량, 조절 기전, 그리고 효과적인 수면 개선 방법

수면의 필요량은 개인별로 차이가 많아 어린아이들은 뇌 발육 때문에 매일 16-18시간을 자야하고, 어린 또 십대 학생들은 약 9.5시간, 그리고 어른들은 7-9시간을 잡니다. 60세가 지나면 밤잠이 더 짧아지고 가벼워지며 여러 번 깨어서 방해를 받는데, 노인들이 많은 약을 복용해서 잠을 설치기도 합니다. 다만, 주말에 더 오래 자는 것은 적당하지 않습니다. 모든 사람은 꿈을 꾸고 매일 약 2시간 꿈을 꾸지만 대부분 기억이 나지 않으며, 꿈의 정확한 목적은 모르지만 감정을 처리하는 과정에 도움이 될지 모릅니다. 그날에 벌어졌던 일이 흔히 자는 동안 생각을 침해하며, 근심이나 걱정으로 시달리는 사람은 두려운 꿈을 더 꿀 것입니다.

꿈은 잠의 모든 단계에서 경험할 수 있지만, 렘 수면에서 가장 뚜렷하고 어떤 사람은 색깔 있는 꿈을 꾸고 어떤 사람은 흑백으로 꿈을 꿉니다. 수백만 명의 사람들은 스마트폰, 침대 옆 모니터와 웨어러블 팔찌, 시계와 헤드밴드 등으로 잠에 관한 데이터를 비공식적으로 수집하고 분석합니다.

우리가 잠을 자려고 하면 뇌 여러 부분에 있는 잠 증진 신경세포군이 활성화되어 신경전달 물질이 꺼지거나switch off 각성이나 이완 signal 세포 기능의 기를 꺾는데, GABA는 잠, 근육 이완, 진정에 연관되어 있고 노르에피네프린norepinephrine과 오렉신orexin 또는 hypocretin은 깨어 있는 동안 뇌 어느 부분에서 계속 활동적이며, 잠과 각성의 모양을 만드는 다른 신경전달 물질은 아세틸콜린acetylcholine, 히스타민histamine, 아드레날린adrenaline, 코르티솔cortisol), 그리고 세로토닌serotonin들입니다. 유전 인자는 얼마나 잠이 필요한가에 중요한 역할을 하고, 잠과 수면 질환에서 여러 유전 인자가 발견되었는데, 신경 세포의 흥분을 조정하는 유전 인자, Per, tim 같은 시계 유전자Per, Tim, Cry, 또 생체 리듬circadian rhythm과 잠자는 시간에 영향을 주는 Cry 유전 인자들이고, 또 다른 유전 인자가 가족성 진행성 수면위상 증후군familial advanced sleep-phase disorder, 기면증narcolepsy과 하지 불안 증후군restless legs syndrome에서 발견되었고, 어떤 유전 인자는 뇌 피질에서 발현되었고 다른 뇌 부분이 잠과 각성 사이에서 발현되는 수준이 변경되어 있습니다. 수면 장애를 진단하려면 잠 실험실이나 센터에서 밤새도록 숨, 산소 수준, 눈과 사지 움직임, 심박동률과 뇌파를 기록하는 수면다원검사 polysomnogram를 사용하고, 잠은 비디오video와 오디오audio 기록도 합니다.

수면을 향상시키려면 매일 같은 시간에 침대로 가는 것과 깨는 스케줄을 짜야 하고, 침대에 가기 몇 시간 전에 20-30분 운동을 하며, 저녁에 카페인과 니코틴, 또 침대 가기 전 술을 피하고, 따뜻한 목욕, 독서 등으로 긴장을 풀며, 잠자는 방을 만들 때는 밝은 빛과 큰 소리를 피하고 안락한 온도를 유지해야 하며, TV나 컴퓨터를 보지 말아야 합니다. 잠을 잘 수가 없으면 침대에 누워있지 말고 피곤할 때까지 독서 또는 음악 청취 등 다른 것을 해야 합니다. 대부분 수면 장애 또는 불면증은 잘못된 수면 습관, 스트레스, 불안, 운동 부족, 만성 질환, 또는 어떤 약물과 연관되어 있는데, 미국에서는 일 년에 300만 명 이상에서 생기고, 증세는 기분이 좋지 않고 잠들기나 잠자기가 어려운 것입니다. 잠 습관을 향상시키고 원인을 찾아 치료하며 적절한 수면제 등을 사용하여 효과적인 치료를 할 수 있습니다.

인지행동 치료를 통해 행동 변화를 시키는 것이 제일 좋은 치료이고, 좋은 잠 습관은 규칙적인 취침 시간을 실행하고 낮잠과 자기 전 카페인과 TV를 피해야 합니다. 자연 햇빛을 흉내 낸 빛 박스box에 노출하는 광치료light therapy도 도움이 될 수 있고, 모든 처방약들은 간이나 신장 질환이 있는 사람에게는 위험이 있으며 전문의사와 부작용을 상의해야 하며, 술은 진정 효과를 증폭시키므로 수면제와 섞으면 안 되고, 모르핀morphine등 오피오이드opioid도 진정 효과를 더욱 높이므로 위험합니다.

신체 활동, 수면 패턴, 그리고 뇌 발달의 상관관계

최근 미국의 중년층 1,000명을 대상으로 10년간 추적한 연구에서 앉아서 일하는 직업을 가진 사람들은 불면증이 생길 가능성이 37% 높았습니다. 이들은 잠들기 힘들어하고 자다가 자주 깨며 근무 시간에 피로감을 보였습니다. 하지만 평균적으로 9시간 앉아서 생활하는 참가자들이 퇴근 후 30분 이상 몸을 움직인 것은 불면증 위험을 39% 감소시켰습니다. 같은 신체 활동이라도 회사에서 하는 활동은 누군가 시켜서 하는 일이 많아 신체적, 정신적 스트레스를 유발할 가능성이 높고, 따라서 불면증을 유발한다는 해석이 가능합니다.

밤늦게까지 스마트폰을 붙잡고 있는 청소년들의 수면 습관이 뇌에 미치는 영향을 탐구한 대규모 연구 결과가 흥미롭습니다. 이 연구는 3,000명이 넘는 청소년을 대상으로 손목에 찬 디지털 기기를 통해 수면 데이터를 모으고, 뇌 MRI와 인지 검사 결과를 함께 분석했습니다. 단순히 수면 시간만이 아니라, 수면의 질과 타이밍을 포함한 18가지 수면 지표와 심박수까지 고려하여 뇌의 구조와 기능과의 연관성을 정밀하게 분석했습니다. 방대한 데이터에도 불구하고, 결론은 의외로 직관적이고 단순했습니다. 늦게 자고 수면 시간이 짧은 아이들은 뇌의 일부 연결망이 약했으며, 특히 감정이나 기억과 관련된 부위의 활동성이 떨어졌습니다. 또한 수면 중 심박수가 높고 얕은 잠의 비율이 높은 경우 뇌의 여러 영역에서 부피가 작고 네트워크 연결이 느슨했습니다. 이는 잠을 제대로 자지 않으면 뇌가 정보를 처리하고 조절하는 능력 자체에 나쁜 영향을 미친다는 것을 의미합니다.

연구자들은 청소년들을 수면 특성에 따라 세 가지 '바이오타입'으로 나누어 인지 기능을 분석했습니다. 좋은 수면 습관을 가진 그룹은 인지 기능이 뛰어났고, 반대로 나쁜 수면 패턴을 가진 그룹은 낮은 인지 점수를 보였습니다. 더 놀라운 점은 이러한 바이오타입이 단지 하루 이틀의 수면 습관에서 비롯된 결과가 아니라는 것입니다. 연구는 9세부터 14세까지의 아이들을 추적 관찰했는데, 뇌 구조와 인지 능력의 차이는 시간이 지나도 거의 그대로 유지됐습니다. 초등학생 때의 수면 습관이 중학생이 되었을 때 뇌가 어떻게 자랄지를 결정하며, 잠드는 시간 몇 분의 차이가 청소년기의 뇌 발달이라는 긴 여정에 예상 밖의 영향을 미칠 수 있다는 것을 시사합니다. 이 연구는 단순히 "잠을 많이 자야 한다"는 뻔한 메시지를 넘어, 수면이야말로 뇌 발달을 이끄는 은밀하고도 정교한 지휘자임을 보여줍니다.

청소년의 뇌는 아직 완성되지 않았고 수면을 통해 스스로를 조율하고 성장하며, 좋은 수면은 더 나은 학습 능력, 더 튼튼한 감정 조절, 더 깊은 기억력으로 이어집니다. 우리는 자녀의 성적을 걱정하기 전에, 침대 위에서 뇌가 잘 자라고 있는지를 먼저 살펴야 합니다. 자는 동안 가장 분주하게 움직이는 것은 어쩌면 우리의 뇌일지도 모릅니다.

시차(Jet Lag)가 수면에 미치는 영향과 회복 속도

잠은 제자리로 돌아올 줄 알고 늘 자던 시간이 익숙한 리듬에 따라 조용히 찾아오지만, 비행기를 한 번 타면 잠이 길을 잃는 것은 몸은 도착했지만, 잠은 아직 길을 헤매고 있기 때문입니다. 시차는 말이 없는 대신 매일 밤 뇌를 흔들어 깨웁니다. "아직 도착하지 않았다"고 연구진은 150만 개의 밤을 들여다봤고 6만 번의 여행을 분석하며 여행 전에 사람들이 어떻게 자는지 살펴봤고 돌아온 뒤 잠이 어떻게 회복되는지도 추적했습니다. 결론은 간단했는데, 수면 시간은 금방 돌아오지만 잠의 흐름은 그렇지 않아 밤마다 잠에서 깼고 낮에는 졸렸습니다. 익숙한 리듬으로 돌아오기까지 일주일 넘게 걸리는 사람도 있었는데, 특히 동쪽으로 이동한 경우가 더 힘들었는데, 이는 하루가 짧아졌기 때문입니다.

흥미로운 것은 나이였는데, 젊은 사람일수록 시차에 더 취약하여 스무 살은 예순 살보다 회복이 느렸습니다. 남녀 차이는 크지 않았고, 긴 여행은 방향에 상관없이 모두 힘들었습니다. 결국 사람은 어제처럼 자야

   건강과 신앙_마흔에 시작하는 질병예방

비로소 오늘을 시작할 수 있는 존재이기에, 빛을 보고, 잠을 자고, 일어나는 그 흐름이 깨지면 뇌는 혼란에 빠집니다. 이 연구는 단순한 실험이 아니라 실제 사람들의 밤을 기록한 데이터이며, 스마트링이 모은 기록은 언제 자고, 얼마나 깨고, 며칠 만에 돌아오는지를 보여주기에 우리는 비교할 수 있습니다. 나의 회복이 빠른지, 느린지, 다음 여행에는 어떻게 준비해야 할지, 빛을 쬐는 시간, 멜라토닌 복용 시기 등을 이제는 추측이 아니라 실험으로 알게 됩니다. 다만 여행을 마친 뒤에도 뇌가 진짜 도착할 때까지 기다려야 길을 잃었던 밤은 결국 돌아오는데, 뇌는 그 밤을 기억합니다.

'다시 울림(Snooze)' 기능의 위험성과 불면증 치료 약물

매일 아침 휴대폰 알람 소리를 듣고 일어나는 방식은 사람마다 다릅니다. 알람이 울리자마자 침대를 박차고 일어나는 사람이 있는가 하면, 알람 소리에 잠시 몸을 뒤척이다 '10분 후 다시 울림' 버튼을 누르는 사람도 있는데, 이 기능을 '스누즈snooze'라고 합니다. 최근 전 세계 수백만 명의 스마트폰 사용자 데이터를 분석한 결과, 전체 수면의 절반이 넘는 기상이 스누즈로 마무리되었으며, 사용자들은 평균 11분가량을 스누즈에 할애하는 것으로 나타났습니다.

수면 분석 앱 '슬립사이클' 사용자 2만 1천 명의 300만 건이 넘는 방대한 수면 데이터를 바탕으로 한 이 연구 결과, 전체 사용자 중 약 45%는 '헤비 스누저Heavy Snoozer'로 분류되었습니다. 이들은 평균적으로 하루 20분가량을 스누즈에 소비하고 있었으며, 다른 사용자군에 비해 수면과 기상 시간이 불규칙한 경향을 보였습니다. 스누즈 알람 사용은 요일에 따라 달랐는데, 평일에는 사용 빈도가 높았지만 주말에는 상대적으로 낮았습니다. 또한, 5시간 이하로 잠을 자는 사람들은 스누즈 알람 사용이 적었는데, 이는 수면 시간이 부족하여 스누즈를 사용할 여유 자체가 없기 때문입니다. 국가별 스누즈 알람 사용에도 뚜렷한 차이가 있었습니다. 스웨덴, 미국, 독일 사용자들이 스누즈를 가장 많이 사용하는 반면, 일본과 호주 사용자들은 비교적 적게 사용하는 것으로 나타났습니다.

수면 전문가들은 스누즈 사용에 대해 경고합니다. 아침 기상 직전의 시간은 REM 수면을 포함한 중요한 수면 단계가 나타나는 시기인데, 스누즈는 이러한 중요한 수면 단계를 방해하고, 알람 사이에는 얕은 잠만 취하게 됩니다. 스누즈는 깊은 잠을 방해하고 오히려 수면의 질을 떨어뜨려 피로감을 가중시킬 수 있습니다. 건강한 수면과 활기찬 다음 날을 위해서는 알람을 꼭 일어나야 하는 시간으로 설정하고 알람이 울리면 미련 없이 침대에서 일어나는 것이 가장 현명한 방법입니다. '10분만 더'라는 유혹을 뿌리치고 한 번에 기상하는 습관이 수면 건강을 지키는 중요한 출발점이 될 것입니다. 지금 당장 아침을 상쾌하게 만들어 줄 결정을 내려보는 것이 좋습니다.

불면증의 처방약은 크게 벤조디아제핀benzodiazepine과 멜라토닌 수용체 효능제melatonin receptor agonist 또는 오렉신 수용체 길항제orexin receptorantagonist로 분류됩니다. 신경 안정제Trazodone, Lorazepam, Temazepam, Zolpidem, Eszopiclone는 졸리거나 조용함, 둔한 감각 등을 유발하며, 항히스타민제Diphenhydramine, Doxylamine 등은 알레르기 반응을 줄이거나 중지시키고, 항우울증약Amitriptyline, Mirtazapine, Trazodone은 우울 증상을 완화시킵니다. 최근에 승인된 다리도렉산트Daridorexant 또는 Nemorexant 또는 Quviviq는 각성을 증진하는 신경펩타이드인 오렉신orexin 또는 hypocretin이 수용체에 붙는 것을 차단시켜 잠을 자게 만듭니다.

수면제는 주로 비 REM 수면 시간을 늘리는 역할을 하지만, REM 수면에는 별다른 영향을 미치지 못합니다. 최근 멕길 대학교 연구실에서는 REM 수면만을 유도하는 MT1 수용체를 발견하여 REM 수면만을 선택적으로 증가시키는 UCP871을 개발하여 임상 실험 중인데, 이는 노르에피네프린 뉴런의 활동을 억제하여 REM 수면을 촉진하는 것으로 알려져 있습니다.

한편, 한국의 Body-Eu 회사에서는 황토를 섬유에 적용하여 수면 부족을 극복하고 우울증과 불안증을 완화시킨다고 발표했습니다. 황토의 원적외선이 온열 효과, 혈액 순환 및 면역 증진 외에 p53 유전자를 활성화시켜 암세포 번식도 억제한다고 하며, 황토 원단에 살아있는 미생물 Aryabhattai은 효소 작용으로 산화 작용 및 만성 질환 완화에 기여한다고 보고했습니다.

제13장

환경

환경은 공기, 물, 음식과 노출되는 해로운 물질 등을 통해 여러 면으로 건강에 영향을 줄 수 있으며, 기후 변화와 같은 환경 변화도 심각한 건강 효과를 가져올 수 있는 물리적, 생리학적, 그리고 생태계를 방해할 수 있습니다. 공기 오염은 연기, 화학품, 독한 광물질로 공기 질에 영향을 미치고, 물 오염은 먹는 물에 납과 다른 오염물질 등으로 심각한 건강 문제를 일으키며, 극심한 기후 변화는 음식 불안정, 공기 오염, 깨끗한 물 접근의 어려움을 만들 수 있습니다. 이러한 위험물의 노출은 호흡기, 심혈관, 전염병의 위험을 증가시킬 뿐 아니라 부상, 열 스트레스, 정신 건강 문제의 위험도 높입니다. 저소득층 사회에서는 흔히 환경 건강 문제가 불균형하게 영향을 주는데, 저소득층 사람들은 더 오염된 지역에 살고 안전치 못한 물을 마시며, 어린이와 임산부는 오염에 관계된 건강 문제의 위험이 더 큽니다.

공기 및 미세먼지가 건강에 미치는 영향

먼지는 기관지를 자극해서 기침, 천명음, 호흡 곤란을 일으킬 수 있으며 천식과 만성 폐 질환 등을 악화시키고, 불규칙 심박동, 심장마비, 뇌졸중과도 연관이 있습니다. 또한 눈, 코, 목구멍, 피부를 자극해서 콧물과 짧은 숨 등 감기나 flu 같은 증상을 일으킵니다. 모래와 같은 큰 입자는 코와 후두에 걸려 기침이나 재채기로 내보낼 수 있지만 아주 작은 미세먼지, 화학품, 금속metal 또는 액체liquid droplet 같은 입자는 폐와 기관지 안으로 깊숙이 파고들어 훨씬 더 심각한 건강 문제를 유발합니다. 자연과 인간이 만든 미세먼지particulate matter(PM) 수준은 남서부 아시아에서 자연적으로 더 높고, 먼지 폭풍, 차 배기, 건설 장, 농업 및 지방 사업 등에서 나오며 이라크와 아프가니스탄에서는 쓰레기 태움으로 PM 농도가 자연적으로 더 높습니다.

여러 변수가 건강 문제에 영향을 주는데, 더 작은 입자일수록 더 해롭고, PM의 화학적 성분, 농도 수준, 노출 기간, 나이, 건강 상태, 유전 등이 중요합니다. 보통 2.5 micrometer보다 작은 입자는 폐에 깊숙이 들어가 기관지를 자극시켜 천식 발작을 유발하고 호흡기 염증을 증가시키며, 짧은 노출은 눈, 코와 후두를 자극하고 장기적으로는 만성 기관지염, 폐 염증, 심혈관병 또는 폐암을 일으킵니다.

어떤 연구 보고는 PM 노출과 잦은 입원율, 조기 사망premature death, 심장병, 뇌졸중과의 연관을 발표했습니다. 또한 장기 미세먼지 노출은 비소arsenic, 납과 메틸수은methylmercury 같은 독성분 때문에 부정적으로 정신 건강에 영향을 주는데, 몸에서 염증과 산화 스트레스를 일으켜 우울증으로 이끌며 스트레스와 불안을 초래하고 치매와도 더 많이 연결되어 있으며, 임신 중 공기 오염에 노출되면 자폐증autism 같은 신경 발달 질환의 위험을 증가시킵니다.

다른 영향은 우울증, 피로감, 불면증이고, 도파민dopamine 분비에 관련되어 우울증이 더 심해지고 자살률을 높입니다. 자라는 어린이의 뇌는 미세먼지에 특별히 취약하여 IQ를 낮춥니다. 물은 건강에 필수적인 영양제로 우리 몸의 70%를 차지하여 세포의 진실성을 유지하고 혈관을 통해 충분한 혈액을 가지며, 대사 부산물인 과잉 정해질과 요산 등을 제거하도록 돕고, 땀을 통해 체온 조절을 도우며, 폐와 입안의 점막을 축축하게 만들고 관절을 윤활lubricating 및 완충cushioning하며, 방광에서 균을 씻어내어 요로관 염증 위험을 줄이고 영양분을 세포에 가져오며 기관을 보호하고 소화와 영양 흡수를 돕습니다.

물 섭취와 건강 효과

매일 충분한 물 섭취는 불분명한 사고, 기분 변화, 과열, 변비와 신장 결석 등을 일으키는 탈수를 예방하는데, 매일 여자는 11.5 컵약 92 온스, 남자는 15.5 컵약 124 온스을 권합니다. 탈수를 피하려면 하루 종일 식사와 또는 약과 같이 점차로 물을 마셔야 하며, 물이 풍부한 샐러드salad, 과일과 애플소스applesauce 등으로도 취할 수 있습니다.

이온수는 pH가 높은 알칼리alkaline 물 형태로 상업화되고 있는데, 뼈 건강, 노화 현상, 암과 심장 질환에 유익을 주며, 위산을 중화시켜 설사 등 위장 질환을 치료하는 데 좋고, 위장 내 유익균을 증폭시켜 염증을 줄이고 변비, 설사와 가스참flatulence을 완화시키는 등 위장 건강에 도움을 줄 수 있습니다. 또한 알칼리 물은 몸의 pH 수준의 균형과 몸 기능의 다른부분을 원활하게 하여 산성 음식이나 마심으로 구역질, 두통, 산 역류가 있는 사람에게는 특별히 도움이 됩니다. 하지만 알칼리 물의 많은 건강 이점은 과학적으로 뒷받침되지 않았고, 위액의 pH는 알칼리 물과 비슷하여 알칼리 물을 마심으로 일시적 pH 상승은 빨리 신장에서 재조정rebalance되며, 알칼리 물통을 식사 때 마실 필요는 없고 식사 후 어떤 물을 마셔도 영양분이 더 쉽게 흡수되어 소화를 증진시킵니다.

ION Gut Health는 장 건강을 증진해서 전체 몸 건강에 좋은 자연산 미네랄 보충제인데, 면역계의 70-80%가 장에서 시작하고 손상된 장벽이 염증 반응을 유발trigger해서 면역계를 자극하기 때문에 면역계를 활성화boost하는 데 도움을 줍니다. 또한 ION Gut Health는 장벽 세포를 밀봉seal해서 독소를 내보내고 마이크로바이옴microbiome을 강하게 하여 유익균을 유지하는 데 돕고, 글루텐 불내증을 덜어주며 환경 독소를 방지하고 정신을 맑게 하는 데 도움을 줄 수 있습니다.

수소물은 일반 물에 수소를 탄 것인데, 항산화와 항염증 속성이 있어 건강에 유익하다고 하는데, 수소 분자가 세포에 들어가 체내의 자유기 free radicals를 중화시키기 때문입니다. 수소는 폐, 장과 뇌 염증을 줄여 폐렴, 천식과 복통에 도움을 주며, 수소물은 염증을 낮추고 피 속에 근육 피로에 연관되는 젖산lactate 축적을 천천히 만들어 운동선수에게 도움을 주어, 실제로 한 연구에서 남자 축구 선수들에게 수소물을 먹인 다음 운동 후 혈중 젖산이 낮았고 근육 피로도 훨씬 적었다고 보고했습니다. 또한 수소물은 뇌경색뇌졸중, 당뇨, 류마티스성 관절염, 알츠하이머병Alzheimer과 파킨슨병Parkinson에 도움을 줄 수도 있지만, 이들 유익을 지지하는 과학적 근거는 아직 견고하지 않습니다. 수소물과 알칼리물의 선택은 개인의 필요에 크게 의존되는데, 수소물은 수소 분자의 유익에 중점을 두고 알칼리 물은 몸 pH 평행을 강조합니다.

수도물과 병에 담긴 물은 일반적으로 안전하고 비슷한 질의 표준을 갖고 있는데, 수도물은 병물보다 더 입자, 미생물 및 유기물 제거를 하고 진보된 처리는 농약 같은 미량 오염물질도 제거할 수 있습니다. FDA가 병물을 규제하지만 어떤 화학품의 표준은 지역마다 달라 수도물보다 덜 까다롭고, EPA가 수도물을 규제하며 FDA보다 더 많은 검사를 하지만 수도물 속 납의 EPA 표준은 많은 낡은 집들이 납 pipe를 갖고 있기에 FDA 표준보다 덜 까다롭습니다.

수도물과 병물은 비슷한 맛과 미네랄 수준을 갖고 있는데 병물마다 조금씩 다릅니다. 일반적으로 수도물이 더 싸고 더 낮은 환경 영향을 주므로 병물보다 더 좋은 선택입니다. 수도물 정수장에 의심이 있으면 카본 필터carbon filter나 역삼투압 시스템reverse osmosis system을 사용하여 오염물질을 제거할 수 있습니다. 가장 건강한 물은 약수spring water인데, 칼슘calcium, 마그네슘magnesium, 나트륨sodium과 칼륨potassium 등 필수 전해질을 포함하고 순수한 유기농 자연 알칼리 물로, 납과 염소chlorine 등 해로운 오염물이 없어 병에 넣기 전 거를filter 필요가 없어 운동선수들에게 이상적인 물입니다.

환경 독소와 화학물질

건강에 해로운 가장 흔한 화학품은 청소와 소독제, 살균제, 수은mercury, 독한 약, 농약, 라텍스latex와 실험실 화학품 등인데, 많은 화장품과 세탁제 안에 항균과 보존제로 넣은 포름알데히드formaldehyde는 피부와 눈을 자극하는 독소이며, 농약은 독하게 만들어져 극소량으로 사용됩니다. 비소arsenic metalloid는 가장 흔한 환경 독소 성분으로 암, 신경 질환, 심혈관 병을 일으킬 수 있습니다. 납 중독lead toxicity은 집 페인트paint, 차 배기exhaust, 배터리battery와 화장품에서 발생하는데, 심장병을 일으킬 수 있으며 들이마시면 IQ가 떨어집니다.

프탈레이트phthalate chemical는 헤어스프레이hairspray와 향수 같은 머리 제품에서 발견되는데, 플라스틱plastic을 더 내구성 있게 만들지만 유방암과 선천적 결함의 위험을 증가시킵니다. 비스페놀bisphenol은 포장에서 음식이나 물로 빠져 부정적으로 대사, 혈압, 유선과 생식에 영향을 주는 내분비 교란 화학물질endocrine disrupting chemical, EDC입니다.

카드뮴Cadmium은 수세기 동안 오래 몸 안에 머물러 당뇨, 암 및 심장병을 일으키는 데 기여하며, 영원한 화학품인 과불화화합물per- and polyfluoroalkyl substance, PFAS은 매우 독해서 암의 위험과 면역계 억압을 증가시킵니다. 석면asbestos은 자연 미네랄로 들이마시면 심각한 건강 문제를 일으키는데, 너무 작아 눈으로 볼 수 없고 오래 동안 폐에 머물러 수년 후 폐에 흉터 같은 조직scar-like tissue을 만들어 숨쉬기 힘들고 흉부 통증과 숨 쉴 때 건조한 깨지는 소리가 생기며, 폐 기능 손실, 중피종mesothelioma, 폐,

장, 후두와 난소암 위험을 증가시킵니다.

폴리염화 바이페닐Polychlorinated biphenyl, PCB은 독한 화학품으로 피부에 여드름acne, 발진rash 및 염소 여드름chloracne 등을 일으키고 눈, 코, 폐를 자극하며 구역질 및 구토도 생기고, 신생아에서는 신경 행동 장애, 시각 인식 장애와 단기 기억력 감소 등과 연구에서는 간과 담도의 손상과 암 유발에도 관련이 있습니다.

아동의 스마트폰 노출 위험성 및 대처 전략

아이들에게 스마트폰을 언제 줘야 할까요? 친구들은 다 가지고 있는데 우리 아이만 없으면 소외될까 걱정되고, 그렇다고 너무 일찍 주자니 부작용이 두렵습니다. 최근 대규모 연구들은 스마트폰을 너무 어린 나이에 갖게 되면 성인이 되어서도 마음에 깊은 흉터를 남길 수 있다고 경고합니다. 단순히 집중력이 떨어진다거나 공부를 방해한다는 차원을 넘어, 자존감이 낮아지고 감정을 조절하기 어려워지며, 심각한 경우 자살 충동까지 경험할 수 있다는 것입니다.

문제의 핵심은 스마트폰이 단순한 전화기가 아니라는 점으로, 아이들은 스마트폰을 통해 소셜 미디어와 게임, 영상에 빠르게 노출되는 것입니다. 아직 판단 능력이 충분히 자라지 않은 나이에 이런 환경을 접하면, 끊임없는 비교 속에서 자기 자신을 있는 그대로 받아들이기가 힘들어집니다. 실제로 어린 나이에 스마트폰을 가진 아이일수록 성인이 되었을 때 자존감과 회복 탄력성이 낮다는 결과도 있으며, 특히 여자아이들은 외모 평가에 취약해 더 큰 영향을 받는 것으로 보입니다. 결국 문제는 단순히 '얼마나 오래 썼느냐'가 아니라 '무엇을 경험했느냐'입니다.

현실은 스마트폰을 무조건 금지하는 것이 간단하지 않습니다. 또래 아이들이 모두 스마트폰을 쓰는데 내 아이만 못 쓰게 하면 사회적으로 소외될 수 있는 딜레마에 빠질 수 있기 때문에, 완전한 차단보다는 단계적 접근이 필요합니다. 저학년일 때는 전화와 문자만 가능한 '키즈폰' 같은 대체기기를 고려해 볼 수 있습니다. 식사 시간, 취침 시간만큼은 스마트폰을 멀리하는 '디지털 디톡스 시간'을 만들어 주는 것도 좋은 방법입니다. 무엇보다도 아이가 스마트폰에 집착하는 모습을 보이면, 단순히 기계를 빼앗는 것이 아니라 "무엇 때문에 그렇게 빠지는지"를 대화로 풀어가는 것이 필요합니다.

결국 부모가 해줄 수 있는 가장 중요한 일은 아이가 디지털 세상에서 길을 잃지 않도록 '길잡이'가 되어주는 것입니다. 스마트폰을 언제 줄지는 단순히 몇 살이 되었는지만 볼 것이 아니라, 아이가 얼마나 성숙했는지, 어떤 발달 단계에 있는 지를 함께 살펴 보아야 합니다. 부모의 관심과 대화, 그리고 현실적인 규칙이 함께할 때 아이는 스마트폰이라는 도구를 주체적으로 다룰 힘을 기르게 되며, 결국 중요한 것은 '언제'보다 '어떻게' 쓰도록 도와주느냐입니다.

3부

제14장

믿음의 능력

제1장
부모님과의 신앙과 삶의 유산, 그리고 의사의 길

저는 하나님의 은혜로 독실한 기독교 가정의 3남 2녀 중 장남으로 태어나 모태 신앙으로 인생을 시작했습니다. 비록 초등학교 교육만 받으셨지만 부모님께서는 꾸준한 독서를 통해 많은 것을 배우셨습니다. 아버지는 음악을 좋아하셔서 독학으로 찬송가를 피아노로 치셨고, 군산 신흥교회에서 57년간 장로로 봉사하시면서 설교도 자주 하셨습니다.

아버지께서는 매일 기도하실 때마다 시편 23편, "여호와는 나의 목자시니 내게 부족함이 없으리로다"를 들려주셨습니다. 어린 저는 그 말씀을 들으며 '나는 그렇게 되는가 보다'라는 안전하고 강한 믿음을 무의식중에 형성했습니다. 의사가 희귀했던 시골에서 자라면서 남을 돕는 의사가 되겠다는 소망을 품었고, 본래 약골이었던 제가 개척교회 목회와 힘든 연구 생활을 병행하면서도 40여 년간 병원에 입원하지 않고 건강을 유지할 수 있었던 것도 바로 이 '신앙의 뿌리' 덕분이었습니다.

모든 걱정을 주님께 맡기고 평안을 누릴 수 있었던 것, 그것이 가장 큰 축복입니다. 어머니도 가정 예배나 금요일 저녁 집에서 모이는 구역 예배에서 기도와 말씀을 전하셨습니다. 70여 년 전 당시에는 성경 주석책이나 이름난 목사님들의 설교집이 없었는데, 어떻게 목사님을 대신해서 하나님의 오묘한 말씀을 많은 교인들에게 담대하게 전하셨는지 신통한 일입니다.

부모님께서는 굉장히 부지런하셔서 새벽에 침상에서 일어나자마자 기도로 하루를 시작하시고 밤에 반드시 기도를 하시고 주무셨습니다.

우리 자녀들과 식사할 때나 가정 예배에서는 항상 시편 23편을 암송케 하시면서, 우리에게 예수만 잘 믿고 말씀에 순종하고 실행하면 우리를 보호하시고 인도하셔서 두려워할 것이 없고 우리가 원하는 일은 무엇이든지 성취할 수 있으며 하나님 나라를 위해 쓰임받을 수 있다고 강조하셨습니다.

제가 지난 80여 년 동안 특별한 근심 걱정 없이 만사형통하게 지내온 것은 부모님의 기도 덕분이라고 믿습니다. 음악을 좋아하신 아버지는 늘 찬송가를 어디서나 잘 부르셨고, 교회에서 찬양대 책임 장로로 봉사하시면서 찬양대 지휘자, 반주자 및 대원들을 극진히 대접하느라 많은 애를 쓰셨습니다. 또한 세 딸들에게 결혼해서 남편들에게 음악으로 순종해야 한다고 하시면서 거의 강제로 모두 음악대학에 입학해서 피아노를 전공시켜 교회에서 찬양대 반주로 봉사하게 하셨습니다. 음악, 특히 찬양을 하는 것은 엄청난 특권으로 개인의 호흡기, 순환기, 소화기 및 뇌 기능을 활성화시키며, 스트레스 호르몬 분비는 줄이는 반면 행복 호르몬 생산은 증가시키고 면역 세포를 증폭시켜 건강에 가장 큰 도움을 주기에 찬양대원들이 더 오래 건강하게 산다는 보고가 많이 있습니다.

아버지는 원래 부산 사람으로 경상도 말씨에 성격이 고지식하고 정직해서 불의나 부정에 타협하지 못했습니다. 이 때문에 천사 같은 전주 사람 어머니 마음을 불안하게 하고 기가 죽어 평생을 하녀처럼 아버님 뒷바라지 역할을 하시느라 고생을 많이 하셨습니다.

아버지는 재정 장로로 교회에 온 정성을 드려 충성을 하셨지만, 마치 교회가 자기 개인 소유인 양 교회 일에 반대하는 분들을 책망하시고 억울해하시는 모습을 보이기도 했습니다. 6.25전쟁 때에 아버지께서 교인 20-30 가정을 이끄시고 군산시 외곽에 있는 백두개 동산으로 피난을 갔었는데, 아버지 회사에서 근무하던 직원들이 공산당원이 되어 아버님을 잡으러 왔을 때 망을 보던 제가 아버지가 안 계신다고 거짓말을 했습니다. 그런데 뒤에 있던 아버지 닮은 정직하고 고지식한 누나가 거짓말을 하면 벌 받는다고 꾸짖으면서 땅굴 속에 숨어 있는 아버지를 알려주어 아버지가 형무소로 끌려가셨습니다.

6개월 후 38선 탈환으로 전황이 역전되어 풀려 나오시기 전 많은 분들이 처형 되었는데, 아버지는 기도에 전념했던 덕분에 같은 이름이 불릴 때 다른 분이 나가 처형되고 덕분에 살아오실 수 있었다고 간증하셨습니다. 만약 끌려가지 않으셨다면 작은 교회 예배를 인도하시는 중 인민군들에게 갖은 고통을 면치 못했을 것이라 믿어, 누나의 어리석음이 오히려 아버지를 구해 주었다고 많은 교인들이 누나 칭찬을 많이 했습니다.

아버지는 주일 학교를 중요시하셔서 제 초등학교 친구들에게 예수님을 전하셨고, 지금도 한두 달에 한 번씩 만나는 20여 명 친구들이 부모님들은 불교 신자나 무종교인들인데 저 때문에 교회에 가서 제 아버님로부터 배운 사랑과 믿음 때문에 고맙다는 인사를 자주 받곤 합니다. 아버지는 성냥을 만드는 배달산업주식회사, 군산극장 등 몇 회사를 운영하셨기에 명절에 거래 회사 또는 직원들이 보낸 모든 선물을 일일이 가격을 매겨 계산한 후 10분의 1을 원수입의 십일조처럼 교회에 헌금으로 드리셨습니다.

어머니는 천성이 착한 얌전한 성격으로 남편과 자녀들을 위해 평생을 희생하셨는데, 글씨와 그림 그리기를 좋아하셨습니다. 항상 우리들에게 베드로전서 3장 15절 말씀으로 온유하고 겸손하여 어려운 사람을 위해 살라고 충고하시고, 모든 사람들에게 지극한 친절을 베풀고 구제 활동에 앞장서셨습니다. 특별히 제 친구 중 고아나 집안이 어려운 아이들에게 점심을 싸주고 자주 집에 불러 과일이나 다과를 주어, 저를 아는 모든 사람들은 어머니를 천사라고 불렀으며, 돌아가신 지가 10년이 넘는데도 어머니를 그리워하고 있습니다. 어머니는 세 딸을 서울에 있는 음악대학에 보내기 위해 매주 토요일마다 새벽 2시에 일어나 교수님들에게 드리는 맛있는 새우를 튀기시고, 장항으로 4시 배를 타신 다음 완행 열차로 4-6시간 걸쳐 서울에서 1시간 정도 레슨을 마친 뒤 그날 밤 거의 10시경에 돌아오시는 것을 거의 15년을 하셨음에도 단 한번도 힘들다던지 아니면 딸들에게 원망스러운 말을 하신 적이 없으셨습니다.

제2장

삶과 신앙 여정

저의 신앙은 제가 태어날 때부터 이미 제 삶의 가장 깊은 곳에 자리 잡고 있었습니다. 특히 어머니와 아버지의 가르침은 제 평생의 나침반이 되어 주었습니다. 6.25 전쟁을 어린 나이에 경험하면서 인간의 잔인함과 무력함, 그리고 동시에 강함을 느끼면서, 어려서부터 꿈꾸던 건축가나 디자이너보다 아픔에 시달리는 환자의 고통을 덜어주자고 의사가 되었습니다. 중학교부터 대학원 시절까지 가정교사를 한 경험으로 가르침과 배우는 재미를 갖는 교수도 되었습니다.

저는 어려서부터 부모님께 순종하고 부모님을 기쁘게 하고 싶어 공부도 열심히 해서 일등을 하였고, 교회도 열심히 다녀 주일학교에서 하나님을 배우고 또 착하고 선한 일을 하면 하나님께 영광 돌리겠다고 당연히 믿었지만, 예수님께서 저를 위해 십자가에서 돌아가셨다는 것을 심각하게 생각해본 것은 미국에 와서 교회 직분을 가지고 전도하고자 성경을 읽고 묵상할 때였습니다. 중학교에 입학하자마자 교장 선생님의 요청으로 동기생의 가정교사 생활을 시작했는데, 처음에는 많이 배우신 분들에게 보내면 더 훌륭한 사람이 될 수 있다고 설득하시는 부모님을 이해할 수 없었습니다.

교장 선생님께서 전주 여고로 전근하심으로 따라서 저도 전주고등학교를 졸업하였고, 서울대 의대와 대학원 시절에는 여러 고등학교 2-3학년 여학생들의 가정교사를 했습니다. 돌이켜보니 하나님께서 저를 강하게 단련시키느라 하루에 잠도 5시간 정도 자게 하시고 불평없이 아무것이나 주는 대로 먹게 하시며 남을 가르치는 재능을 키워주셨습니다. 세계 어느 곳을 다녀도 자고 먹는 데 아무 어려움이 없게 하시며 어려서부터 막연하게 가져왔던 서울대학교 교수의 꿈을 이루게 하셨습니다.

서울 의대 본과 학생 때 미국에서 새로운 예방의학 연수를 마치고 오신 권이혁 교수님께서 너무나 인상 깊은 영향을 주셔서 예방의학을 대학원에서 전공하고 있는 동안, 월남전에 파병이 되어 말라리아 같은 열대병을 연구할 예방의학 군의관으로 차출되었습니다. 사이공에 있는 파스퇴르 연구소에서 미국 군의관들과 같이 지내면서 미국에 가서 더 공부를 해야겠다는 결심을 하게 되었습니다.

전쟁 초기에 많은 불상사들이 있어 걱정을 끼쳐 드리지 않으려고 월남에 도착한 뒤에 부모님께 알렸는데, 아버지께서 놀랍게도 요셉의 이야기를 하시면서 하나님께서 보냈으니 아무 걱정 말고 최선을 다해 맡은 일에 충실하고 늘 기도와 찬송으로 하나님께 영광을 돌리라는 답장을 받았습니다. 헬리콥터나 차로 이동하던 중 공격을 받거나 부비트랩이 폭발하여 위험한 처지에도 무사했던 것은 하나님의 보호하심이었습니다.

대구 군의학교에서 예방의학 교관 생활을 마친 뒤 미국에 오는 준

     건강과 신앙_마흔에 시작하는 질병예방

비를 하는 동안 가정교사를 했던 여고생 친구를 소개받아 약혼까지 했는데, 장인이 되는 분과 친구인 이모부께서 어머니 없이 자랐고 성격이 너무 다르니 결혼을 포기하든지 아니면 결혼을 하겠다면 불평하지 말고 모든 다툼에 져주도록 하라는 충고를 해주셔서 그대로 실행했습니다. 길러주신 할머님의 믿음 생활을 보고 안심했고, 미국 생활을 꺼려 하길래 농담삼아 미국을 여행하는 마음으로 동부에서 시작하여 북부, 중부, 남부, 그리고 마지막을 서부에서 살다가 죽든지 한국에 돌아오자고 했는데 그대로 진행되었습니다. 또 결혼해서 아들, 딸, 아들 순으로 셋을 갖자고 했는데 그대로 이루어진 것은 기적적인 하나님의 은혜였습니다.

그런데 11년 전 아내는 건강검진 내시경에서 오염된 균들로 갑자기 세상을 떠나 만사형통이던 저에게 큰 어려움이 닥쳐 한동안 울부짖으며 하나님 뜻을 찾고자 했는데, 오래전 우리 환자로 10여 년을 거쳐 1년에 두 번씩 미국에 왔던 분과 재혼을 해서 지난 10년간 행복한 가정 및 교회 생활을 유지할 수 있었습니다.

저는 어려서부터 교회에서 집사 또는 장로 직분을 절대로 갖지 않겠다고 결심했는데, 27살에 미국에 와서 여러 도시 한인 교회를 다녔을 때도 교회 직분자들의 다툼으로 교회가 갈라지는 사태를 체험했습니다. 평신도로 봉사를 하고 있던 중 부모님께서 방문하셨을 때 저에게 실망을 하신 아버님께서 소원처럼 간곡히 요청하시는 바람에 순종하는 마음으로 33세가 되어 휴스턴 중앙장로교회에서 집사, 휴스턴 새언약교회에서 장로직을 맡아 보니 자연히 여러 교회의 일을 위한 다툼에 말려들게 되었습니다.

생각해 보니 모든 문제가 우리 모두의 믿음이 문제였습니다. 성경은 우리를 비우고 예수로 채우라고 하고 예수를 닮으려면 우선 나를 내려놓는 것인데, 나를 우선시하고 남을 배려 못하는 것을 보고 참 크리스천이

되지 못한 것을 회개할 뿐입니다. 저는 어머님을 많이 닮아 평생 아무하고도 다툰 적이 없고 저를 싫어하는 사람을 만난 적이 없습니다.

의학 연구와 한국 사회에 대한 소망

제가 미국에 와서 일반 내과, 진단 및 치료 방사선과 수련을 받으면서 암에 관심을 갖고, 세계적으로 명성이 있는 면역학자와 3년간 일할 수 있는 기회를 가졌습니다. 암에서 나오는 항원의 항체를 동물에서 채취한 다음 동위 원소를 붙여 새로운 영상을 이용한 면역학적 암 진단 및 치료 방법을 개발하여 발표를 하는 바람에 이름이 알려져 세계에서 가장 규모가 크고 잘 알려진 텍사스 대학교 MD Anderson 암센터에서 초청을 받아 32년을 근무했습니다.

이곳에서 800여 명의 한국계 암 환자와 또 900여 명의 암 치료 의사, 암 연구 과학자 및 기사들의 연수를 도왔고, 이 공로로 정부에서 동백장과 국민장을 수여받았습니다. 대부분 환자들이 불교 신자나 무신론자들이어서 가정 교회인 셀 목장의 목자로서 제 도움이 필요한 25-30명의 환자나 가족들을 매주 금요일 저녁에 우리 집에서 간단한 예배를 보면서 전도하려고 최선을 다했지만 기대만큼 큰 결실은 없었던 것 같았습니다. 하지만 몇 가정은 저로 인해 새 신자가 되거나 새로운 사람으로 변한 것을 보면서 보람을 느껴왔습니다. 사자가 붙는 검사, 판사, 변호사, 의사, 약사 등은 성경을 몇 번을 읽고도 논리적으로 이해하려 했기 때문에 믿기가 어려웠습니다. 비록 전공 분야가 다르지만 연수하는 데 도움을 준 암 연구 의사, 과학자 및 기사들과는 지금도 친분을 유지하고 모두 충실한 신앙인으로 살고 있음에 감사합니다.

15년 전 70세 은퇴를 준비하던 차에 서울대학교에 새로운 융합과학기술대학원을 만들어 7명의 해외 교수 초청 속에 포함되어 1년에 3개월

씩 봄 가을 학기에 맞추어 석사 박사 대학원 학생들을 지도해오고 있는 지금, 육체 및 정신 건강을 지켜주신 하나님께 깊은 감사를 드리고 계속 하나님께 영광을 드리게 쓰임 받도록 기도하고 있습니다.

제3장
암 연구가로서의 깨달은 진정한 삶

지난 15년 동안 서울에 머무는 사이 여러 방송, 라디오, 신문을 통해 "건강과 믿음" 또는 "건강과 행복"이란 주제로 강연했는데, 누군가 내용의 일부를 유튜브에 올려 많은 분들이 보기에 친구들은 만나면 제가 거부가 된 줄 알고 점심, 저녁을 사라고 오해하고, 또 전철, 버스 아니면 백화점 등에서 처음 보는 분들의 인사를 받는 인기 있는 사람이 되어 몸가짐이 조심스럽게 되었습니다.

　　무엇보다도 제 강의나 11년 전에 쓴 책, "암에 지는 사람, 암을 이기는 사람"을 읽고 자살을 포기했다든지 또는 어려운 암 치료를 잘 견디고 있다는 말씀을 들으면 모든 피로가 순식간에 사라지고 새로운 기운으로 더 일하고 싶은 충동을 느낍니다. 아직도 우리가 아는 흔한 암을 포함한 만성병은 원인이 불분명하고, 개인차별이 심하고 병 자체의 생물학적 변이가 지속적으로 계속되기 때문에 완치는 요원합니다. 하지만 경제적 이유나 너무 오래된 치료로 더 이상의 병 고치기를 포기했던 환자들 중 암의 활동이 중단되어 몇십 년을 암과 더불어 살고 있는, 과학이나 상식으로 설명이 안 되는 기적을 체험하기도 합니다. 그래서 의사나 약이 각기 10% 병 치료를 도와주고 나머지 80% 치료는 전적으로 하나님 주권에 달려 있다고 외과 첫 강의에서 말씀하신 장기려 교수님이 옳다고 생각합니다.

아직도 우리의 두뇌로는 너무나 정교하게, 아니면 교활하게 우리들에게 영을 불어 창조하신 하나님을 우리는 이해하거나 상상할 수 없음을 깨닫게 되었습니다. 제가 약 55년 전 미국으로 떠날 때는 한국은 인도나 필리핀보다 너무나 더 가난한 나라였고 희망이 보이지 않았고 이민자들이 기를 펴지 못하고 살았는데, 지금은 세계에서 겉으로는 가장 잘 사는 나라로 알려지고 트럼프 대통령 같은 지도자들도 부러움에 더하여 시기까지 하는 지경에 도달하였습니다.

암 연구라는 가장 첨예하고 현대적인 과학 분야에 몸담고 있지만, 과학과 신앙이 결코 대립적인 관계라고 보지 않습니다. 오히려 "과학은 하나님의 창조 질서를 탐구하는 과정"이라고 확신합니다. 인간의 세포 분열 메커니즘, 질병을 방어하는 정교한 면역 체계를 깊이 연구할수록 저는 생명의 신비에 대한 경외감을 느낍니다.

우리 몸의 설계는 결코 우연이 아닙니다. 이 완벽한 구조 속에서 암이 발생한다는 것은, 인간의 몸이 원래 완벽하게 창조되었으나, 타락 이후 환경적 요인과 잘못된 생활 습관 등의 영향으로 질서가 깨어졌음을 의미한다고 해석합니다. 따라서 암 치료는 단순히 질병을 제거하는 기술적인 행위에 머물러서는 안 됩니다. 그것은 창조주께서 의도하신 본래의 건강하고 완전한 삶의 질서를 회복하는 과정이 되어야 합니다. 의사로서 저는 늘 한계를 인정할 수밖에 없습니다. 아무리 첨단 기술을 동원해도 결국 생명을 주관하시는 분은 제가 아님을 깨닫기 때문입니다.

환자를 치료할 때마다 이렇게 고백합니다. "우리의 병을 치유하는 것은 80%가 하나님의 뜻입니다. 나머지 10%는 의사가 돕고, 남은 10%는 약이 돕는 것입니다.” 이 고백은 저를 겸손하게 만들고, 저의 역할을 명확히 규정해 줍니다. 저는 치유자가 아니라, 치유자를 돕는 도구일 뿐입니다.

제 오랜 진료 경험에서 얻은 가장 중요한 깨달음 중 하나는, 환자의 마음가짐과 신앙이 치료에 미치는 영향은 약이나 수술 못지않게 지대하다는 사실입니다. 특히 '살아야 할 이유', 즉 삶의 강한 목적 의식을 가진 환자에게서 저는 과학적으로 설명하기 어려운 기적들을 보았습니다.

한번은 암 말기 진단을 받고 6개월 시한부 선고를 받은 환자가 있었습니다. 절망에 빠질 만도 했지만, 그분은 “아이들이 대학에 들어갈 때까지만 살게 해 달라”고 간절히 기도하며 삶의 목표를 분명히 했습니다. 그리고 놀랍게도 그분은 시한부를 훌쩍 넘겨 수년을 더 사셨습니다. 저는 이 사례를 깊이 연구했고, 우리 몸에서 기쁨과 감사, 간절한 소망 같은 강한 긍정적 감정이 분비될 때, 엔도르핀보다 무려 4,000배 강력한 힘을 낸다는 다이돌핀didorphin과 같은 호르몬이 분비될 수 있음을 깨달았습니다. 결국 육체의 치유는 영혼과 정신의 치유로부터 시작되는 것입니다. 스티븐 호킹 박사가 루게릭병 진단 후 51년간 연구하며 끊임없이 글을 쓸 수 있었던 것도, 병을 이기려는 강한 정신적 목적 의식이 있었기에 가능했던 일입니다.

제가 관찰한 환자들 중에 흥미로운 문화적 차이가 있었습니다. 한국 환자들은 암 진단을 받으면 근심과 걱정이 너무 많아 식욕이 떨어지고 잠을 못 자서 치료 효과가 더디거나 악화되는 경우가 많습니다. 과학적으로도 근심과 걱정은 스트레스 호르몬을 분비하고, 이는 활성 산소를 발생시켜 유전자 손상을 일으키고 병을 악화시킨다는 것이 입증되었습니다. 그래서 저는 늘 환자들에게 “아무 것도 염려하지 말고 다만 모든 일에 기도와 간구로, 너희 구할 것을 감사함으로 하나님께 아뢰라"빌립보서 4:6는 말씀을 마음속에 새기도록 권면합니다. 또한, "너희 염려를 다 주께 맡기라 이는 그가 너희를 돌보심이라"베드로전서 5:7는 말씀처럼, 모든 걱정을 하나님께 맡기고 평안을 얻는 것이 최고의 치료제라고 가르칩니다. 평안을 얻을 때 비로소 우리 몸은 치유를 위한 최적의 상태가 됩니다.

반면, 서양 환자들은 암을 고혈압이나 당뇨병처럼 만성 질환으로 받아들이고, 치료 과정에서도 '남을 돕는 일' 등 보람 있는 일에 집중하며 긍정적인 마음가짐을 유지하는 경향이 있습니다. 이들은 절망하는 대신 일상과 사명을 유지하려 했고, 그 결과 치료 경과가 더 좋은 경우가 많았습니다. 심지어 제가 경험한 환자 중에는 '깡패' 출신 환자들이 오히려 치료 효과가 좋았던 다소 충격적인 사례도 있었습니다. 이는 그들이 일단 치료를 결정하면 뒤돌아보지 않고 걱정 없이 전념하는 단순하고 긍정적인 태도 덕분이었습니다. 근심과 걱정이 없는 '단순한 믿음'이 과학적인 치료의 효과를 극대화했던 것입니다.

저의 의사로서의 사명은 단순히 암을 고치는 데 있지 않습니다. 궁극적으로 저의 목표는 의료 봉사를 통해 전도의 증거를 남기는 것이었습니다. 사람들이 저를 통해 '역시 예수 믿는 사람은 다르구나' 하는 생각을 갖게 하고 싶었습니다. 그것이 바로 전도라고 저는 믿습니다.

저는 환자들에게 최선을 다해 도왔고, 그렇게 했던 이유를 숨기지 않았습니다. 저는 오랫동안 환자들을 관찰하며, 믿음으로 무장한 사람이 믿음 없는 사람보다 암을 이기는 힘이 강하다는 것을 수많은 임상 경험을 통해 확인했습니다. 이 강함은 환자를 위한 중보 기도의 힘으로 이어졌습니다. 중보 기도는 과학의 영역을 넘어선, 생명을 향한 가장 강력하고 따뜻한 간섭이었습니다. 저는 히브리서에 나오는 말씀처럼, 늘 예수님을 마치 자기 앞에 계신 것처럼 생각하며 매 순간 믿음을 지키려 노력합니다. 제가 30년 넘게 절망적인 죽음의 현장에서 목격한 것은, 과학을 초월한 믿음 덕분에 이 죽음이 삶과 희망으로 바뀌는 기적의 현장이었습니다.

에필로그

원고를 쓰면서 지난 55년의 지나온 세월을 돌이켜 보니 감개무량하고 모든 것이 하나님의 크신 은혜임을 새삼스럽게 깨닫고 감사하지 않을 수 없었습니다. 6.25 전쟁이라는 비극을 어린 나이에 경험하면서 인간의 잔인함과 무력함과 동시에 강함을 느끼면서 어려서부터 꿈꾸던 건축가나 디자이너보다 아픔에 시달리는 환자의 고통을 덜어주자고 의사가 되었고, 중학교부터 대학원 시절까지 가정교사를 한 경험으로 가르침과 배우는 재미를 동시에 갖는 교수도 되었습니다.

희망이 보이지 않던 조국을 떠났지만, 많은 애국적인 사업가들과 정치인들의 덕분에 경제적으로 기적을 만들어 멸시를 받던 상황에서 자랑스러운, 아니 시기를 받는 입장이 된 현시에, 세계에서 가장 우울한 나라 또는 자살이 가장 높은 나라라고 알려지는 것은 안타깝고 모순적이며, 모두가 심각하게 숙고하고 해결책을 만들어야 되는 것은 의심할 여지가 없습니다.

지난 15여 년 동안 1년에 두 번씩 서울대학교에서 대학원 학생들을 지도하면서 건강에 관한 강의를 신문, 방송 및 유튜브뿐만 아니라 직접 학교, 병원, 호텔 모임과 교회에서 해왔는데, 많은 분들의 좋은 반응, 격려 및 충고를 받았지만, 전반적으로 가치관의 변화 및 금연 등이 젊은이들에게서 특별히 달라지는 것이 없어 안타까운 마음을 금할 수 없습니다. 우리 몸의 육체는 마음정신, 영혼과 서로 연관이 되어 있어 육체가 건강치 못하면 올바른 사고를 할 수 없고, 또 정신이 올바르지 못하면 육체가 건강할 수가 없습니다. 우리 모두는 약 100년의 짧은 생을 살다가 죽게 창조되어 늘 아름답고 가치 있는 삶을 살도록, 어떻게 살다가 어떻게 죽어야 하는지를 늘 생각해야 합니다.

깊은 긍정적 생각과 명상은 수명을 연장하고 건강의 원동력이 될 수 있습니다. 세계에서 인구 비례로 가장 교육 수준이 높고 지적인 한국 사람들이 건강과 정치를 이성적으로보다는 감정적으로 처리하는 것은 이해하기가 어렵습니다.

이 책을 통하여 아무쪼록 병에 관한 진실을 이해하고 젊어서부터 건강을 위한 생활 습관을 만들든지, 아니면 절제된 생활을 추구해서 행복한 삶으로 밝고 희망찬 모범된 사회를 만들 수 있기를 간절히 바랍니다. 행복은 개인적으로 추구하고 만들어야 하는데 돈과 명예는 상관이 없고, 필요한 사람에게 또는 사회에 도움을 주는 것이 가장 행복할 수 있다고 생각합니다. 남을 배려하고 남을 위해 희생을 하는 분들이 더 많이 나올 수 있도록 기대하며 저 역시 열심히 기도하고자 합니다. 긴 글을 읽어주신 독자 여러분께 감사드리며 하나님의 크신 사랑과 은혜가 여러분의 가정과 삶의 터전 위에 넘치시길 기원합니다.